新海誠監督作品

天気の子

Weathering With You

公式ビジュアルガイド

角川書店

――これは、僕と彼女だけが知っている、
世界の秘密についての、物語だ。

……それは、まるで光の水たまりのようで、
気づけば、彼女は病院から駆け出していた。

思わず強く願いながら、
彼女は、鳥居をくぐった。

あの景色――

あの日見たことは全部
夢だったんじゃないかと、今では思う。

contents

でも、夢じゃないんだ。
あの夏の日、
あの空の上で僕たちは、
世界の形を、変えてしまったんだ。

「来た！」

激しい雨が予想される空模様から、船内放送では乗客へ室内に入ることを促していた。けれど、帆高はわくわくして甲板へ。空から巨大な水の塊が落ちてきて危機一髪のところを須賀に助けられる。

「東京って怖え……」

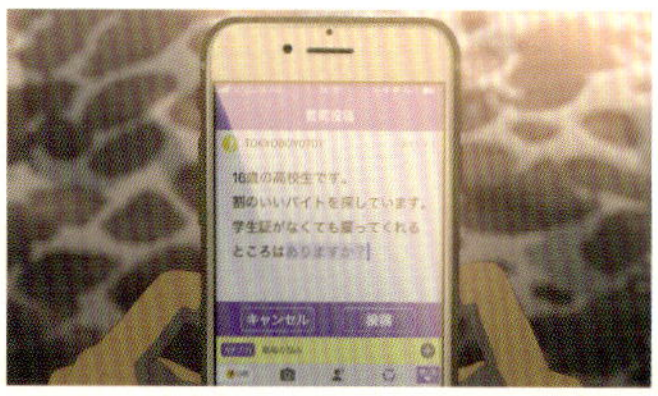

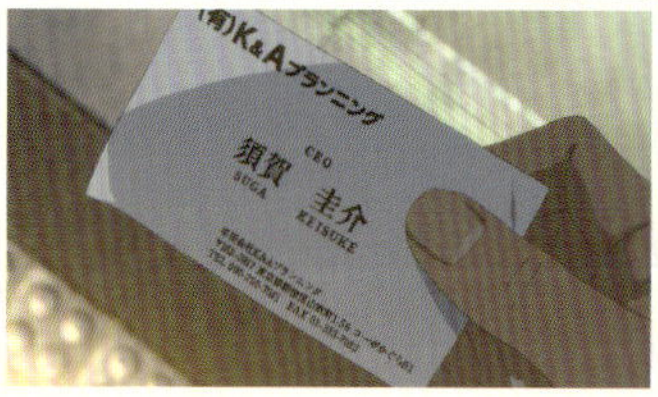

フェリーが東京湾の竹芝ふ頭に着くと、帆高も須賀も船を降りる。別れ際、須賀は困ったことがあったら連絡してこいと帆高に名刺を渡した。

風俗店のボーイだったら身分証がなくても雇ってくれるという情報をネットで得て、面接に臨むも「テメエ、仕事舐めてんのか」と詰め寄られる結果に。

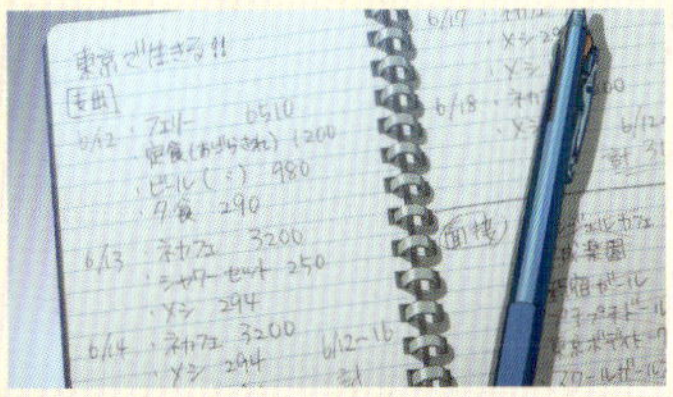

歌舞伎町で警官に声をかけられて逃げる帆高。雑居ビルの軒先で座り込んでいると、痩せこけた子猫が近寄ってくる。「東京って怖ぇな」と話しかけて、帆高は子猫にブロック型のお菓子を一欠片あげた。

「俺、帰りたくないんだ。……絶対」

離島から東京都心へ、夏の大海原を進むフェリー。故郷を飛び出し独りで船に乗っていた16歳の帆高は、誰もいない甲板に出て、バケツをひっくり返したような豪雨を浴びた。船が大きく揺れ、体勢を崩した帆高を助けたのは、無精髭を生やした中年の男、須賀だ。

「俺、誰かの命の恩人になったのって、初めて」

お礼に食堂で定食を奢る帆高。けれど、ビールまでたかられて、東京の怖さを垣間見た気持ちになるのだった。

新宿に着いた帆高は、ネットカフェを拠点に、アルバイトを探していた。手持ちの金が日に日に減り焦るも、家出少年に街は厳しく、仕事を見つけるどころか補導されないように身を潜めるのが精いっぱいだった。

それでも家出をしてきた帆高は、島に戻るという選択肢は考えなかった。

「オモチャ、
だよな……?」

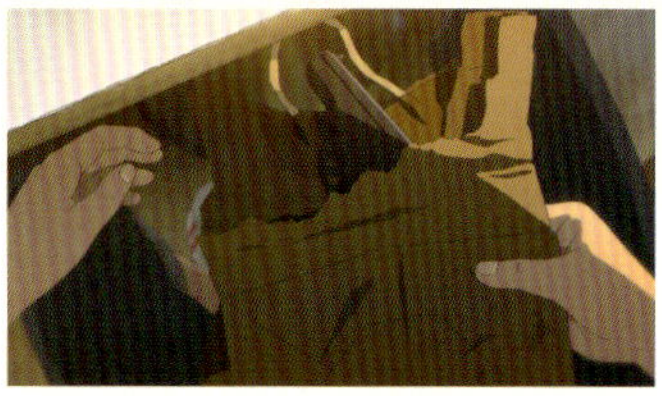

帆高は惨めな気持ちで空き缶を拾いながら、ガムテープで無造作に留められた紙袋の包みを見つけた。それはずしりと重い塊で……。

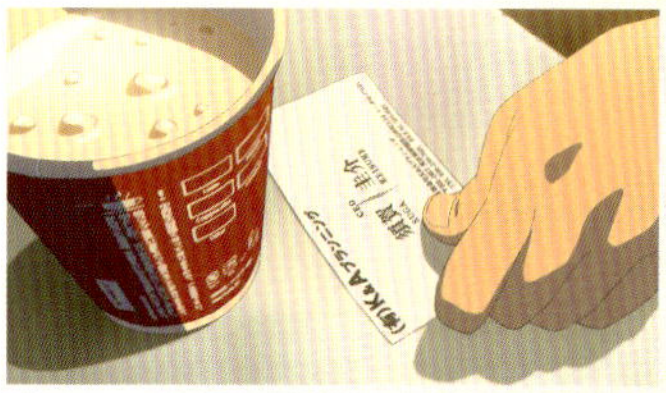

須賀からもらった名刺に書かれた住所をスマホで確認してみる帆高。名刺上の須賀の肩書きは「K&Aプランニング CEO」となっている。

ハンバーガーを差し出してから、まるで「めっ」と弟を叱る姉のように帆高を見る少女。でも、そのあとすぐ柔らかな微笑みをこぼして仕事に戻っていった。

僕の16年の人生の中で、あれが一番美味しい夕食だったと思う。

雑居ビルの軒先で帆高はうずくまって居眠りしていた。ビルの店のスカウトマンに声をかけられて慌てて立ち上がると、すれ違いざまに足をひっかけられ、帆高はゴミ箱にぶつかって転んでしまう。散乱する空き缶と共に道路に転げ出た帆高。必死に空き缶を拾い集めていると、空き缶と一緒に転がっている包みに気づき、拾った。

ファストフード店で包みを開けてみると、出てきたのは小型の拳銃だった。帆高は慌ててそれをリュックに押し込むと、オモチャだと思うようにして、自分のこれからのことを考えはじめた。

ポタージュスープ一杯をすすり、空腹と不安を抱えて、うなだれる帆高。そのとき、帆高のテーブルにすっとハンバーガーの箱が差し出されて……。

顔を上げると、ファストフード店の制服を着た少女がいた。

「あげる。内緒ね」その言葉に「でも、なんで」と帆高が問うと、少女はたしなめるようにいった。

「きみ、三日連続でそれが夕食じゃん」

少女が立ち去った後、ぽかんとしながら帆高は、大切にハンバーガーにかぶりついた。

バスの中で聞こえてきたカップルの会話の主が小学生の男の子と女の子だと気づき、帆高は「東京ってすげえ」と驚く。しかも、女の子が去ったと思ったら、また別の女の子が男の子の元にやってきて……。

もともとはスナックだった場所を居抜きで使っている事務所。柵にくくりつけられた「K&Aプランニング」の看板を見て、怪しいたたずまいに帆高は不審がる。

「きみの想像通りだよ」

「少年、仕事探してんだろ」

「おはよ!」といって身体を起こす夏美。「さっき胸見たでしょ」と帆高をからかい、須賀とは「想像通りの関係」だという。帆高は初めて「愛人」を見たとドキドキした。

あの日が東京に来てから初めての誰かとの食事で、こうして僕の新しい毎日がはじまった。

毎日必死の帆高だが、帆高にとってこんな風に誰かに頼られるのは初めてのことで、自分の居場所を見つけたような気持ちになっていた。そうして瞬く間に日々は過ぎていく。

帆高は思いきって須賀に連絡をとり、彼の事務所を訪ねた。インターフォンが鳴らず、ドアに鍵がかかっていなかったため、「すみませーん！」と呼びかけながら奥にはいっていく。すると、その先にあったのは、ソファーで眠る女性の姿だった。女性は夏美と名乗り、事務所で働く女子大生だという。そこへ須賀が帰ってきて、いきなり帆高にアシスタントの仕事を与えた。オカルト雑誌に掲載する記事の取材だ。次号のテーマは都市伝説だという。

わけがわからないうちに、夏美と一緒にネットで噂の「100％の晴れ女」の取材をはじめた帆高。占い師に聞かされた話をまとめていると須賀が覗きこみ、文章は悪くないと正式採用に。食事付き住み込み可の条件に帆高は飛びついた。

K&Aプランニングは小さな編集プロダクションで、帆高の仕事は雑用全般。皿洗いやゴミ捨て、電話応対や領収書の整理、インタビューの文字起こし、そして、晴れ女の取材も続けた。

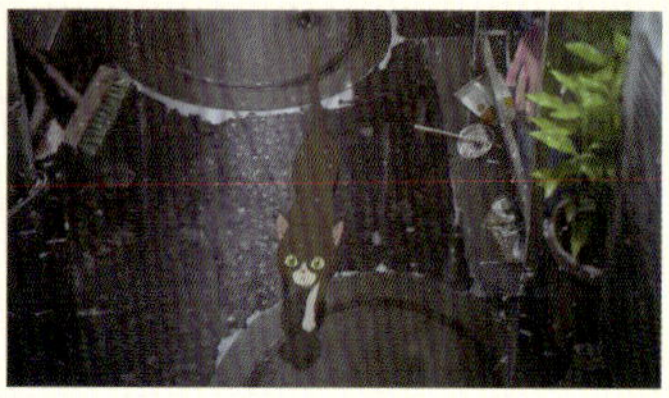

簡単な仕事で今日から給料が出せるからウチの店で働かないか、と少女にしつこく絡む男たち。少女は困った表情を見せながらも強く抵抗できずにいた。

「行こう!」

銃声が空に抜けるように響き、弾は男の背後の街灯に当たった。帆高に馬乗りになっていた男は腰を抜かし、道路に尻もちをついた。

「さっきの銃、何⁉ あなた、何なの⁉」

少女は「ハンバーガーのお礼のつもり？」と声を荒らげる。人を殺してしまっていたかもしれない帆高の行動を「信じられない、気持ち悪い、最悪」と吐き捨てた。

激しい後悔と恐怖に襲われて、銃を投げ捨てた帆高。稼げる仕事が必要だったと語る少女に、帆高は勝手に立ち入ってしまったことを恥じて俯いた。

「せっかく東京に来たのに、ずっと雨だね」

帆高は歌舞伎町で出会った子猫を「アメ」と名付け、また食べ物をあげていた。そこへ以前のスカウトマンの声がして、見ると男と一緒にいるのは、あのハンバーガーをくれた少女だった。風俗店へスカウトされているようで、帆高は思わず少女の手を引いて走る。けれど、すぐにつかまり、帆高は道路に倒され、少女はもうひとりの男に捕まった。

男に強く殴られ、帆高はとっさに男に銃を突きつけて――そして、引き金を引いてしまう。銃声に息を呑む一同。最初に我に返った少女は、男の手を振り払い、帆高を連れて逃げ去った。

薄暗い廃ビルを上がると、少女は帆高に怒る。銃はオモチャだと思ってお守り代わりに持っていたと話す帆高に、「あんなの人に向けるなんて！」と憤り、立ち去った。湧き上がってくる震えに銃を床に投げ捨てる帆高。そこへ少女が戻ってきて、バイトをクビになったこと、稼げる仕事が必要だったことをぽつりと明かした。

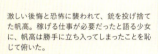

「ねえ、今から晴れるよ」

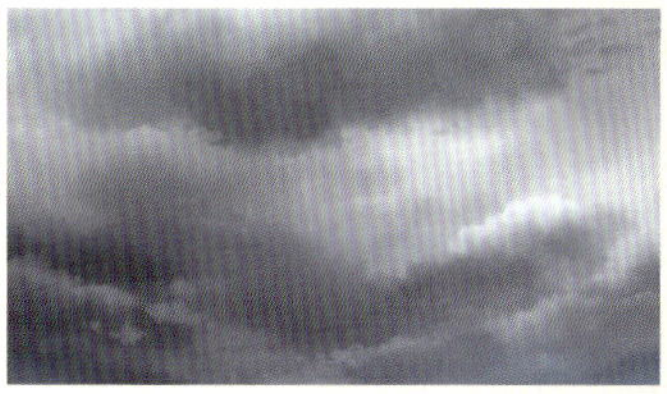

「せっかく東京に来たのに、ずっと雨だね」と、少女は帆高を連れて非常階段を上り、ビルの屋上へと向かった。人気のない屋上には雑草が生え、小花も咲き、小さな野原のようだった。そして、小さな朱い鳥居とほこらがあった。

ぐるりとあたりを見まわす帆高に、今から晴れると少女が告げる。

「それって、どういう――」

素直に灰色の空を見上げた帆高が再び、少女を見ると、少女は空に向かって祈るように手を組み、目を瞑っていた。

あたりにゆったりと風が吹きはじめて、夏草を揺らす。空に向かう上昇風が、草や帆高の髪を吹き上げる。

帆高が目を見開いているうちに頭上の雨雲の雲間から、屋上に向かってまっすぐに陽の光が射し込んでくるのだった。

太陽で輝く屋上で、ふたりは互いの名前を告げあった。少女の名は陽菜。来月で18歳になるという。

陽菜を取り囲むように風が吹き、屋上の雑草も陽菜を中心に放射状に揺れている。陽菜に光が射し、みるみるうちに目の前の雲が晴れていく。

「晴れ女!?」

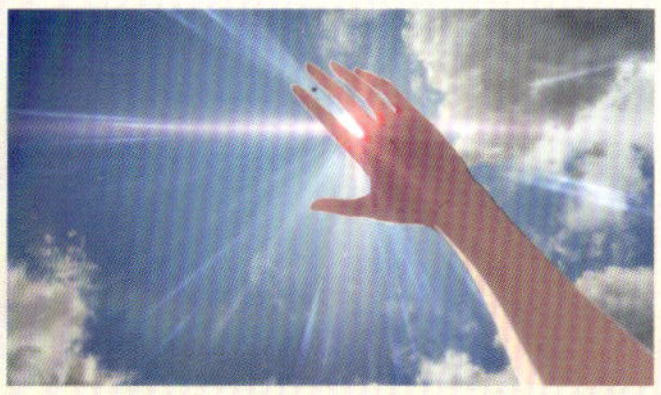

「よろしく、帆高!」

大雨に混ざって透明な魚が落ちてきているように見えたり、空に大きな水の塊が見えて、それが突然爆ぜて降ってきたり、落ちてきた半透明の生物らしき物体が水になって消えたり。雨による不思議が続く中、夏美は就職活動をし、須賀は亡くなった妻の母に会っていた。

「これが空から降ってきたんですか？」

「帆高、お昼ご飯食べた？」

初めて立ち入る女の子の部屋にドキドキする帆高。陽菜は落ちついた様子で迎え入れて、自分で栽培している豆苗や帆高が差し入れたポテトチップスを使って、手際よくお昼ご飯をつくる。

「やっぱ！ マジで依頼が来た！」

もう息苦しくないという帆高に陽菜はうれしそうに笑う。食事のあとはお天気ビジネスの打ち合わせ。「五千円は高くない?」「でも」と相談しながらWEBサイトをつくっていると凪が帰ってくる。

「やったあーーーっ!!」

フリーマーケットを晴れにして、お天気ビジネスの初仕事は大成功。半信半疑だった依頼者も、偶然でも大したもんだと陽菜たちを讃えて、報酬も大盤振る舞いしてくれた。

雨が続く東京で、帆高は、須賀の事務所の雑用を続けながら、陽菜と交流するようになった。陽菜の暮らすアパートを訪ねて、弟と二人暮らしだという陽菜の生活を知ったり、地元が息苦しくて家出してきた自分の状況を話したり。そうして陽菜の持つ晴れ女の力を仕事にできないか相談して、「晴れ」を求める人を募るWEBサイトを立ち上げた。

さっそく来た依頼は「フリーマーケットを晴れにしてほしい」というもの。晴れ女の陽菜、たくさんのてるてる坊主を吊るした傘を持った帆高、そして、てるてる坊主の着ぐるみを被った陽菜の弟の凪も加わって、お天気ビジネスの初仕事に向かった。

ゲン担ぎで申し込んだというフリーマーケットの運営陣は「だいたいでいいから」というけれど、陽菜は必死に祈り、帆高と凪がそれを応援する。すると、会場周辺に陽の光が射し込んで……。依頼人の笑顔と初めての報酬に三人は大喜びした。

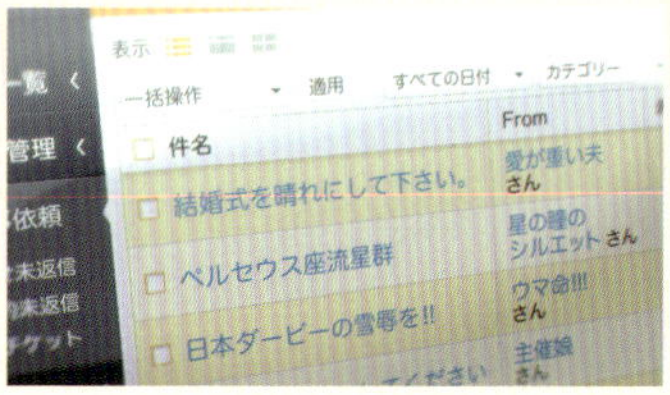

彼女は本当に、100%の晴れ女だった。

それはまるで、街が華やかな服に着替えていくかのようだった。

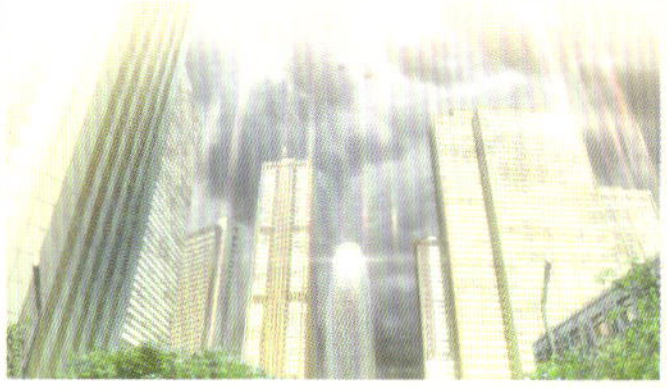

ただの空模様に、こんなにも気持ちは動くんだ。

人の心は空に繋がっているんだと、僕は初めて知った。

青空での結婚式を望む新婚夫婦からの依頼、流星群を観測したいという天文部からの依頼、雨に弱い馬のための競馬好きからの依頼、同人誌即売会での披露にかけるコスプレイヤーからの依頼、外でかけっこしたいという幼稚園児からの依頼……。雨ばかりの東京では、皆がそれぞれの理由で晴れを求めていて、様々な依頼が「お天気お届けします」のWEBサイトに届き続けた。

陽菜が呼べるのは小さな範囲の短い晴れ間だけだが、それでも必ず、空は彼女の願いに応えてくれていた。天気に心を動かされていく人々を目の当たりにして、帆高の心も高揚していく。

そんな中、大きな依頼が舞い込んだ。神宮外苑花火大会を晴れにする依頼だ。祈りを捧げる場所は、都心が一望できる高層ビル屋上のスカイデッキ。浴衣に身を包んだ陽菜は、風が吹きつけ曇天が広がる屋上の真ん中へ颯爽と進み出て、深く深く祈る。その光景に、息を呑む関係者たち。すると、陽菜の向かう空の雲間が晴れて、真っ赤な夕陽がキラキラと射し込むのだった。

こんな大きなイベントで晴れ女頼りなんていいのかと問う帆高に、花火大会関係者は「どうせ今週もずっと雨予報ですし……もうおまじないでも何でもいいから、欲しくなるじゃないですか！」と答えた。

「私、好きだな、この仕事」

晴れ女の仕事から「自分の役割みたいなものがやっとわかった、ような気がしなくも、なくもなくもなくもなくもなくもない」という陽菜。「だから、ありがとう」と帆高に伝えた。

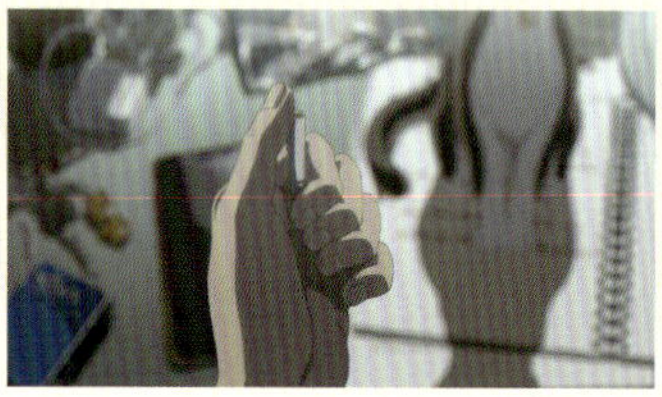
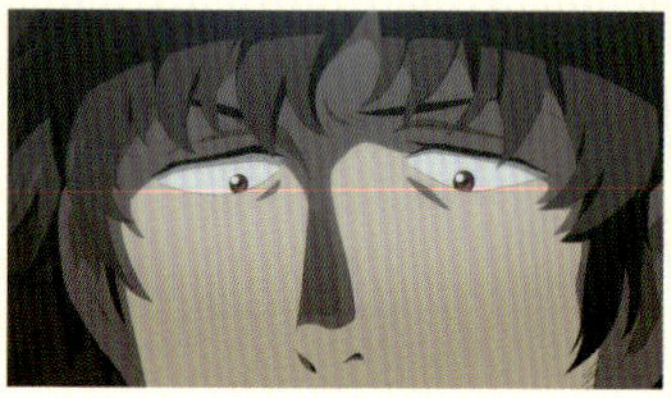

サボり気味だし猫を勝手に拾ってくるしと帆高のことを夏美に愚痴る須賀。だが、食費も携帯電話代も家賃もタダとはいえ、帆高の月給が三千円であることが発覚する。

「あの煙に乗って、あの人は向こう岸から帰ってくるんだよ」という冨美。向こう岸とは、彼岸。空の上は昔からここは別の世界なのだと話す。

「空の上は別の世界。昔からね」

とある神社で「天気の巫女」について取材をする須賀と夏美。天気を治療するのが巫女の役割だと神主は話し、昔はどの村にもどこの国にもそういう存在がいたという。

「『天気の巫女』には哀しい運命があってのぉ——」

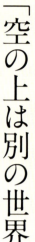

二人の刑事に追われ、必死に逃げる風俗のスカウトマン。追いつかれ観念するも、聞き込みの中身は帆高についてだった。

「この少年について、話を聞かせていただけますか?」

もらってうれしいものは「ハグとキス。現金。まっとうな彼氏。あと就職先」と夏美。凪は指輪を勧め、つき合う前は何でもはっきりいい、つき合ってからは曖昧にいくのが基本と伝授する。

「私だったら、すごく嬉しいです」

指輪を購入した店の女性に「こういうのってもらってうれしいと思いますか?」と聞く帆高。女性は、三時間も迷って選んでくれた指輪は、自分だったらうれしいと少年の背中を押した。

続々と反響を呼んでいたお天気ビジネスだったが、花火大会の晴れを祈る陽菜の姿がテレビに映ってしまい、処理しきれないほど依頼が殺到してしまう。そのため、すでに予約が入っていた件を終えたら、しばらく休業することに帆高と陽菜は決めた。

最後から二番目の依頼は、下町に住む老婦人・冨美から、夫の初盆を晴れにしたいという願いだった。自分の母も初盆だという陽菜に冨美は「あんたたちも迎え火をまたいでいきなよ」と勧めた。

楽しそうな陽菜と凪と冨美を見つめながら、帆高は縁側で、冨美の孫の青年と話す。陽菜の誕生日が来週だというと、青年は「プレゼントをあげなきゃだね」というのだった。

拳銃を発砲した帆高の行方を警察が追っていることも知らずに、帆高は、陽菜へのプレゼントのことで頭がいっぱいに。ネットで質問したり夏美や凪にリサーチを重ねたりする中で、凪に「姉ちゃんが好きなんだろ?」と指摘されて、自分の気持ちに気づいて真っ赤になる。

「やっぱ、青空っていいよなあ……」

夏美を須賀の愛人だと思い込んでいた帆高は、須賀が娘といる公園に夏美がやってきて、慌てふためく。でも、それは誤解で夏美は須賀の姪なのだった。「その妄想、ひくわー」と呆れられる。

「陽菜ちゃん！　今日はお天気にしてくれて、ありがとう！」

やばい、やばい、やばい、これってもしかして、初告白……!?　と緊張を高まらせる帆高。電車に乗っても降りても、沈黙が続いていく。

陽菜の少し後ろを歩きながら、今だ、とポケットに忍ばせていた指輪の箱に手をかける。でも、その時、同時に陽菜も帆高の名前を呼んで……。

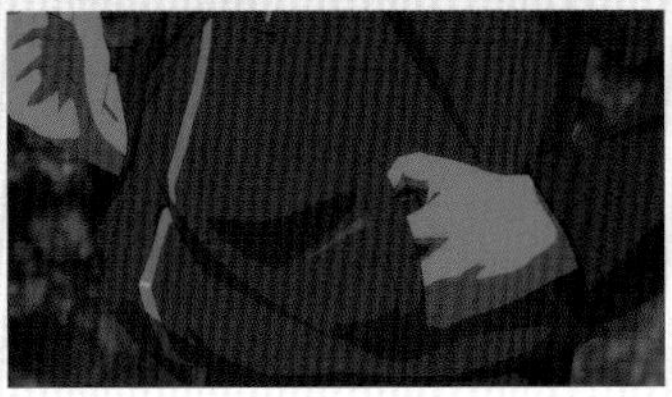

「帆高……」

「あのね、私……」

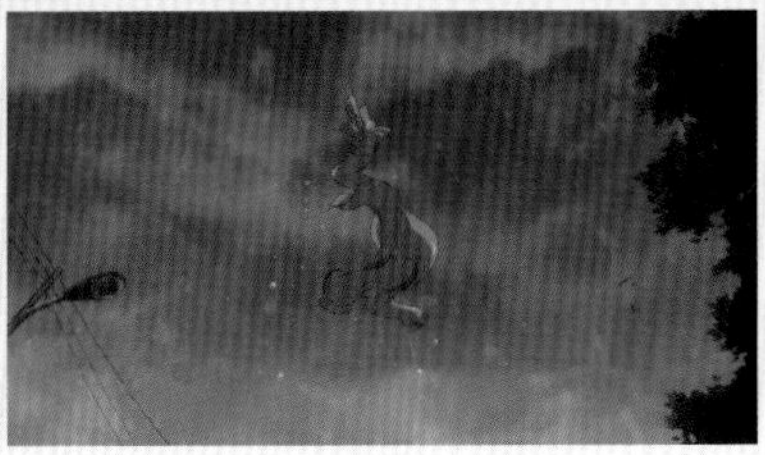

寂しげな表情を浮かべる陽菜のまわりに、魚のような水滴が立ち上っていく。その数が次第に増し、帆高が驚き目を見開くと、次の瞬間、突風が吹き込む。

予約が入っていた最後の依頼は、娘のために週末の公園を晴れにして欲しいという父親からのものだった。陽菜と帆高と凪で向かうと、依頼主は、なんと須賀。結婚していたことも娘がいたことも知らなかった帆高は驚くが、祖母と暮らす娘の萌花が喘息持ちのため、雨の日にはなかなか会わせてもらえないのだという。そこに夏美も加わって、気のおけない最後のお天気ビジネスになっていった。

帆高と須賀が並んで歩く姿を見て、「似てると思わない？」と陽菜にいい、笑う夏美。須賀も十代で東京に家出して大恋愛したのだという。数年前に妻を亡くしたがまだ一途なのだ、と。

帰り際、凪ともっと一緒にいたいと駄々をこねはじめる萌花。みんなで夕食をという流れになるが、凪は「帆高、姉ちゃん送ってって」と気を利かせた。

最後の依頼が終わった後に指輪を渡そうと決めていた帆高の胸はどこまでも高鳴る。けれど、陽菜の名前を呼んだその瞬間、陽菜も何かを話そうとする。

そして、その言葉が続く前に、陽菜の身に異変が起こるのだった。

私が晴れ女になったのはね、たぶん一年前のあの日。

明日天気になりますようにって、ずっと祈ってた。

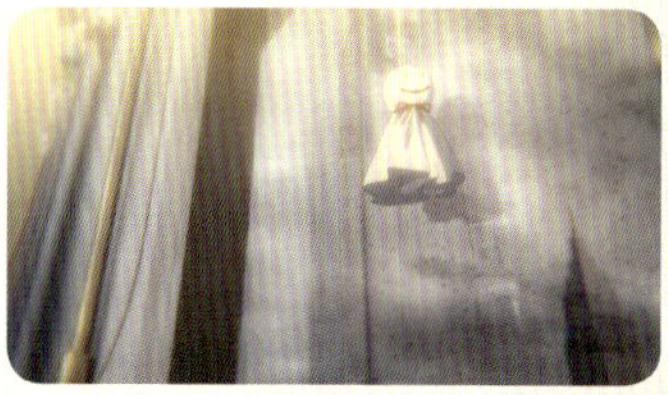
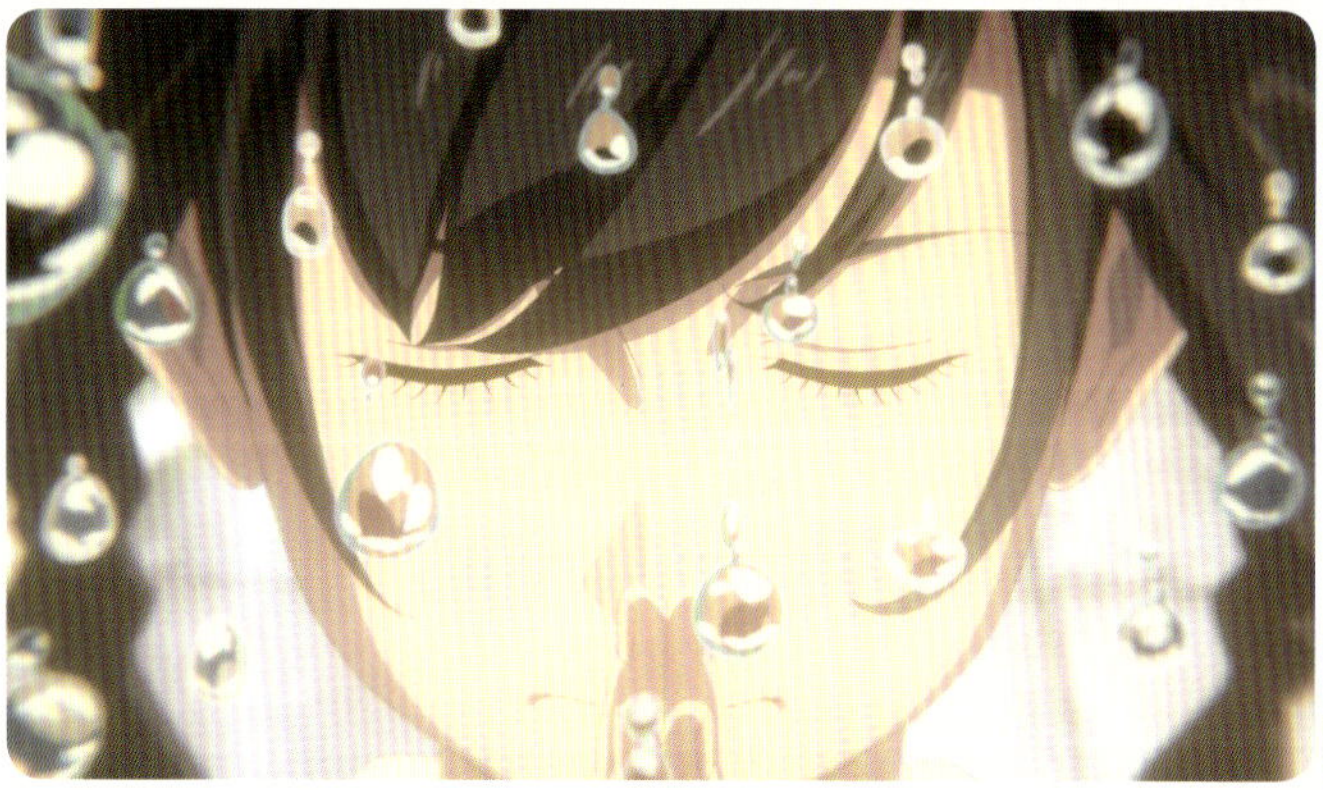

強く願いながら鳥居をくぐった陽菜は、気づくと鳥居の下で仰向けに倒れていて、空には青空が広がっていた。

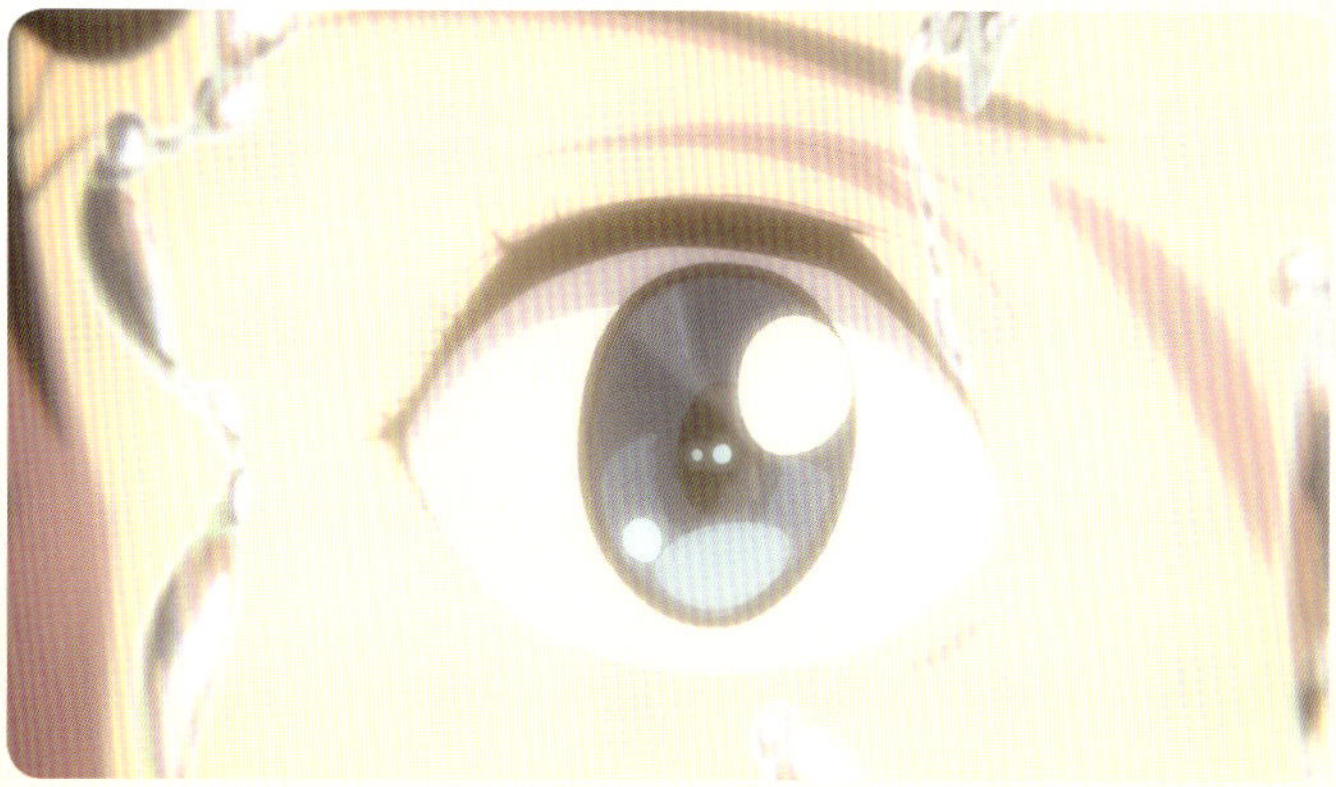

そこはまるで、光の水たまりみたいで——強く強く願いながら鳥居をくぐったの。

警察が突然訪ねてきて、洗面所に隠れて様子を伺う帆高。弟との二人暮らしを責められて、陽菜は「私たち、誰にも迷惑かけてません!」と叫んだ。

「もう大人になれよ、少年」

須賀のもとにも警察が来て、帆高の誘拐を疑われているという。須賀は帆高に変装用に被っていたキャップと退職金を渡して「もううちには来ないでくれ」と伝えた。娘の引き渡し申請中で弊害になる、と。

「俺、帰らないよ。一緒に逃げよう!」

突然目の前から消えた陽菜を探して、帆高があたりを見まわすと、陽菜は風に煽られて空中に浮かび上がっていた。体がところどころ水のように透けながら、ふわりと帆高の前に舞い戻る陽菜。それから陽菜は、自分が晴れ女になったきっかけと思われるある日のことを明かした。

病院のベッドでずっと目を覚まさない母の傍らで、もう一度、青空の下を一緒に歩きたいと願っていた陽菜は、廃ビルの屋上を照らす光に気づいた。あの鳥居のある屋上。そこに行き、祈った時から、自分は空と繋がってしまったのだという。

陽菜のアパートで雨に濡れた身体を拭いていると、帆高を捜す刑事の高井が訪ねてくる。陽菜は知らないと答えるが、陽菜と凪の二人暮らし自体も問題視され、明日また児童相談所の職員と共に訪ねると言われる。

「私たち、ばらばらにされちゃう……」

ここにはいられないと荷物を詰め始める陽菜。帆高には帰る場所があるのだから補導される前に親元に戻った方がいいと勧めるが、帆高は姉弟と逃げる決意を固める。

東京都に大雨特別警報が
発表されました。

8月としては異例の寒気です。
この一時間で季節が変わってしまったかのようです。

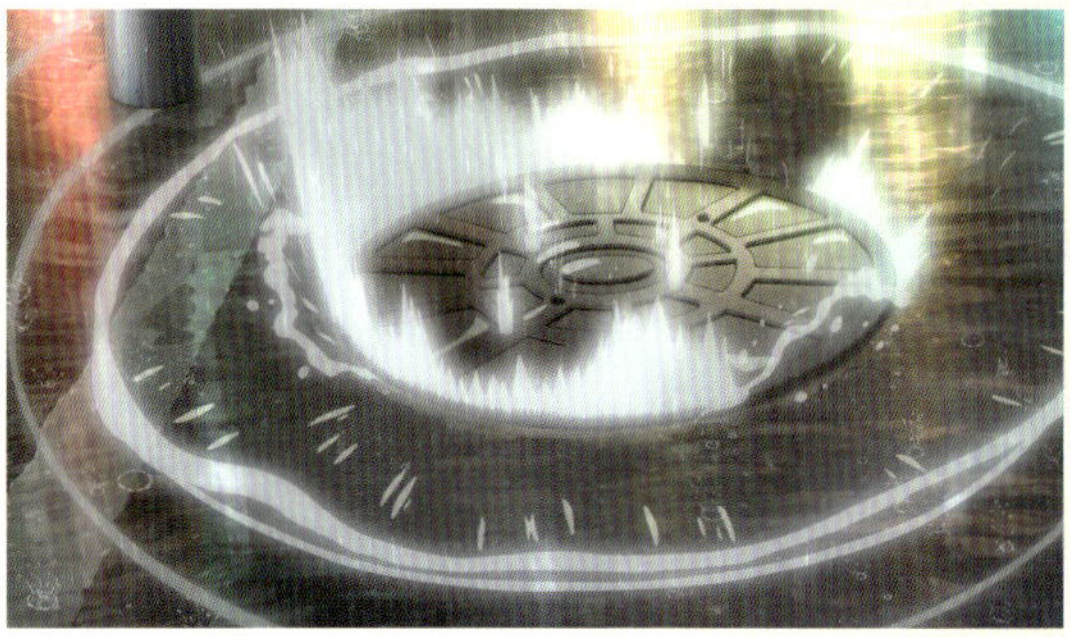

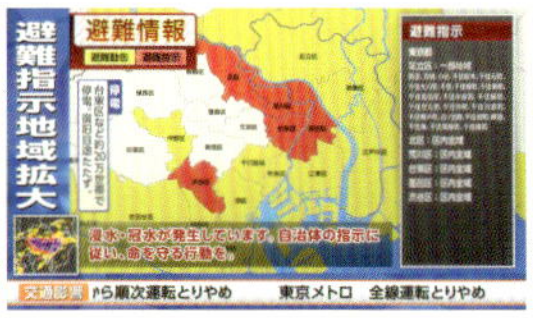

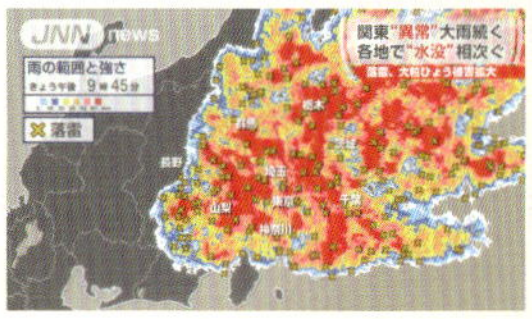

青、黄、赤と信号のようなカラーのレインコートを羽織って放浪する三人。暗くならないように、帆高は努めて笑顔をつくる。

東京は異常気象にさらされていた。大雨により川が氾濫寸前で、マンホールからも水が溢れて、飛行機もすべて欠航となり、運行再開の目処がたたない公共交通機関が続出。大雨特別警報の知らせが街を飛び交っている。

山手線に乗っていた帆高たちも電車が止まった池袋駅で降りて、泊まれる場所を探すことにする。けれども、ビジネスホテルも高級なホテルも、レンタルルームも、未成年の三人を泊めてくれるところはどこにもなかった。

気温はどんどん低下。8月だというのに雪まで降り出していた。

一方、須賀は事務所のカウンターでウイスキーを飲み、煙草を吸い、うたた寝をしていた。亡き妻の名を寝言でつぶやいたのを耳にした夏美は、須賀夫妻との記憶を思い出して、せつなくなる。けれど、目を覚ました須賀に帆高を追い出したことを聞くと、「はぁ?」と憤る。それで禁煙を破って、酒を飲んで、罪悪感に浸っていたのか、と。

「この空と陽菜さんが繋がってる……?」

身を寄せ合って暖をとりながら、身体を休める陽菜と凪。そのあいだ帆高は雪が落ちてくる空を見つめて、陽菜の能力のことを思った。

「人間、歳とるとさ、大事なものの順番を入れ替えられなくなるんだよな」

おまえもダサいだろうと夏美にいう須賀。天気の巫女は人柱だという話を陽菜にもらしただろうと指摘する。

「ダッサいニャ〜」

帆高が激しく抵抗したことにより公務執行妨害に当たるとして「公妨!」と怒号をあげる警官。万事休すの状況に、陽菜は無心で助けに飛びこむ。

「フード、ちょっと上げてもらっていい?」

「――お願い!」

落雷によってトラックが大爆発を起こし、街が騒然となる。帆高たちに声をかけていた警官も緊急事態が起こった方へと駆けていく。

「なんか俺、すっかりお尋ね者になっちゃったかも」という帆高。ようやく宿を見つけられた3人は、ホッとしてクスクスと笑い合う。

早く宿を見つけたい帆高たちだったが、繁華街で警官に声をかけられる。自分は大学生で、あとの二人は弟で、これから家に帰るところだと陽菜が取り繕おうとするが、帆高の存在に気づかれ、深く被っていたフードを上げさせられそうになってしまう。

帆高は自分といることで姉弟に迷惑をかけると考え、陽菜に「陽菜さん、逃げて」とささやき、独りでこの場を去ろうと駆けだした。しかし、すぐに追いつかれて、乱暴に地面に押しつけられてしまう。

帆高を助けたい一心で、思わず陽菜は空に祈った。

その直後、雷鳴と共に、数十メートル先に駐まっていた大型のトラックが爆発した。

その隙に逃げだした三人は、何とか泊まれるホテルに辿り着けた。

「姉ちゃん、帆高！ 三人で入ろうぜ！」

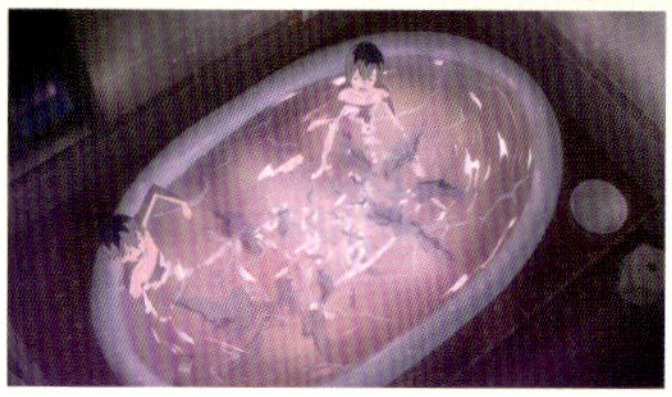

「一人で入れっ！」

もしも神様がいるのならば。お願いです。
もう十分です。もう大丈夫です。僕たちは、なんとかやっていけます。

だから、これ以上、僕たちに何も足さず、僕たちから何も引かないでください。

「帆高はさ、この雨が止んで欲しいって思う?」

日付が変わって陽菜の誕生日を迎えた瞬間、指輪をプレゼントする帆高。今度は自然に笑顔で渡すことができた。

「うん」

深刻な表情を見せる陽菜に、「あの人たちの話って、すげえ適当だし」と帆高はぎこちなく笑う。

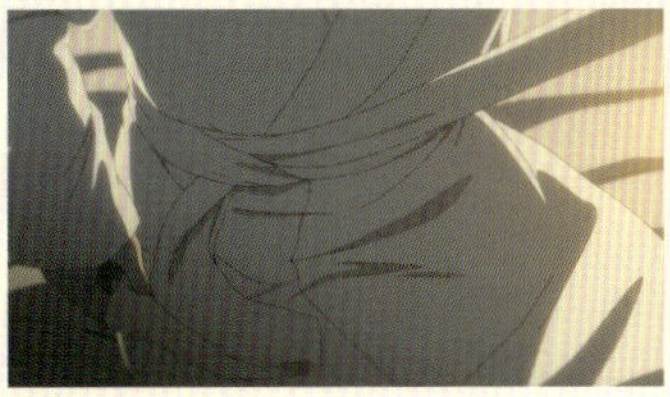

「人柱なんだって、私……」

やっと泊まることのできたラブホテルの室内は、アミューズメントパークのようだった。大きなベッド、大きなバスルーム、カラオケもインスタントフードの自販機もついている。

お風呂にゆっくり入って、みんなでご飯を食べて、思いっきり踊りながらカラオケを歌って。このままずっと続いたらいいと思える瞬間を、帆高は噛みしめていた。

0時になったのを確認すると、帆高は、眠りこけている凪の傍らで陽菜に誕生日プレゼントを渡した。うれしそうに笑みをもらす陽菜だが、すぐに表情を曇らせてしまう。

陽菜は、公園で陽菜を心配する夏美から聞いた天気の巫女の運命——人柱になって消えることで狂った天気が元に戻るという話を帆高に伝えた。そして、「まさか」という帆高の前で、バスローブの帯をほどいた。

「このまま私が死んじゃったらさ、きっといつもの夏が戻ってくるよ」

透明になりかけている左手の薬指に指輪をはめる帆高。「俺が働くから。ちゃんと稼ぐから。もう晴れ女をやめたんだから、身体だってすぐに元に戻るよ」と……。

「陽菜さん約束しようよ。ずっと一緒だ」

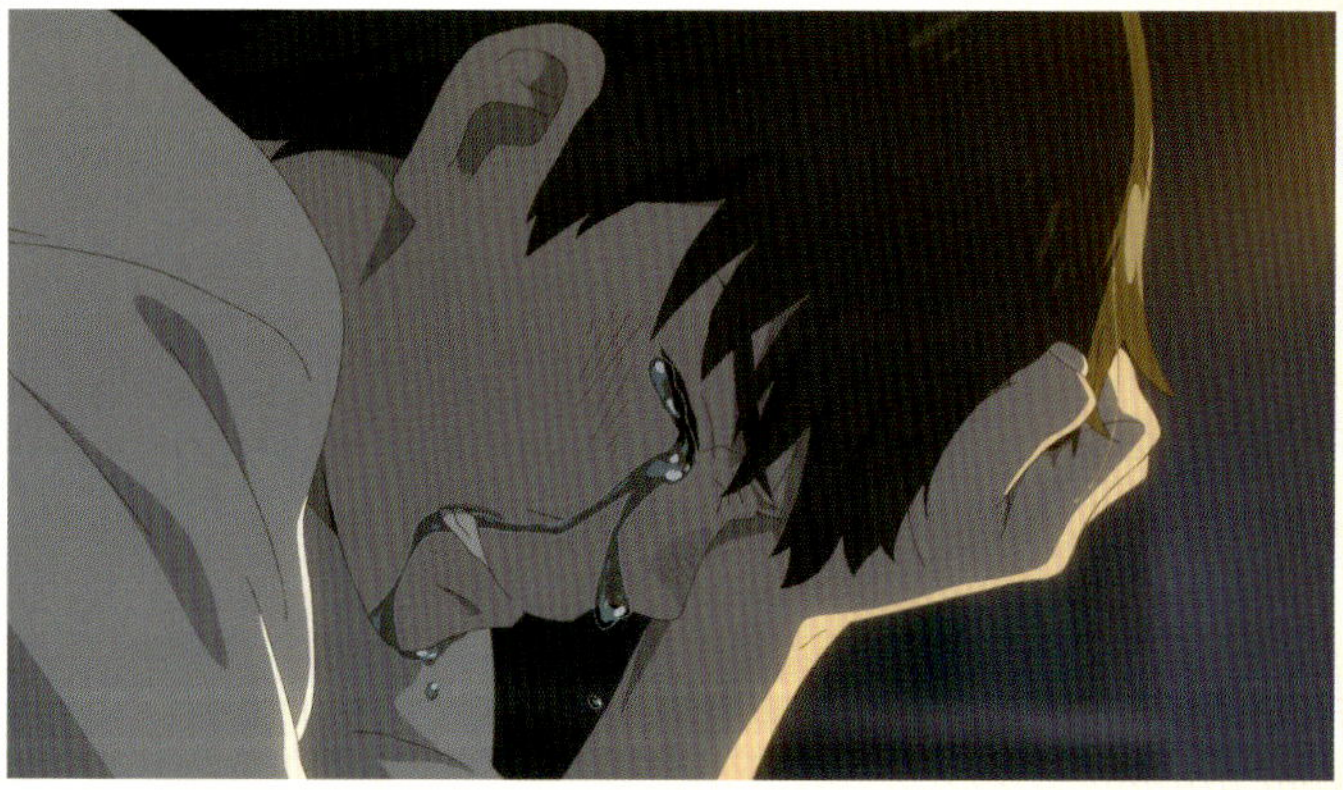

バスローブの片側をはだけさせた陽菜。その身体は肩口から胸にかけてすっかり透明になっていた。

晴れを願うほど、透明になっていくという陽菜の身体。驚く帆高に「凪をよろしくね」と陽菜は言うが、帆高は「イヤだ」と泣きながら声を絞り出す。

「ダメだよ。陽菜さんはいなくならない。俺たちは三人で暮らすんだ」

陽菜は涙を流し黙ったまま、そっと帆高を抱きしめた。

夢を見ていた。島にいた頃の夢だ。
この場所から出たくて、あの光に入りたくて、必死に走っていた。
あの光の中に行こう。僕はあの時そう決めて、
そして、その果てに、きみがいたんだ。

夢を見ていた。初めてきみを見た日、まるで迷子の猫みたいで。
でも、きみが私の意味を見つけてくれて、
誰かを笑顔にできるのがうれしくて、私は晴れ女を続けたの。
きみに会えて良かった。

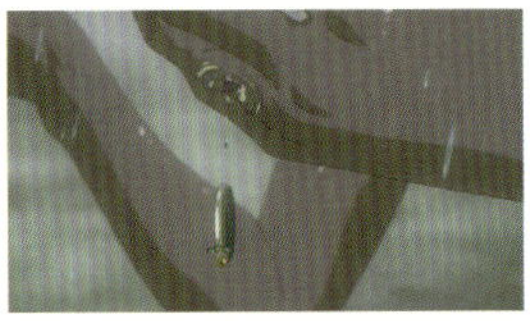

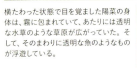

横たわった状態で目を覚ました陽菜の身体は、霧に包まれていて、あたりには透明な水草のような草原が広がっていた。そして、そのまわりに透明な魚のようなものが浮遊している。

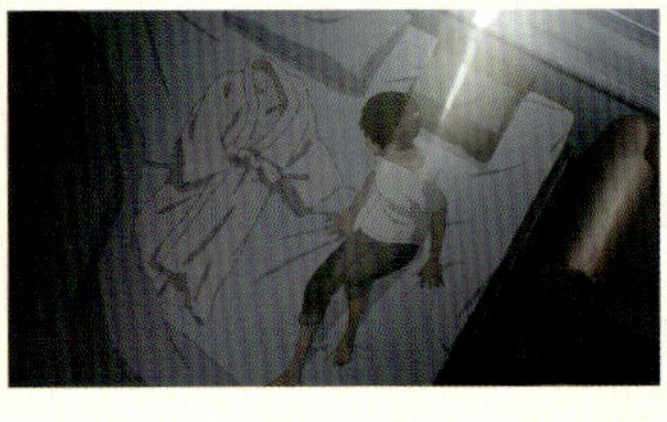

太陽の眩しさに思わず目を覆い、立ち止まる帆高。警官がうながす先には、パトカーが待ち受けている。

街は水浸しだが、久しぶりの青空に人々の表情も足どりも軽やか。SNSでは晴れ女に感謝する書き込みも散見される。

「陽菜さんが人柱に……」

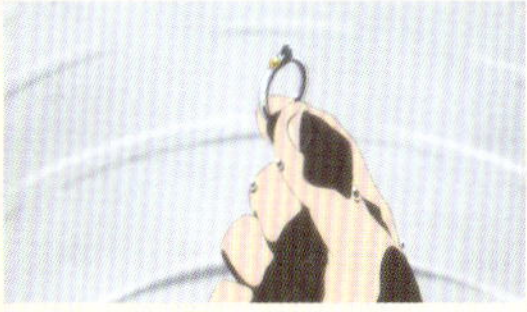

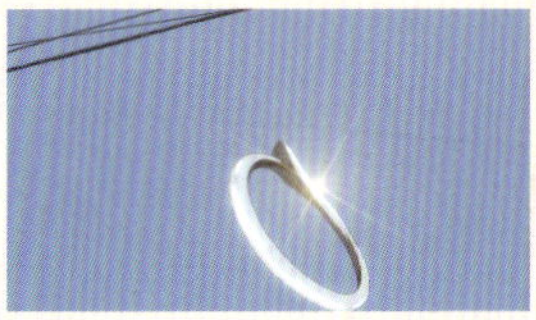

帆高は打ちひしがれた様子で空を見上げる。そこへ何か光るものが落ちてきた。拾い上げるとそれは、陽菜にあげた指輪だった。

気がつくと陽菜は、独りで積乱雲の天辺にいた。帆高からもらった指輪を見つめて「帆高」とつぶやいてみるけれど、指輪は身体をすりぬけて、どこまでも落ちていってしまう。陽菜の身体は水そのもののようになっていた。

その頃、帆高はベッドの上でうなされていた。飛び起きると、隣にいたはずの陽菜はバスローブを残して消えていた。目を覚ました凪と慌てていると、部屋に高井と警官が押し入ってくる。帆高は両親から行方不明者届が出ているだけでなく、銃器・爆発物不法所持容疑がかけられていた。

帆高がホテルの外に出ると、外は数ヶ月ぶりの快晴で光に包まれていた。陽菜が人柱になったことを確信して、いてもたってもいられず帆高は陽菜の名を叫び、駆け出そうとする。けれど、警官に羽交い締めにされて、パトカーに押し込められてしまう。

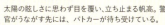

帆高は高井の言葉から、陽菜が年齢を偽っていたことを知る。陽菜は、18歳ではなく、15歳の中学3年生だったのだ。

「……なんだよ……。俺が一番年上じゃねえか……！」

水害に呆然としたまま窓を開け、水浸しになってしまった事務所。須賀は陽菜の夢を見たという娘の萌花からの電話にどこかぼんやりと答える。

「止まりなさい！」

取調室に入る前に、陽菜を探しに行かせて欲しいと高井に頼み込む帆高。しかし、叶うはずもなく、帆高は隙をついて必死で逃げだした。街に飛び出すと、偶然にもそこにカブに乗った夏美が……。

「俺、陽菜さんのところに……！」

「フフッ、乗って！」

「あのガキ……!」

「こりゃあ、お尋ね者だねえ、私たち……!」

「悪い、恩にきるよ!」

補導され、児童相談所で保護されている凪の元に面会にきた元カノのアヤネと今カノのカナ。カナが警官に連れられトイレに行った後、アヤネがつけてきたカツラと服を借りて、凪は脱走を図る。

「家出少年のことなら、俺は何も知りませんって」

「あそこで空と繋がったんだって」

迫りくるパトカーを、夏美はアグレッシブな運転でかわしていく。階段すらも走り降りて「こういうの、向いてるかもっ!」とノリノリになっていく。

「だから、そこに行けばきっと……!」

冷蔵庫には亡き妻の伝言メモがそのまま残されている。もう一度会えるものならば何を引き替えにしてもいいという帆高の気持ちに、須賀の心はいつの間にか揺れていた。

「いや、あなた、今、

泣いてますすよ？」

冠水した道路に思いっきり突っ込んだ夏美のカブ。「ここまでだ」と帆高に先を急がせる。帆高は近くに止まっていたトラックに上って、柵を乗り越えていく。

「帆高ーっ！ 走れぇーっ！」

帆高が警察署から逃げた理由は、一緒にいた女の子を探すためらしい。そう須賀に話すのは、須賀の事務所を訪ねた刑事の安井だ。人生を棒に振ってまで会いたい子がいるというのは、羨ましい気もするという安井の話を聞きながら、自分でも気づかぬうちに須賀は、涙を流していた。

カブの後ろに帆高を乗せて、激しい逃亡劇を繰り広げていた夏美は、パトカーをできるだけ引き離してから、廃ビルを目指すという帆高を見送った。

帆高は、復旧作業中で電車の走っていない線路に入り、走り出す。目白・高田馬場方面から新宿へ。作業員たちに怒鳴られ注意を受けても、帆高は、止まることなく一心不乱に駆けた。真夏の空にそびえる積乱雲が目に入り、陽菜の名を心の中で叫ぶ。無神経に放ってしまった言葉、やらせてしまったこと、いくつもの後悔に胸を痛めながら、帆高は、陽菜を想った。

陽菜さん、陽菜さん、陽菜さん、陽菜さん！

陽菜さん、ごめん！ 陽菜さんひとりに全部全部背負わせて！

「探したぜ、帆高」

「あそこから彼岸に行ける。空にいるはずなんです」

警察に一緒に行ってやるから、二人で事情を話そうという須賀。強い力で帆高の両腕を掴みながら、帆高は別に悪いことはしていないのだからと説得する。

「このまま逃げ続けたら取り返しがつかなくなるぜ。わかるだろ?」

廃ビルは、豪雨の影響で半壊していた。帆高が懸命に屋上を目指すと、思わぬ人影――須賀が立ちはだかった。帆高は陽菜を助けなければならないと訴えるが、サイレンが近づいてくるのに気づいて焦る。彼岸に行くとわけのわからぬことをいう帆高の頬を須賀がはたいた。

「しっかり、しろ!」

須賀が今は警察に戻った方が良いと説得するが帆高には響かない。帆高に腕を噛まれて、須賀は思わず帆高を蹴り飛ばしてしまう。

帆高の転がった先に、陽菜とここに来たときに捨てた拳銃があった。帆高は咄嗟にそれを手にして、須賀に銃口を向けた。

「邪魔するな!」

だが、本物のわけはないよな、という表情で近づいてくる須賀。堪らず帆高は、空に向けて発砲した。

動けず見つめ合う帆高と須賀。そこへ刑事の高井や安井、警官が銃を構えて駆け込んできて二人を取り囲んだ。何とか弁明しようと慌てる須賀。「銃を下ろして」と語りかける安井。「撃たせないでくれよ……」とつぶやく高井。帆高は荒い息で肩を揺らし、銃を構えている。

「陽菜さんのところに――」

「行かせてくれよ!」

大の大人がガキ一人にひどいだろう、と須賀は必死に刑事たちをなだめようとする。しかし、彼らは銃を構えた帆高から銃口を逸らすわけにはいかなかった。

「帆高、いいからもう、そんなモン下ろせって」

「俺はただ、もう一度あの人に! 会いたいんだ!」

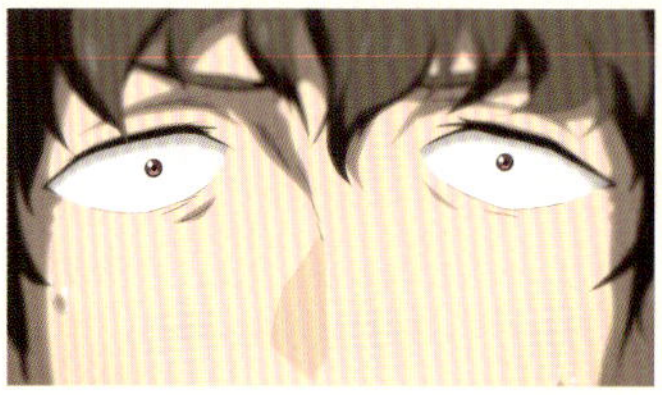

ハッとした表情を浮かべる須賀。陽菜に会いたいという強く純粋な気持ちを吐露する帆高の言葉が須賀の心の奥底を貫いた。

「てめえらが帆高に……触んな!」

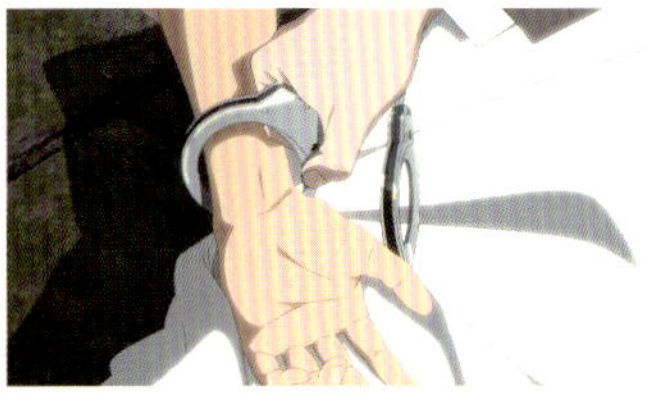

「帆高、行けぇっ!」警官たちと激しくもみ合いながら、叫んだ須賀の声が、帆高の背中を力強く押す。帆高の左手には手錠がかけられている。

「全部お前のせいじゃねえか! 姉ちゃんを、返せよっ!」

変装のためにアヤネに借りたワンピースを着た凪は、安井に馬乗りになり、涙で顔をぐちゃぐちゃにしながら叫ぶ。そこにいつもの大人っぽさはない。

「神様、どうか、どうか、どうか……!」

みんな何も知らないで、知らないふりして、なぜ邪魔をするのか――涙を流す帆高は構えた銃を投げ捨て、その隙に逃げた。けれども、たちまち高井たちに取り押さえられてしまう。

帆高が乱暴に押さえつけられているのを見て、須賀の中に強い怒りが湧く。須賀は帆高をつかまえている高井と警官にタックルをかまして吹き飛ばした。帆高が立ち上がって駆け出すと、安井が「止まりなさい」と銃を向ける。そこに、今度は児童相談所を抜け出した凪が駆け込んできて安井に飛びかかった。

荒々しいけれど真っ直ぐな須賀と凪の想いを受けとめて、帆高は屋上に繋がる非常階段を駆け上がった。

神様に強く強く強く願いながら、鳥居に突っ込んでいく。

目を開くと、そこは、空だった。巨大な雲の海が広がっていて、その中へ沈むと、青空の下に地上から見上げていた天辺が平らになった積乱雲が現れた。雲の上では、まるで草原のように青々とした水草がそよいでいる。そして、その真ん中に、陽菜の姿が――。

「陽菜!」

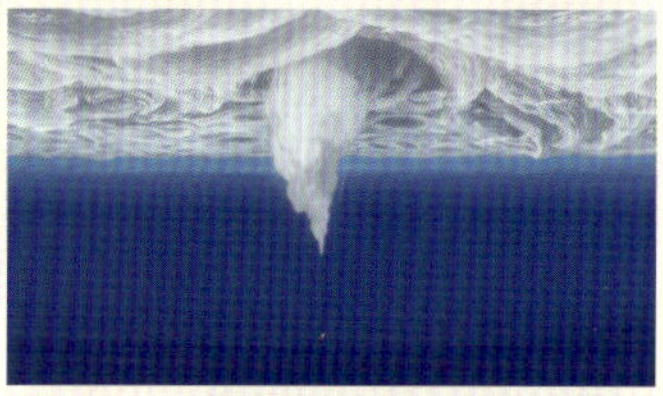

雲海には雲でできた龍のようなものの群れがうごめき、上空にもゆっくりと回遊している。その雲を抜けると、いつの間にか透明な空の魚が帆高のまわりに舞っていた。

「帆高……!」

自分の名を呼ぶ帆高の声に目を覚ます陽菜。空中で風に煽られながら、必死に手を伸ばす帆高に近づこうと陽菜も懸命に手を伸ばす。

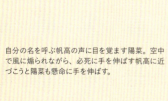

「陽菜、一緒に帰ろう!」

「でも、私が戻ったら、また天気が……」

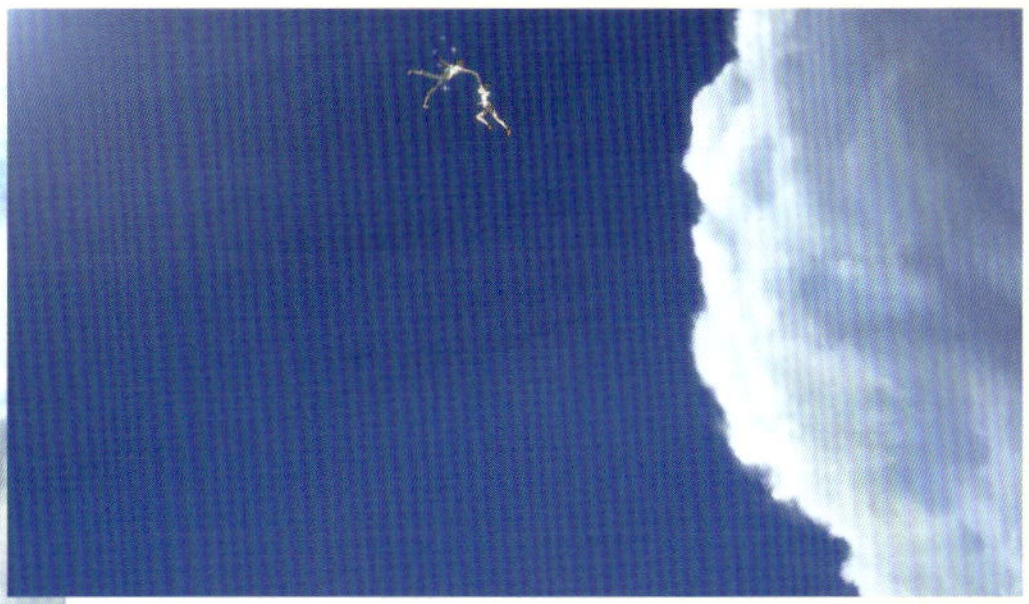
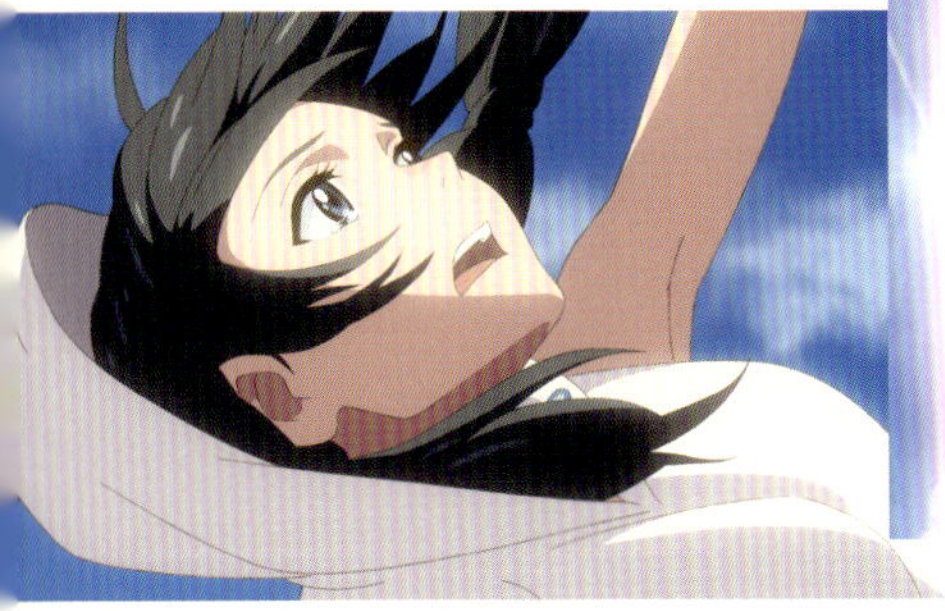

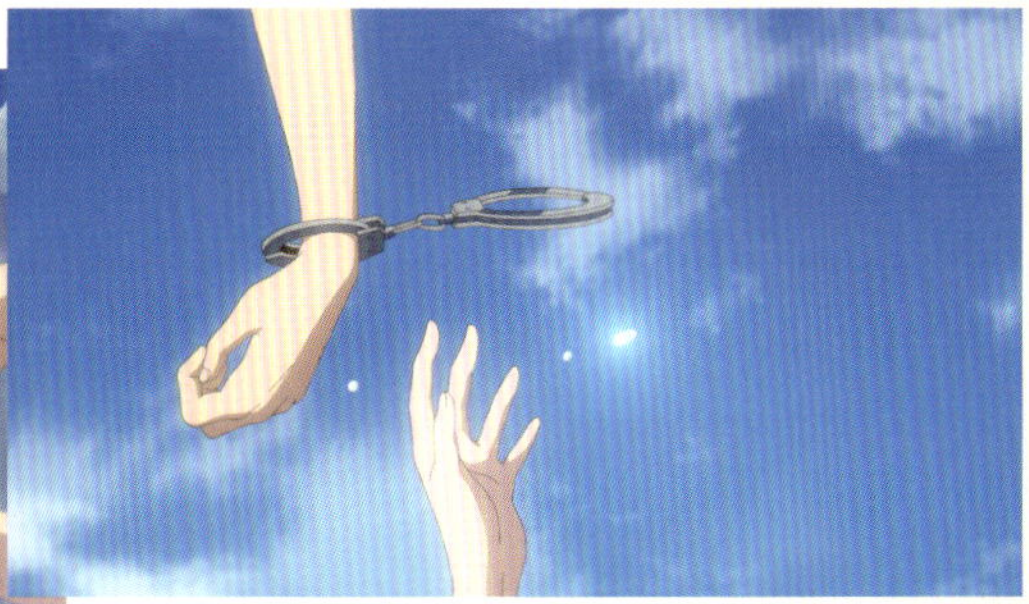

「もう二度と
晴れなくたっていい。
青空よりも、
俺は陽菜がいい」

「天気なんて、
狂ったままでいいんだ!」

「自分のために願って、陽菜」

晴れていた東京の空に稲妻が走り、激しいスコールが街を襲う。須賀や夏美、凪は思わず空を見上げ言葉を呑んだ。

あの日、降りだした雨は、それから一日も止むことなく、
東京の街をゆっくりと水に沈めていき、2年半が経った今でも、降り続けている。

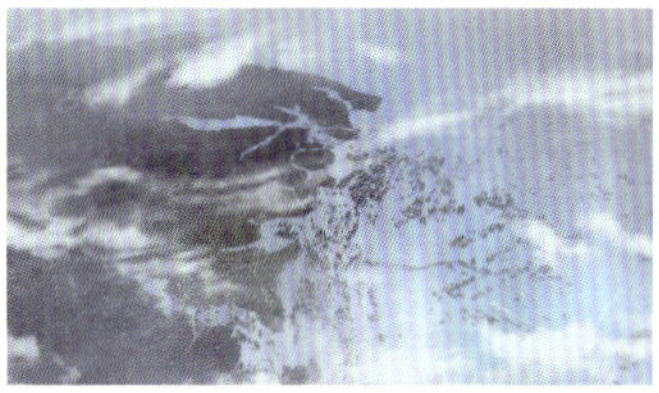

あの日以来、陽菜さんとは会っていない。

家出をした2年半前と同じようにフェリーで地元の島から東京都心へ。船が近づいて見えてくるのは、あのときとは違う風景。レインボーブリッジも海に沈んでいる。

「まだあったんだ……！」

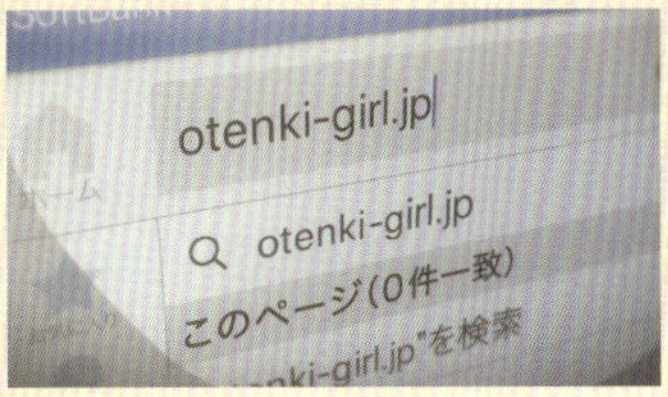

「東京のあの辺はさ、もともと海だったんだよ」

昔は江戸そのものが海の入江だった。だから、元に戻っただけだと思ったりもすると話す冨美の言葉に、帆高は深く考える。

「自分たちが世界の形を変えちまったァ？」

自分たちが原因で世界が変わったなんて、うぬぼれるのも大概にしろと須賀は呆れた顔をする。今すぐ陽菜のもとに行けと、大きくなった猫のアメと一緒に責める。

帆高が陽菜と地上へ戻ってくると、滝のような雨が降り注ぐ。東京の街にまた雨が戻り、それから2年半をかけゆっくりと街は水に沈んでいった。

あの日、廃ビルの屋上で、帆高は警察に逮捕され、高校卒業までの間、保護観察処分となり、島に戻された。一方、陽菜は気を失っていて、警官に保護されていた。それから、帆高は陽菜に会っていなかった。変わってしまった東京を前に彼女に何を言えばいいのだろうとずっと考えていた。

高校を卒業した帆高は、大学に通うために東京で独り暮らしをはじめる。ふと、お天気ビジネスのWEBサイトのことを思い出してアクセスしてみると、2年前に一件の依頼が届いていた。夫の初盆に依頼をくれた冨美だった。冨美は家が水に沈んだため下町から引っ越していた。思わず謝る帆高に、冨美はなんで謝るのかと笑った。

次に帆高は、すっかり立派な佇まいになった須賀の事務所を訪ねて、須賀にずっと悩んでいたことを話す。

けれども、「相変わらずガキだね、おまえは」といわれ、グズグズ考えてないで早くあの子に会いに行けと追い払われるのだった。

「まあ、気にすんなよ。青年。世界なんてさ、どうせもともと狂ってるんだから」

「もともとは海だった」

「この世界がこうなのは、だから、誰のせいでもないんだ。

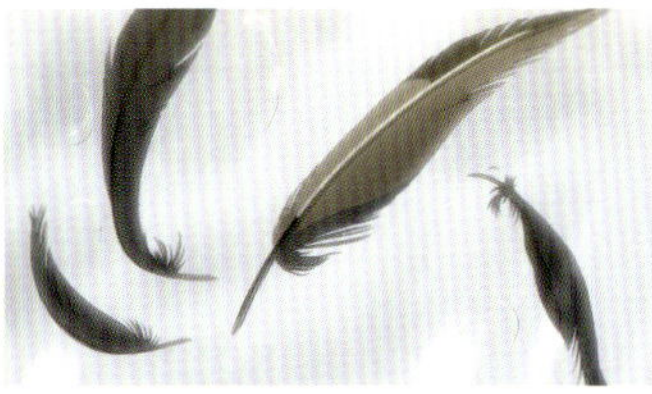

って、そう伝えれば、いいのかな……」

須賀の事務所を出て、陽菜の家までの坂道を歩く帆高。冨美や須賀との会話を反芻しながら、彼女にかける言葉を考え続けていた。

「世界は最初から狂っていた」「世界がこうなのは、誰のせいでもない」そんなことを言えばいいのか——本当にそうなのだろうか。

しかし、そんな逡巡は、次の瞬間にすべて吹き飛んだ。帆高の瞳が、水にあふれた街に向かってまっすぐに祈る陽菜の姿を捉えた。

その瞬間、帆高は確信した。世界が狂っていたのではなく、自分たちが変えたことを。自分たちがこの世界を選んだことを——この世界で、君と生きていくと決めたことを。

陽菜の名前を呼ぶ帆高。振り向いた陽菜は眩しい笑顔を見せ、帆高のもとに飛び込む。

帆高の瞳から涙が流れていることに気づく陽菜。「帆高、大丈夫？」とその頬に触れる。

その手を取り、力強く握る帆高。彼女にかける言葉は決まっていた。雨に濡れた世界で、帆高は陽菜に言う。

「陽菜さん。僕たちはきっと、大丈夫だ」

違う！　やっぱり、違う！

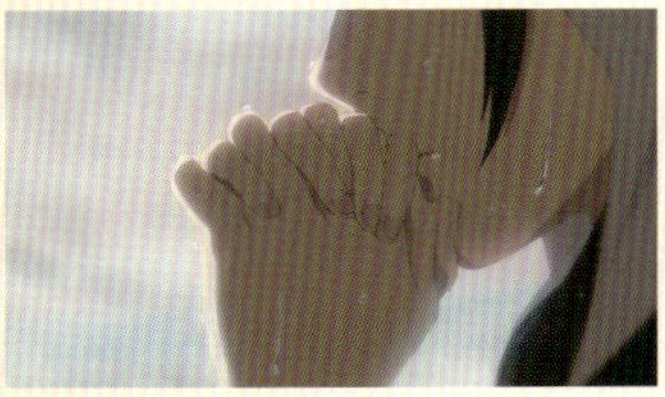

あのとき、僕は、僕たちは確かに世界を変えたんだ！
僕は選んだんだ。あの人を、この世界を、ここで生きていくことを！

「陽菜さん。

僕たちはきっと、
大丈夫だ」

COLUMN

#1

齊藤愛子（日本気象協会）

さいとう・あいこ：気象予報士。特別豪雪地帯の長野県信濃町で生まれ、自然の素晴らしさも怖さも感じながら育つ。東京都立大学で化学を専攻し、在学中に気象予報士の資格を取得。日本気象協会入社後は放送局やデジタルサイネージ等を担当し、企画・開発に従事。特技はスキーとスノーボード。

【詳細な天気予報は「tenki.jp」をチェック】
天気予報専門メディア「tenki.jp」は、Webサイトやアプリで、全国の市区町村ごとの天気予報をご利用できます。また、気象予報士による解説や、地震・津波などの防災情報も確認できます。

気象

**物語の重要なモチーフとなる天気。
「空は海よりも深い」「雲のかたち」「雨のこと」など、
知れば知るほど面白いお天気のことを、
あれこれ教えてもらいました。**

空は海よりもずっと深い

「空は海よりもずっと深い」というセリフが作中にでてきますが、実際に空の世界はとてつもなく深いです。仮に空気があるところまでを空と呼ぶなら、地球を包む空気は約1000km上空までの「深さ」で、まだ科学的に解明できていないことも多い、未知の世界が広がっています。一方、海の世界では、地球上で最も深いとされているマリアナ海溝の最深部は、現時点では水面下10，920m±10mということがわかっているようです。実に、空の世界は海の100倍ほどの深さといえます。そんな空の世界ですが、地表から順に、対流圏・成層圏・中間圏・熱圏に分かれています。

あらゆる天気の変化は対流圏の中で

雲ができる、雨や雪が降る、風が吹くなどの気象現象は、すべて対流圏の中で起こっています。対流圏は地上10～16kmほどの高さで、その高さは季節や緯度によって変化しています。対流圏の上の成層圏では空気の対流が起こりにくいため、雲はどんなに高くても対流圏の上限までしか成長できません。地球に降り注ぐ太陽のエネルギーによって、対流圏の中で空気の流れが出来る、それがすべての気象現象の源になっています。

気象現象を科学的に解明したい

人々の暮らしと天気は、昔から深い関わりがありましたので、気象現象の解明は人間の悲願だったといえます。天気予報がなかった時代にも、狩猟や農業の確立・発展には天気や気温が大きく関わっています。安定した気候を願う時代を経て、気象現象を科学的に解明する動きが活発化し、天気予報を計算により導き出すことができるようになったのです。

日本の天気予報の歴史はたったの135年

天気予報の歴史はまだまだ浅く、日本で初めて天気予報が発表されたのは1884年6月1日のこと。このときの予報文は、「全国一般風ノ向キハ定リナシ天気ハ変リ易シ但シ雨天勝チ」つまり、「全国的に風向きは特に定まらず、天気は変わりやすいでしょう。ただ、雨が降りやすい見込みです。」といった内容でした。いまこのような予報を出したら怒られそうです（笑）。

コンピュータの発展とともに天気予報は高度化

天気予報は、物理方程式を解くことで導き出すことが出来ます。その概念を発表したのはイギリスのリチャードソンで、まだコンピュータが実用化される前の1920年頃のこと。「リチャードソンの夢」と言われているのが、「6万4千人が大きなホールに集まり一人の指揮者の元で整然と計算を行えば、実際の時間の進行と同程度の速さで予測計算を実行できる」というもの。現実的にはとても無理な話とされていました。その後、1959年に気象庁でコンピュータによる数値予報を開始し、コンピュータの計算能力の向上とともに天気予報は発展してきました。

天気予報を伝える方法も多様化へ

日本初の天気予報は、なんと交番に掲示されるという非常にアナログなものでした。現在はインターネット、テレビ、ラジオ、新聞、カーナビなど様々なメディアで天気予報を確認できます。情報内容も細かくなり、市区町村単位の1時間ごとの天気予報が簡単に手に入る時代になりました。天気予報は科学技術の進歩とともに進化してきましたが、まだまだ未知のことが多いのも事実です。

雲のかたち

『天気の子』では雲がとても美しい映像で描かれています。

雲は大きく分けると2種類あります。垂直に発達する対流雲と、水平に広がる層状雲です。

さらに細かい分類では、対流雲が2種類で積雲と積乱雲。層状雲は8種類に分けられ、層雲、層積雲、乱層雲、高層雲、高積雲、巻層雲、巻積雲、巻雲。全部で10種類あります。それらの雲の中で、作中でも印象的な雨を降らせる雲について詳しく解説します。

A

「乱層雲」
雨を降らせるいわゆる雨雲が「乱層雲」**A**です。どんよりと灰色の雲で、低気圧や前線が近づいてきた時に空を覆う雲です。

「積乱雲（かなとこ雲）」

作中でも多く出てくるのが、「積乱雲」**B**の最強バージョンである「かなとこ雲」**C**です。積乱雲は発達するにつれ高く成長するのですが、かなとこ雲は対流圏の限界まで発達しているんです。平らになっている部分より上空は成層圏で、それ以上に雲は成長しません。積乱雲は大気の状態が非常に不安定で、激しい空気の対流が起きたときに発生します。

C

B

かなとこ雲を見た際は、激しい雨、落雷や突風などに注意が必要です。
ちなみに、「かなとこ」とは、金属を加工するときに使う作業台のこと。この形に似ていることに由来します。

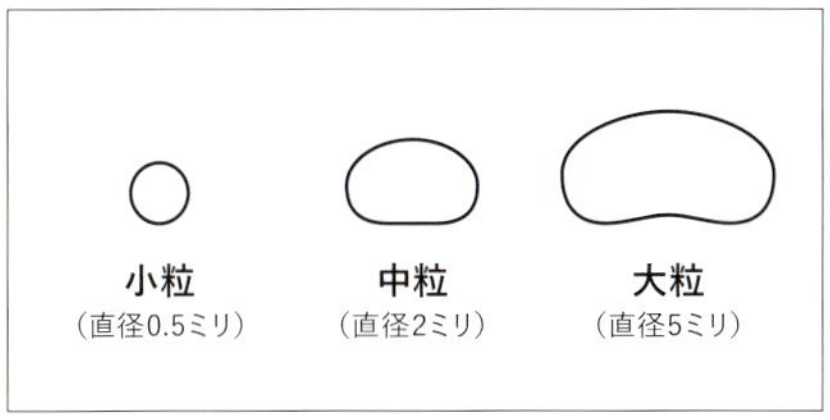

雨粒の形

雨粒の形は、みなさんが想像するようなティアドロップ型（涙の形）ではありません。小さい雨粒は丸いのですが、ある程度大きくなった雨粒の形は、おまんじゅう型。空気抵抗を受けて、底の部分が平らになっているんです。

雨はなんで降るの？

湿った空気が上昇すると、膨張して温度が下がります。すると大気中の微粒子を核として、水や氷の粒が出来上がります。この水や氷の粒が雲の中でくっつきあって大きくなり、やがて空気中に浮いていられないほど大きくなったら、雨粒となって落ちてくるのです。

大雨・洪水に備える

日頃からの備えとしては、自治体の発行するハザードマップを確認し、自宅や学校、職場にどんな種類の災害リスクがあるのか確認することが大切です。もしもの時のために、早めに避難行動がとれるようにしておきましょう。大雨の際には、山などの急な斜面、河川・用水路の近く、アンダーパスなどは特に危険ですので、早めに避難所など安全な場所に移動できるよう心がけましょう。

降水量と雨の降り方

「激しい雨が……」「非常に激しい雨が……」という言葉を聞いたことがあると思いますが、実際に予報用語で使われる表現の降水量はどのくらいでしょうか。「激しい雨」は、一時間に30～50ミリの雨で、バケツをひっくり返したように降り、道路が川のようになります。「非常に激しい雨」は一時間に50～80ミリの雨で、滝のようにゴーゴーと降り続く雨で、視界が悪くなります。さらに「猛烈な雨」とは、一時間に80ミリ以上の雨で、恐怖を感じるような雨です。

写真：岩田総司、関田佳弘

COLUMN
#1

about weather Q&A

100%晴れる日ってあるんですか?

なかなか難しいですね。冬型の気圧配置になると関東地方は晴天率が高くなるのですが、それでも東京の最も高い晴天率は12月24日、12月29日の93.3%です。ちなみに「晴れの特異日」として知られる11月3日（文化の日）の各地の晴天率は、仙台は67%、東京は70%、大阪は73.3%、福岡は66.7%と、6割以上の確率で晴れが出現しています。

空から魚が降ってくることってあるんですか?

あります。その場所にないはずのものが空から降ってくる「ファフロツキーズ」現象と呼ばれているもので、世界各地で魚やおたまじゃくしなどが降る事例が報告されています。その原因は、竜巻などの強い上昇気流によるものや、鳥が落としているなど諸説あります。まだまだ空の世界にはわからないことがたくさんあるんですよ。

てるてる坊主はいつからある風習?なんでてるてる坊主というの?

てるてる坊主は、中国の「掃晴娘（サオチンニャン）」という人形が由来です。赤や緑の着物を着て、ホウキを持った女の子の人形で、日本に伝わったのは平安時代。昔は雨乞いや雨やみなどの祭りをつかさどったのが旅僧や修験僧などのお坊さんでした。それで掃晴娘はいつしかてるてる坊主に変わり日本中に広まったそうです。江戸時代には今のように丸い毛のない頭になりました。古くは「てりてり坊主」「てれてれ法師」と呼ばれ、今でも西日本では「日和坊主」と呼ぶ所もあるとか。

富士山にかかる雲で天気が予想できるって本当?

昔から「富士山に笠雲がかかると雨」と言われ、実際に笠雲が見えると、24時間以内に雨が降ることが多いです。湿った空気が富士山にぶつかり、頂上付近で雲となっているので、低気圧や前線が近づく前触れを雲で察知していたんですね。こういった雲や生物の変化から自然現象を予想することを「観天望気（かんてんぼうき）」といいます。

お天気と病気（気象病）について教えて。

未だ科学的な解明はされていませんが、特に気圧の変化により片頭痛や関節痛、古傷の痛みなどの体調の変化が現れる方は多いようです。気圧が急激に変化する原因としては、寒冷前線が通過する、台風の接近・通過などがあります。また、喘息も寒さや雨が発作要因のひとつであると言われています。お天気と体は密接に関係しているんですね。

災害が起こりやすいと言われる季節はありますか?

過去の大雨による災害は、主に梅雨末期の7月から台風シーズンの9月に集中しています。日本では、一般的に6月から10月までを「出水期（しゅっすいき）」といい、集中豪雨や台風により川が増水しやすい時期として特に警戒しています。

雷はなぜ起こるの?

積乱雲の中では氷の粒が上昇気流と下降気流によって激しく衝突を繰り返しています。この衝突による摩擦で、プラスとマイナスの静電気が発生しているんです。雲の中で電気が一定以上になると、外に向かって放電。雷は地上に落ちることが多いですが、地上以外に稲光が走ることもあるんですよ。

8月に雪が降ることってありえますか?

日本では、標高の高い所ではありえます。富士山の初冠雪で最も早い記録は8月9日（2008年）です。南半球では8月は真冬なので、世界的には様々な場所で8月の雪は見られますよ。ちなみに、世界の観測史上最低気温はマイナス89.2°C！ 1983年7月21日に南極で観測されました。

写真：真木伸之、岩田総司

CAST INTERVIEW

醍醐虎汰朗［森嶋帆高役］×森 七菜［天野陽菜役］

2000人以上のオーディションを勝ち抜き、森嶋帆高役と天野陽菜役に選ばれた醍醐虎汰朗と森七菜。新海誠監督のもと、キャラクターに息を吹き込んだふたりは、この作品をいかにとらえたのか。アフレコを終えた彼らに制作現場の様子、そして作品から感じ取った思いをうかがった。

人が行動するときは必ずそこに動機があるはずですが、帆高が陽菜のために動くときの感情はすごく強く、想像以上の想いを感じました

オーディションのときから相性のよさを感じていた二人

——今回はオーディションだったそうですが、現場で一緒にお芝居をする機会はあったんですか？

醍醐　最終のオーディションで一度だけ。でも、そのとき僕はすごくやりやすさを感じたんです。二人のテンポ感が似ているというか……。

森　私も同じように感じました。お芝居をしていて、一緒に生み出す空気感がとてもしっくりきていて。それに、私が深呼吸をしていたら、「緊張してるの？」って声をかけてくれて。きっと自分も緊張していたと思うのに、雰囲気を和らげてくれて。〝優しい人なんだな〟って思いましたね……（笑）。

醍醐　えっ？　いまのいい話なのに、最後笑うところじゃないでしょ？（笑）

森　でも、あのときの私、そんなに緊張しているように見えました？

醍醐　それはもう！……と、いいながらも、いま七菜ちゃんが言ったように、実は僕もすごく緊張していて。だから誰かに話しかけることで、自分を落ち着かせていました。

——最初のアフレコは覚えてますか？

醍醐　もちろんです！　予告編の収録でした。帆高を演じるのがオーディション以来ということもあって、緊張を隠しながら臨んだのを覚えています。

森　確か数ヵ月ぶりでしたよね。だから私も、〝この子を選ばなきゃよかった……〟と思われたくない一心で、とにかく失敗しないように演じました。そういえば私、そのあとのアフレコでも醍醐くんに何度か助けてもらったんですよね。

醍醐　そうだっけ？　いつだろう。

森　いちばん覚えているのが、2つ目の予告編映像の収録のとき。どうすればいいのかわからなくなったことがあって。そのときに助言をしてくれたんです。

醍醐　七菜ちゃんが演技に悩んで、まわりが見えなくなっていたときだね。でも、僕はただ、いつも隣で七菜ちゃんのお芝居を聞いていたから、「以前はこういうふうに演じてたよ」って、僕の知っている陽菜を伝えただけなんだよね。だから、助言というほど大げさなものではなくて。

森　でも、その言葉に私はすごく助けられたんです。ですから、本当に醍醐くんには感謝しています。

——アフレコでは、役を演じるにあたって、新海監督から指示やアドバイスはあったのでしょうか？

醍醐　帆高がどんな男の子なのかというバックボーンを教えていただいただけで、具体的な声や演技指導のようなものはなかったです。

森　私もそうでした。ただ、「可愛く演じてください」とだけおっしゃっていて。陽菜は、それこそ天気のようにコロコロと表情が変わっていく子なんですね。それでも、どの顔を見せているときでも、映画を観ている方には、可愛さを感じてもらえるようにということを強く意識して演じていきました。

醍醐　帆高は、もっとわかりやすい性格で、とにかく真っ直ぐな男の子だったので、どうやって役づくりをしようかと頭を悩ませるよりも、そのときどきで感じたことを直球でぶつけていきました。新海監督からも、「帆高は醍醐くんで、醍醐くんは帆高なんだから、自然体で演じてくれればいい」と言っていただいて。その言葉のおかげで、リラックスして演じることができたんです。

DAIGO KOTARO

だいご・こたろう：2000年9月1日生まれ、東京都出身。2015年に『エーチームグループオーディション』に応募し、現在の事務所で俳優活動をスタートさせる。映画『兄に愛されすぎて困ってます』（'17）、ドラマ『先に生まれただけの僕』（'17）に出演。舞台『弱虫ペダル』（'17～）では主人公・小野田坂道役に抜擢され、脚光を浴びる。同作品はフランスで開催される世界最大規模の日本文化イベント『JAPAN EXPO 2017』に参加し、多くの現地のファンを魅了した。待機作に、映画『セブンティーンモータース』（'19）など。今秋には主人公・日向翔陽役で出演するハイパープロジェクション演劇『ハイキュー!!』の公演が決まっている。

陽菜は天気のようにコロコロと表情が変わっていく子。
でも、どんな場面であっても可愛く感じてもらうことを意識しました

MORI NANA

もり・なな：2001年8月31日生まれ、大分県出身。2016年、行定勲監督によるWebCMで芸能活動を開始。2017年、園子温監督のオリジナルドラマ『東京ヴァンパイアホテル』で女優デビュー。同年、映画『心が叫びたがってるんだ。』で映画初出演。また、ドラマ『先に生まれただけの僕』でテレビドラマ初出演を果たす。最近の主な出演作に『やけに弁の立つ弁護士が学校でほえる』('18)、『イアリー 見えない顔』('18)、『獣になれない私たち』('18)、『3年A組 ―今から皆さんは、人質です―』('19)など。待機作に岩井俊二監督作品『Last Letter』、『最初の晩餐』、『地獄少女』などがある。

――では、演じていくなかで、新たな一面を感じるところはありましたか？

醍醐　台本を読んだとき以上に、帆高は陽菜のことが大好きで、大事に思っているんだなと思いました。人が何かしら行動するときは、必ずそこに動機があると思うのですが、帆高が陽菜のために動こうとするときの思いはものすごく強くて。それは最初に僕が感じていたもの以上でした。

森　陽菜に関しては、どうだったかな……。

醍醐　何も感じなかった？（笑）

森　いや、そういうことじゃなくて（笑）。ただ最初から最後まで陽菜の気持ちになって演じていたので、客観的に彼女のことを見る時間がなかったんです。感じたことといえば、〝なんで、大人は何もかも許してくれないの？〟という怒りや苦しみだけで（笑）。

醍醐　あ～、それ、すごくわかる！　本気で帆高や陽菜と同じように感情が湧き上がってくるんだよね。それだけお互い、役と同じ目線になれていたということなのかもしれないね。

視点の違いによって物語の印象が大きく変わっていく作品

――それでは、続いて好きなシーンを挙げていただけますか？

醍醐　全部です！

森　うん、全部ですね。でも、あえて選ぶなら2つあります。ひとつは陽菜と凪と帆高の三人が「晴れ女ビジネス」をはじめるところ。シーンとしても面白いんですが、アフレコをしているときも楽しかったです。映画の中ではほんのわずかな時間しか描かれていないんですが、三人が一番幸せな時期だったんじゃないかなって思えて、いつまでもあの時間に浸かっていたかったです。それともうひとつは、空の上に行ってしまった陽菜を帆高が迎えにくるシーン。あのときの帆高のセリフが素敵すぎて。〝帆高、最高！〟って思っちゃいました。

醍醐　「青空よりも、俺は陽菜がいい！」っていうセリフだよね。

森　あの言葉、絶対に空に来る前からずっと考えてたんじゃないかな？（笑）

醍醐　そんなことないでしょ（笑）。でも、確かにそれぐらいかっこいい。

森　帆高って基本的に不器用な子として描かれているけど、あの言葉で、本来は真っ直ぐなかっこよさのある子なんだということがよくわかります。

醍醐　帆高の魅力はまさにそこで。普段、口ベタで気の利いたことが言えないんだけど、だからこそ、咄嗟に出た真っ直ぐな言葉が、より心に刺さる。「天気なんて狂ったままでいい」というセリフも、心から出た純粋な言葉だからすごく胸に響いてくるし。冷静に考えたら、天気が狂ったままでいいなんて、迷惑な話なんですけども。

森　醍醐くんの好きなシーンは？

醍醐　本当にたくさんあるから困ったなぁ……。ひとつは映画の冒頭で陽菜が空に浮かんでいるときの映像美。うまく言葉で説明できないんだけど、あの浮遊感と美しさに、いつもやられちゃう。また、空に行ってしまった陽菜が指輪を落としたことを気にするシーンも好き。自分が置かれている状況よりも、大切な思い出を先に気にかけるところに〝そんなに帆高のことが好きだったんだな〟ってグッとくる。それにラストも。陽菜はもう晴れ女じゃないのに、お祈りをしてる姿がすごく印象的だった。でも、こうしていろんなシーンを思い出してみると、やっぱり陽菜は切ない場面が多いですね。

DAIGO KOTARO × MORI NANA

——森さんは先ほど、アフレコ中ずっと陽菜の気持ちになっていたとおっしゃっていましたが、やはり演じていて苦しさはありましたか？

森　そうですね。特に空の上のシーンは、自分が人柱になって、もうこのまずっとひとりぼっちなのかもしれないと思うと本当に切なくて。それに帆高が陽菜を探して街の中を走り回るシーンや、そんな彼に「全部、俺のせいだ」と言わせてしまっているところにも、ものすごく苦しさを感じました。

醍醐　この作品は、誰の目線で見るかによって大きく感じ方が変わってきますよね。いまの僕たちの感想も、帆高側から見れば、自分の不甲斐なさに腹を立てたり、悔しさを感じたりしますが、陽菜目線だと逆で、自分のせいで帆高を巻き込んでしまったことを申し訳なく思ってしまう。そうかと思えば、須賀の言葉にもあるように、「人ひとりの犠牲で世界が救われるなら、それでいいだろ」というセリフもまた真理で。きっと多くの人は須賀たちと同じ考えだと思うんです。でも、この作品を観ていると、〝いや、自分は誰かを犠牲にするような人間じゃない〟って否定したくなる。たとえどんな状況でも、自分は命を大切にする人間でありたいと思うだろうなって。そうすると、本当のところで人間の心ってどっちなんだろうとすごく考えさせられるんですよね。

——そうした、考えさせられるポイントがいくつもありますよね。

醍醐　そうなんです。新海監督の作品はどれもそうで。だからこそ、何度も繰り返し観たくなるんですよね。

森　私はラストの陽菜と帆高の決断を見て、〝自分はいろんなことをしっかりと決断して生きているのだろうか〟ということを考えさせられました。それと同時に、もっとたくさんの人と触れ合いたいなとも思ったんです。それは家族でもいいし、最近あまり連絡をとっていない友人でもいい。でもそうした、些細な人とのつながりを大切にしたり、優しさや温もりを誰かと共有したくなる作品だなと感じました。

——最後に、お二人にとってこの『天気の子』はどのような作品になりましたか？

醍醐　オーディションからアフレコまでの半年間で、役者としても人間としても、すごく成長させていただいたなと思っています。それに、素敵な共演者の皆さんやスタッフさんたちと一緒にお仕事できたことで、〝もっともっとがんばらなきゃ！〟というパワーもいただきました。もちろん、うまくいかず悩んだり、落ち込んだりしたこともありましたが、自分にとってプラスになることしかない現場でしたね。

森　私は、人として大切なことをたくさん、『天気の子』から教えてもらいました。帆高からは〝決断〟だったり、陽菜からは〝自己犠牲〟だったり。いろいろなことを考えさせてもらいました。そのきっかけをくれた『天気の子』に、本当にありがとうといいたいです。

夏美は、カラッと明るくて、スタイルもよくてセクシー
そして素直な女の子だなと思います

本田 翼

［夏美役］

HONDA TSUBASA

ほんだ・つばさ：1992年生まれ、東京都出身。中学時代にモデルとしてデビュー。2012年に映画初出演、初主演を果たす。主な映画出演作に『今夜、ロマンス劇場で』('18)、『空母いぶき』('19)、『新聞記者』('19)、ドラマ出演作に『絶対零度〜未然犯罪潜入捜査〜』('18)、『ゆうべはお楽しみでしたね』('19)、『ラジエーションハウス〜放射線科の診断レポート〜』('19)など。声の出演に、劇場アニメーション『鷹の爪7 女王陛下のジョブーブ』('14)、子供向け哲学番組『Q 〜こどものための哲学』('17 〜)などがある。

夏美の魅力を出せるように柔軟にアフレコに臨みました

——出演の経緯を教えてください。

オーディションというほど大々的なものではなかったんですが、新海監督が私の声を聞いてみたいと言ってくださって、スタジオでちょっとしたアフレコをさせていただいたんです。それで結果を待つという形だったので、決まったときは本当に嬉しかったです。テストされる場に立つことが久しぶりだったので、そういう意味では初心に返ったような気持ちでした。

——どんなテストだったんですか？

もうそのときには台本もできあがっていて、帆高くんと出会うシーン、あと須賀さんとふたりのシーンのセリフをいくつか読ませていただきました。自分らしく臨むことがテストの意味なのかなと思ったので、声もほとんど作らずにそのまま演じたんです。監督からもまず地声が聞きたいので、自己紹介をしてくださいって言われていたんです。自分がなぜ選ばれたのかはわからないんですが、監督は私の普段の話し方と夏美のイメージを重ねてくださったのかもしれないですね。

——その夏美は本田さんから見て、どんな女性だと思われますか？

カラッとした明るさを持った女の子で、スタイルがすごく良くて、いつもショートパンツを穿いていて、セクシーなところも魅力ですよね。男性が好きな魅力がギュッと詰まっている女の子なのかなと思います(笑)。あと、自然体でフットワークも軽いので、彼女のそんな魅力をいちばん出せるように、アフレコのときも変に肩に力を入れすぎずに、私自身がいかにリラックスして演じられるかが大事なのかなと思いながら臨みました。同じセリフで監督からちょっと違うニュアンスを求められることもあったんですが、夏美はこうだって決め込んでいたら修正しにくくなってしまうので、私も夏美のように柔軟でいることを心掛けてました。

——アフレコはいかがでしたか？

不安もありましたし、緊張もしましたが、すごく楽しかったですね。監督も優しい方なので、お話しやすかったです。でもやっぱり声のお芝居は独特の難しさがあると思いました。例えば、息遣いの演技。あと表情で語れない分、声でテンションを表現しようとするとどうしても強めの声にばかりなってしまって。でも改めて勉強になることも多かったです。

——印象に残ったことはありますか？

野沢雅子さんと共演させていただいたことが嬉しかったです。ご一緒はできなくて、野沢さんの声を聞かせていただきながらアフレコをしたのですが、感動しました。野沢さんは占い師の役で、夏美はその言葉を全部信じてしまうというシーンだったんですが、野沢さんが演じられているので本当にすんなり入って、反応できて。そのシーンの収録は、即OKでした(笑)。

——夏美は陽菜に天気の巫女の不吉な伝承を教えてしまいますが、あのときの夏美の心理はどう感じましたか？

あそこはなんでそんなことを言ってしまうんだろうという感じですよね。今の陽菜ちゃんになら言っても大丈夫と思ったのかもしれないけれど、就職も決まらず落ち込んでいて、特別な力がある陽菜ちゃんに嫉妬して、言ってしまったようにも思えてました。ただ、私は夏美の気持ちがなんとなくわかるんですが、きっと無意識に言ってるんですよね。悪意も善意もなくて、陽菜ちゃんを前にしたときに思わず口に出ちゃったというか……。私も最初、これは何かの計算なのかなと考えたんです。でも自分に置き換えたとき、ポロッと何か言ってしまうことはあるかもしれないと。言ってしまったことに対して責任を感じてそれが後々の行動に繋がるんでしょうね。そういう意味でも夏美は素直な女の子だなと思います。

純粋に恋に向かっている帆高に対して
羨ましさやもどかしさみたいなものを思いながら演じました

小栗　旬

［須賀圭介役］

OGURI SHUN

おぐり・しゅん：1982年生まれ、東京都出身。『GTO』（'98）で一躍注目を集める。主な出演作に『銀魂2 掟は破るためにこそある』（'18）、『響 -HIBIKI-』（'18）、『Diner ダイナー』（'19）、『人間失格 太宰治と3人の女たち』（19年9月公開）、『罪の声』（20年公開）など。ハリウッドデビュー作となる『ゴジラVSコング（仮題）』（20年公開予定）も控える。声の出演に『劇場版 鋼の錬金術師 シャンバラを征く者』（'05）、『ドラえもん 新・のび太の大魔境 〜ペコと5人の探検隊』（'14）、『映画 妖怪ウォッチ FOREVER FRIENDS』（'18）などがある。

須賀はガサツに見せているが
繊細で面倒見がよく魅力的

──須賀圭介というキャラクターはどんな人物だと思われましたか？

心に傷を負っていて、そんな自分の繊細さみたいなものを消すために少しガサツに振る舞って生きているような人という感じですね。それでいてなんだかんだと面倒見がいい。すごく魅力的な人物だと思いますね。声としては今回は結構高めの方たちが多いので、僕は低めをベースにやってほしいと言われたんですよ。ただ、あまり渋くなりすぎても違うので、カッコいい感じとそうじゃない感じの中間の微妙なところを意識しながら演じました。

──出演のオファーを受けたときは、どのように感じられましたか？

川村元気プロデューサーから、「環境は違えど子供がいる役ということで思うところがあるはずだから、よかったら参加しない？」という連絡をいただいて、新海誠監督の作品ならばという感じでした。前作の『君の名は。』も面白いと思って観ていた人間なので、その監督の新作に参加できると聞いて、単純にすごく嬉しかったですね。

──新海監督の作品にはどのような印象を持たれていましたか？

映像からしてもそうなんですが、世界観自体もすごくピュアで色鮮やかで、夢がありますよね。初めて観た作品が『言の葉の庭』だったんですが、普段見ている風景がアニメーションとして美しく切り取られていて、すごく印象に残りました。そのなかで誰もが共感できることを描いているというのも大きいですよね。今回の『天気の子』も実は少年少女のストレートな恋物語ですし、世界的に今、おかしな天候になってきているということではみんなが興味ある題材だと思うので、幅広い世代や地域で受け入れられると思います。

──監督の演出はいかがでしたか？

毎回、ニュアンスに関して的確に指示してくださるので、非常にやりやすかったです。「このセリフはこういう雰囲気だったので、こっちのセリフはこういう感じにしましょう」と、本当に一個一個丁寧なんです。監督自身が声を入れられているガイドのVコンテがあったことも助けになりました。監督がまたお上手なんですよ。音響監督の山田（陽）さんも、「（監督のVコンテのお芝居が）やる度にうまくなってる」とおっしゃってました（笑）。

──物語に関していえば、須賀はある意味、社会性を代表する大人の立場の役どころでもありました。

須賀としても複雑なんだと思います。クライマックスでも大人として帆高を止めようとしながら、一方で帆高が捕まりそうになると手助けする。大人であるということに加えて、彼自身、かつてとても恋した奥さんを事故で亡くしてしまっている設定なので、純粋に恋に向かっている人間に対して羨ましさやもどかしさみたいなものがあるのかなと思いながら演じていました。

──印象的なセリフも多かったのですが、ラスト「世界なんてさ、どうせもともと狂ってるんだから」という言葉が意味深く感じられました。

あれは悩んでいる帆高を励ますための言葉でもあったと思いますが、須賀の本心でもあったんだと思います。もともと正しい世界なんてないんだから、自分が正しいと思ったことを大切に生きていけばいいというのは、須賀自身の生き方でもあるのかもしれないですよね。それに何をもっておかしい・おかしくないと言えるのか。天気や自然にしても、人間を主体に考えているから異常だ、ってなってしまうだけで、そもそも人間を主体に考えていること自体おかしいんじゃないかということにもなってしまう。『天気の子』は、そんなことも考えさせてくれる映画。エンタテインメントとして、そんなところもまた魅力的な作品だと思います。

自分はまだ子どもだから、お姉ちゃんを支えてくれる存在を待っていた
凪はとても強い子ですが、ふとしたときに見せる少年の姿に愛おしさを感じます

吉柳咲良

［天野凪役］

KIRYU SAKURA

きりゅう・さくら：2004年4月22日生まれ、栃木県出身。2016年、第41回ホリプロタレントスカウトキャラバン「PURE GIRL 2016」において、歴代最年少となる12歳でグランプリを受賞。翌年、ブロードウェイミュージカル『ピーターパン』の10代目・ピーターパン役に歴代最年少タイで抜擢され、女優デビュー。2019年現在、3年連続で主演を務めている。公開が控える映画作品に『初恋ロスタイム』（19年9月公開予定）ヒロイン・篠宮時音役、舞台『デスノート THE MUSICAL』（20年1月上演）弥海砂役などがある。

凪の最後のセリフには作品への思いすべてを注ぎ込みました

――オーディションのときの思い出からお話しいただけますか？

すごく緊張しました！ 声のお仕事が初めてだったということもあり、あのときほど、どうしていいのかわからない状況になったことはありませんでした。それに、もちろん新海監督のお名前は『君の名は。』で存じ上げていて。何回観たかわからないぐらい、家族全員大好きなんです。その監督の最新作ということで、私にとってものすごく重みのあるオーディションでした。

――凪役に選ばれた決め手は何だったと思いますか？

まったくわからないです（笑）。もともと地声が低く、少しハスキーなので、それが10歳の男の子の役にはまったのかもしれないですね。実際のアフレコでも、特に声色を変えることはせず、私のままで演じていきましたから。

――では、シナリオを読んだ印象は？

最初はタイトルを見て、〝どうして天気が題材なんだろう？〟と思ったんです。でも、新海監督の作品ってこれまでも空が印象的に登場するので、今回天気をテーマにされた、監督の特別な思いを感じ納得しました。天気は、誰にとっても身近なもの。だからこそ、ここまで深くお話が広がっていくことに感動しました。

――そうした中、凪は帆高と陽菜の間でストーリーを動かす、重要な役割を担っているように感じました。

凪は10歳とは思えないほど大人だと思います。それはきっと陽菜と二人暮らしという環境で育ち、お姉ちゃんに心配をかけないように生きてきた結果だと思うんです。彼の背景を考えると、少し切なくて。だから、三人のシーンで凪が笑顔を見せると、愛おしくて涙がでてきます。〝あ～、凪が心から笑ってる！〟って。ただ、その帆高に対して、凪は最初まったく信用していないんですよね。突然、目の前に現れて、ビジネスパーソンと紹介されて。しかもてるてる坊主を被せられる。凪からしてみれば、〝なんなんだよ！〟ですよね（笑）。でも、帆高といるときの楽しそうなお姉ちゃんを見て、次第に凪も帆高を認めていったんだと思います。

――凪は常に陽菜と帆高のことを見守っていますよね。

そうなんです。いつもふたりの間にいて、ふたりが離れていきそうになってもちゃんと捕まえていてくれるんです。帆高の恋愛相談にのっているときも、気づいたら、〝この人ならお姉ちゃんを任せてもいいかも〟という気持ちになっていて。そこには、普段、強がって大人ぶってみせても、やっぱり心のどこかではまだまだ10歳だから、陽菜のことを助けてくれる誰かを待っていたんだろうなという思いがあるように感じました。

――特に印象に残っているシーンは？

先ほどのてるてる坊主の場面は大好きです（笑）。それとやはりラストですね。陽菜が空の上にいってしまったことに対して、帆高に「姉ちゃんを返せよ！」って叫ぶシーン。あれは帆高のことを信頼していたからこそ出てきた言葉だし、泣きじゃくる凪の姿は紛れもなく、等身大の10歳の弱い男の子なんです。監督も、「この作品に対するすべての思いをここにぶつけてください」とおっしゃっていて。その言葉に後押しされたような気持ちになれました。また、私が気持ちを作れるまでいつまでも待ってくださったことも、とてもありがたかったです。

――声優初挑戦とのことでしたが、最初が素敵な現場でよかったですね。

本当に温かい現場で。また必ず声のお仕事をしたいと思いました。そうしたきっかけを作ってくださったこの作品には、本当に感謝の気持ちでいっぱいです！

平泉 成

［安井役］

「罪を憎んで人を憎まず」を安井刑事の座右の銘として、声を入れました（平泉）

HIRAIZUMI SEI

ひらいずみ・せい：1944年生まれ、愛知県出身。1964年、大映京都第4期フレッシュフェイスに選ばれ、『酔いどれ博士』('66)で本格的に俳優デビュー。主な映画出演作に『書を捨てよ町へ出よう』('71)、『その男、凶暴につき』('89)、『蛇イチゴ』('03)、『誰も知らない』('04)、『シン・ゴジラ』('16)、ドラマ出演作に『華麗なる一族』('07)、『家政婦のミタ』('11)、連続テレビ小説『あまちゃん』('13)、『過保護のカホコ』('17)など。自身が実写作品で演じたキャラクターに声を当てた『花とアリス殺人事件』('15)がある。

――最初にオファーがきたときの印象と、台本を読んでみた感想をお聞かせください。

大ヒット作品『君の名は。』の新海監督からのオファーらしいですよと聞き、何かホッとして、妙にうれしかったことを覚えています。何故ホッとしたのか全くわかりませんが、とにかくそんな気分でした。台本を読ませていただいて、社会問題がさりげなく提起されており、そこをベースに優しいドラマが描かれていました。素晴らしいです。

――安井役は、どのようなポジションだと感じていますか？

真っ先に今のデジタルではなく、アナログでいこうと思いました。主人公は平成生まれの二人！ 私のポジションは昭和の価値観を持ったおじさん刑事。これで成立だと思いました。

――演じる上で意識した点や注意したことはありますか？

昭和の時代の人間を意識して、安井刑事の声を入れました。台本にはありませんが「罪を憎んで人を憎まず」を安井刑事の座右の銘として、声を入れさせていただきました。

――アフレコ時の印象深いエピソードを教えてください。

アフレコ当日は、主人公の二人と挨拶を交わすこともでき、新海監督とも良い時間を過ごすことができました。私が声を入れ易いようにと、スタッフさんも配慮してくださり、楽しい時間でした。印象深いエピソードは特にはありませんが、好印象でした。映像の未来は、明るいね！

――実写作品と、声の演技ではなにか変わることはありますか？

実写では、なま身の自分の全てを使い、見てくださる観客の視覚、聴覚に訴えることができますが、アニメーションのアフレコは聴覚のみ、注ぎ込むハートは同じですが……声の音色、余韻まで、何と難しいことか……。でも、楽しいですね。

――本作で好きなシーンがありましたら教えてください。

雲の間から太陽の光が射すシーン、空……雲の上の二人……いろいろありすぎて……。

――新海監督作品の魅力とはどんなところでしょう？

小津（安二郎）さんがいて、黒澤（明）さんがいた時代があった。いま、新海さんがスクリーンで世界の若者を楽しませてくれている。「今」を受け止め、しっかり背負って、優しく温かい、愛のあるドラマを生み出している。そこが魅力。

――本作の魅力を教えてください。

全てです。隅々まで丁寧に見てほしい。『天気の子』を見ながら、いまの地球環境、世界の問題も合わせて考えてくれたら嬉しいね。

梶 裕貴

［高井役］

――最初にオファーが来たときの印象を教えてください。

ひとりの新海誠監督作品ファンとして純粋に新作を楽しみにしていたので、まさか出演させていただけることになるとは思っておらず、とても驚きました。同時に「あの素敵な世界の中で役を通して生きられるんだ」と、とても嬉しく光栄に感じました。新海監督作品の醍醐味でもある、甘酸っぱさとほろ苦さのボーイミーツガール。ロマンとリアリティ、美しさと残酷さが絶妙なバランスで調和された、刺激的で瑞々しいドラマだと思います。

――高井役はどのようなポジションだと感じていますか？

高井は、ベテランの安井とバディを組む刑事です。強い正義感を持ち、刑事らしいどっしりとした心構えの見受けられる男。けれど同時に、若手と中堅の狭間にある青臭さや未熟さもどこか垣間見えるような印象だったので、そのあたりも意識しながら役づくりをしました。リアルな世界観や俳優さんのナチュラルなお芝居に混ざって違和感のない表現ができればと思い、慎重に探っていきました。

――新海監督からの演出で印象深いエピソードがあれば教えてください。

リハーサル用映像の段階から、監督ご自身の声で台詞が吹き込まれており、音楽も貼りつけられている状態だったので「どういうフィルムにしたいか」というしっかりとしたビジョンを感じることができていました。なので、実際に現場でいただく演出もとても明確なものばかりで、意味や意図を咀嚼するのに悩むこともなく、非常にスムーズにお芝居を返していくことができました。逆に、こちらからの提案も快く、楽しみながら受け付けてくださったので、一緒に作品を作らせていただく喜びを感じながらの収録となりました。

――醍醐さんへのインタビューで、「梶さんからアドバイスをいただきました」というお話をお聞きしました。どのようなアドバイスをされたのですか？

僕なんかが偉そうなことを言えた立場ではないのですが……一緒に収録した醍醐くんはアフレコ初挑戦ということで、少しだけ感じたことをお話させていただきました。真面目な役者さんなので「アニメに合う声・芝居とは？」、「細かいリアクシ

KAJI YUKI

かじ・ゆうき：1985年生まれ、東京都出身。2004年、声優デビュー。2007年『Over Drive』(篠崎ミコト)で主演を務める。主なテレビ作品に『進撃の巨人』(エレン・イェーガー)、『アオハライド』(馬渕洸)、『七つの大罪』(メリオダス)、『僕のヒーローアカデミア』(轟焦凍)など。声優アワードにて第3回新人男優賞、第7、第8回主演男優賞受賞。2018年、著書『いつかすべてが君の力になる』を出版。アニメに限らず、吹き替え、ナレーション、ラジオ、報道番組やミュージカルに出演するなど多方面で活躍中。

ヨンの入れ方とは？」といった部分まで気を回してアフレコに臨んでいたらしく、そんな彼を見て「難しいことを考える必要なんて全くなくて、思ったままに演じた方がいいと思うよ」とだけ伝えました。それは普段、実写という舞台でお芝居されている俳優さんだからこそ生み出せる魅力があると思うからです。アニメ作品だからといって、声優のお芝居（技法）に寄せる必要はないかと。心で演じた表現は、きっと技術を超えて視聴者に届くのではないかと考えています。これは、僕自身の永遠の課題でもあります。

——新海監督の作品の魅力とはどんなところだと感じますか？

あらためて、新海監督の作品には、監督御本人の人間性が強く反映されているんだなと感じました。温かいお人柄はもちろん、深い愛情や繊細さ、ロマンとリアリティの絶妙なバランス。「人間」が大好きで、それを面白がりながら作品づくりをされているのだろうな、と。大好きです。今回、役者として、また、ひとりの新海誠監督作品ファンとして、本作に携わらせていただけたことを本当に幸せに思います。

——本作の魅力を教えてください。

ドラマチックな物語、魅力的なキャラクター、繊細で美しい映像……そのどれをとっても、ご覧いただいた方にとって忘れられない作品になると思います。加えて、RADWIMPSさんの手掛けられる劇伴が本当に素敵でした。楽曲自体の美しさは然ることながら、物語を通して描こうとしているテーマや流れというものが、とても明確に、鮮明に伝わってきたように感じます。三浦透子さんのボーカルも合わせて、心揺さぶられる音楽に非常に感動しました。

「何かを変えたい」、「何かを守りたい」という強い意志は、人間を大きく成長させるはず。帆高や陽菜をはじめとするキャラクターたちの群像劇を、どうぞ繰り返しお楽しみください。

心で演じた表現は、きっと技術を超えて視聴者に届くと考えています（梶）

アニメーションの「声」だけの表現は、難しくもあり、楽しくもあり、勉強になりました（倍賞）

倍賞千恵子

[冨美役]

——冨美をどのような存在のキャラクターだと考えましたか？

淡々とゆっくり自分の人生を楽しみ、世の流れを見据えている人です。監督が、冨美の最後のセリフを大切にしてらっしゃり、しっかりとメッセージが伝わるように考えていらっしゃるところが、私も同じでした。もっとできるはずと、微妙な表現を求められ、嬉しかったです。

——声だけで演技することについて、どのようにお考えでしょうか？

唄うことも芝居することも、自分の身体「全身」を使って表現できますが、アニメーションの場合は「声」だけで表現する。これが難しくもあり、楽しくもあります。平坦になりがちでしたが、勉強になりました。

——今回のお仕事に参加されてのお気持ちをお聞かせください。

短い時間でしたが大変充実し、スタッフのみなさんが一生懸命にこの仕事に取り組んでいらっしゃる姿を拝見し、自分の姿勢をもっと「正さなければ」と反省いたしました。

BAISHO CHIEKO

ばいしょう・ちえこ：1941年生まれ、東京都出身。1961年、『斑女』で映画デビュー。翌年『下町の太陽』で歌手デビューし、第4回日本レコード大賞最優秀新人賞を受賞。翌年同名タイトルで映画化され主演を務める。1969年から続く『男はつらいよ』のさくら役で国民的女優となり、1970年文化庁芸術選奨文部科学大臣賞映画部門を受賞。2005年に紫綬褒章、2013年に旭日小綬章を受章。近年の主な出演作に『小さいおうち』('14)、『初恋～お父さん、チビがいなくなりました』('19)、『男はつらいよ お帰り 寅さん』(19年12月公開予定) など。

COLUMN
#2

企画書

**“今、僕たちは観客に
なにが言えるだろう”
新海誠監督による本作『天気の子』の
着想を知ることで、物語への想いが
さらに深くなるに違いない――。**

劇場長編アニメーション企画原案
「天気予報の君」(仮)

■概要

離島の少年・帆高（ホダカ）は、中学２年の春休みに家出をして東京にやってきた。彼は中年の雑文ライター・須賀に拾われる。須賀のアシスタントとして、ホダカは怪しげなオカルトやゴシップ記事の執筆を手伝うこととなった。

ある日の仕事中、ホダカは奇妙な SNS アカウントを見つける。女子高校生のアカウントらしいが、彼女は毎晩天気予報を投稿していて、その的中率が 100% なのだ。気象庁の予報よりもはるかに正確で、ホダカはその女子高生の調査を命じられる。

ホダカが探し当てたのは、18 歳の陽咲（ヒナタ）という少女だった。父はおらず、母は入院中で、いくつもアルバイトをしながら幼い妹２人を養っている貧困女子高生。異常気象が増す中で、ヒナタは 100% の天気予報を活かしアルバイト先で重宝されているようだった。偶然を装ってヒナタに近づくホダカだったが、貧しいながらも明るく楽しい一家とすっかり仲良くなってしまう。ヒナタの天気予報の秘密は一向に明かされないが、彼女が時折雲をじっと見つめていることに、ホダカは気づく。まるで見えないなにかに見とれるように。

一方、須賀は全国に赴き、各地の異常現象を調べていた。空から魚が降ってきた、気象観測気球から水棲微生物が発見された、離島の定期便セスナが雲間に龍のような生き物を目撃した、等々。須賀からホダカに送られてくる取材記事を、ヒナタは興味深げに見つめるのだった。

前半は、少年少女のコミカルな東京貧乏サバイバル生活。
中盤は、少女の天気予報の謎を探る民話的ミステリー。
終盤は、心と天気がリンクしてしまった少女を、恋心ゆえに救おうとする少年の活躍。

気候が狂っていく世界の中で、混沌を力強く選択する少年少女の物語を 100 分程のアニメーションで描く。

少年と少女が狂った天気を選ぶこと

2017年2月28日、『君の名は。』のロングランがまだまだ続いている中で、次なる作品『天気の子』の種となる最初の企画書が新海誠自身によって、まとめあげられた。

表紙には、現在映画のキービジュアルとしてかかげられているイラストを思わせる構図の少年と少女。また、最後のページには『天気の子』の空ビジュアルの元になったイラストが載せられている。雲の様子やプリズム調に輝きながら射す光、空の魚など、この後、映画本編で描いていくことになる要素がこの時点で描かれていたのだ。

作品の仮題は「天気予報の君」。物語の概要は、家出少年の帆高が東京で中年ライターのアシスタントになるという物語のはじまりから、序盤の東京貧乏サバイバル生活、中盤の天気をめぐる民話的ミステリー、終盤に関しては、心と天気がリンクしてしまった少女を恋心ゆえに救おうとする少年の活躍……と説明されており、構成の大きな柱はこの段階ですでにしっかりと立っていたことが窺える。

少しだけ変更が見られるのは、キャラクター設定まわり。陽菜が陽咲（ヒナタ）という名前であったり、100%の晴れ女ではなく天気予報を100%的中させる女の子として話題になっていたり、弟ではなく二人の妹がいたりする。また、須賀の設定に雑文ライターのほか、気象AI研究者と記されているのも興味深い。

そのほか、世界観の補足として、深海よりもはるかに広大な未知の領域である対流圏の話や、そこに生まれては消える「雲に棲む魚」の設定、干渉し合う天気と人の願いについても説明されていて、これらは『天気の子』を読み解く上でも重要な手がかりになるだろう。

そして、企画書の中で、最も熱いのがこの映画をつくることへの想いが綴られている文章だ。本来、私たちにとっては映画自体から感じとるのが一番であろう内容だが、今、この時代に「混沌を力強く選択する少年少女の物語」、曰く「正しくない物語」を描こうとする新海誠の情熱がストレートに顕れている。

劇場長編アニメーション企画原案
「天気予報の君」(仮)

■この映画の狙い——少年と少女が、狂った天気を選ぶこと

なにかが狂っていく。世界がおかしくなっていく。

多くの物語が、そのようにして始まる。たとえば天候についての昔話がそうだ。雨がまったく降らなくなってしまう、あるいは、雨が止まなくなってしまう。そんな時の解決方法は、決まって人身御供である。少女が人柱として埋められる昔話もあれば、少女は救われて代わりに悪人を供犠にするような活劇パターンもある。いずれにせよ、最後には自然と人間の関係は調和を取り戻し、狂った世界は元通りになる。

僕たちはこの種の教訓物語とともに育ってきた。現代の漫画やゲームにおいてさえ、「世界を元通りにすること」は支配的なモチーフである。なぜなら、これらの物語は圧倒的に「正しい」からだ。古代から現在に至るまでずっと、人間は自然に対して無力だったし、だから必死に調和を願い、そのための努力をし、慎重に生活をしてきた。そうしないと生き抜いていけなかったからだ。

——でも、と思う。この種の「正しい物語」に、僕たちはいつからか息苦しさと空々しさを感じてはいないだろうか。

すこし乱暴かもしれないけれど、この教訓物語に現実の世界を当てはめてみよう。

たとえば「世界が狂っていく」のは、世界的な気候変動。「正しい物語」は、COP21 のような温暖化対策への国際合意だ。しかし少なくないリーダーたちが、「そんなものは必要ないんだ」と叫び、多くの支持を集めている。では、果たしてこの"物語"はハッピーエンドを迎え、世界は調和と安定を取り戻すだろうか？　無理そうだ、というのが大勢の実感だろう。「正しい物語」は今、かくも空々しく見えてしまう。

なにかが狂っていく。世界がおかしくなっていく。

気候は狂い、世界は排外主義を強め、人を自由にするはずだったネットが相互監視と愚かさの装置になり、日本の地面は揺れ続けている。既に中年である自分自身の実感に即して言えば、これはやはり僕たち自身が選んだ世界だ。僕たちはそれを止めることができなかったし、結果的にやはりそれを選んだのだ。でも、僕たちが映画を届けようとしている若い観客にとっては、これは選択の余地のなかった世界だ。彼らが選ぶ前に、世界はすでに狂っていたのだ。

だから今、若い観客のために映画を作ろうとしている僕たちが、世界の調和を取り戻すような物語を押し付けてはいけないと強く思うのだ。それはあまりに身勝手で無責任だ。では今、僕たちは観客になにが言えるだろう。

この映画の最後で、少年はこう叫ぶはずだ。

「天気なんて狂ったままでいいんだ！」と。

少女はその叫びに応じて、狂った世界で生きることを力強く選ぶだろう。

少年と少女が、自分から世界を選ぶ映画を作りたいのだ。引き返せない場所まで行ってしまう彼らの姿を、明るくポジティブなタッチで描こう。そしてもし彼らの選択を、驚きと共感を持って観客に共有してもらえたならば、僕たちはこの「正しくない物語」を今映画にする意味を見つけることが出来るだろう。

劇場長編アニメーション企画原案
「天気予報の君」(仮)

■シノプシス

別ファイル（天気シノプシス _20170228.rtf）参照。第0稿として、まずはホダカ少年の視点からのみ記述しました。

劇場長編アニメーション企画原案
「天気予報の君」(仮)

雲の対流境界面に、
数秒間だけ生まれては消える水草と魚たち。
未だ人類に発見されていない生態系。

■現状の課題・問題点

<驚きをどこに仕込むか>

『君の名は。』のミッドポイントに相当する部分（「三葉は実は3年前に死んでいた」）が、現状弱い。「ヒナタは実は天気予報をしていたのではなく、天気を操っていた」が、一応ミッドポイントに相当するが……。

また、「天気を正常に戻す話だと思っていたら、「天気は狂ったままでいい」という未来を選択する」というラストの展開には、観客に大いに驚いてもらう必要がある。このための仕込みを最初からしていくことが必要で、現状のプロットではそこも弱い。

<世界観の問題——伝奇物語なのか、SFなのか>

雲の「魚」は完全なフィクションだが、それを伝奇・民話の言葉で観客に納得させるのか、科学の言葉で納得させるのか、曖昧なままである。また、異常気象をテーマとするのは現実との地続き感が欲しいからだが、そこに完全なフィクション要素を組み込むことに成功できるかどうか。

劇場長編アニメーション企画原案
「天気予報の君」(仮)

■世界観

<雲に棲む「魚」>

10km もの高さにまで広がる対流圏は、深海よりもはるかに広大な未知の領域である。

空には豊富な水源（雲）があり、そこには微小な魚のような生物が無数に生息している。それらはビニール片のように軽く透明で、生まれては消える雲環境に適応して寿命も数十秒～数十分と極めて短い。「魚」たちに個別の意思はなく、潮流に乗るように気流に吹かれて漂っている。それらは例えるならば血液中の血小板や赤血球のような存在で、雲そのものを形成・修復したり、雨として分解する機能を担っていると考えられる。

「魚」の薄い体表はレーダー波も透過してしまうためまだ人類からは発見されていないが、天候や日光の加減で人の眼に映ることもある。また、体質として「魚」が見えやすい（可視波長範囲が生まれつき広い）人間も希に存在する。

より高空の成層圏には全長数キロにも及ぶような巨大な個体も存在し、そられの寿命は数百年に及ぶと考えられ、神話や民話には龍としてその姿が語られている。

<天気予報と、人の願い>

9.11 や 3.11 の発生時に世界中の乱数発生器に異様な偏りが検出されたように、人間の強い思念は、その脳蓋を超えて量子のふるまい——世界の万象に影響を与えている。

たとえば「雨乞い」もその一例であり、集団の人間の強い思念が「魚」の行動を変え、かすかに天気を変えるのだ。

逆に、「魚」の思念が人に伝わる場合もある。かつて巫女やシャーマンは共同体のために天気予報を"感じて"いたし、特別に「魚」に強くリンクしてしまったヒナタのような例もある。

人と「魚」のリンクはいくつかのバリエーションがあるが、ヒナタのように特定の「魚」と「眼が合った」というケースが多い。ヒナタの場合は高層ビルの屋上で「魚」と遭遇したが、かつては山に迷った人間が霧の中で不思議な「眼」と出会い、数ヵ月後に神隠しに遭ってしまったというケースが民話等に残されている。

このように、「魚」と人間との共鳴も含めた総体が、「気象」という地球規模の現象である。

『天気の子』ができるまで

PRODUCTION PROCESS

1本の作品が完成するまでには、監督はもちろんのこと、アニメーターや美術背景・撮影スタッフ、そして音響関係など、数多くのスタッフによる試行錯誤が重ねられている。当然ながら、そのすべてをカバーすることはできないが、ここではあくまでも、その大まかな流れを押さえておきたい。

まず作品の根幹にあたるのが、企画と脚本だ。脚本では、ストーリー全体の流れはもちろん、登場人物の性格や舞台背景の内容が検討され、作品全体の方向性が決められることになる。

そうして完成した脚本をベースに、実際の画面に近い形で、演出を膨らませるのが「絵コンテ」。さらにそこから、各カットごとに内容を固めていき実作業（作画・背景・CG）の各セクションへと移っていく。

このように同時並行で制作された成果物を、ひとつの画面（カット）に統合することになるのが「撮影」。さらにカットとカットをつなげて1本のフィルムにまとめる「編集」、そこに音楽やセリフを加える「音響作業」を経て、作品は完成にいたる。

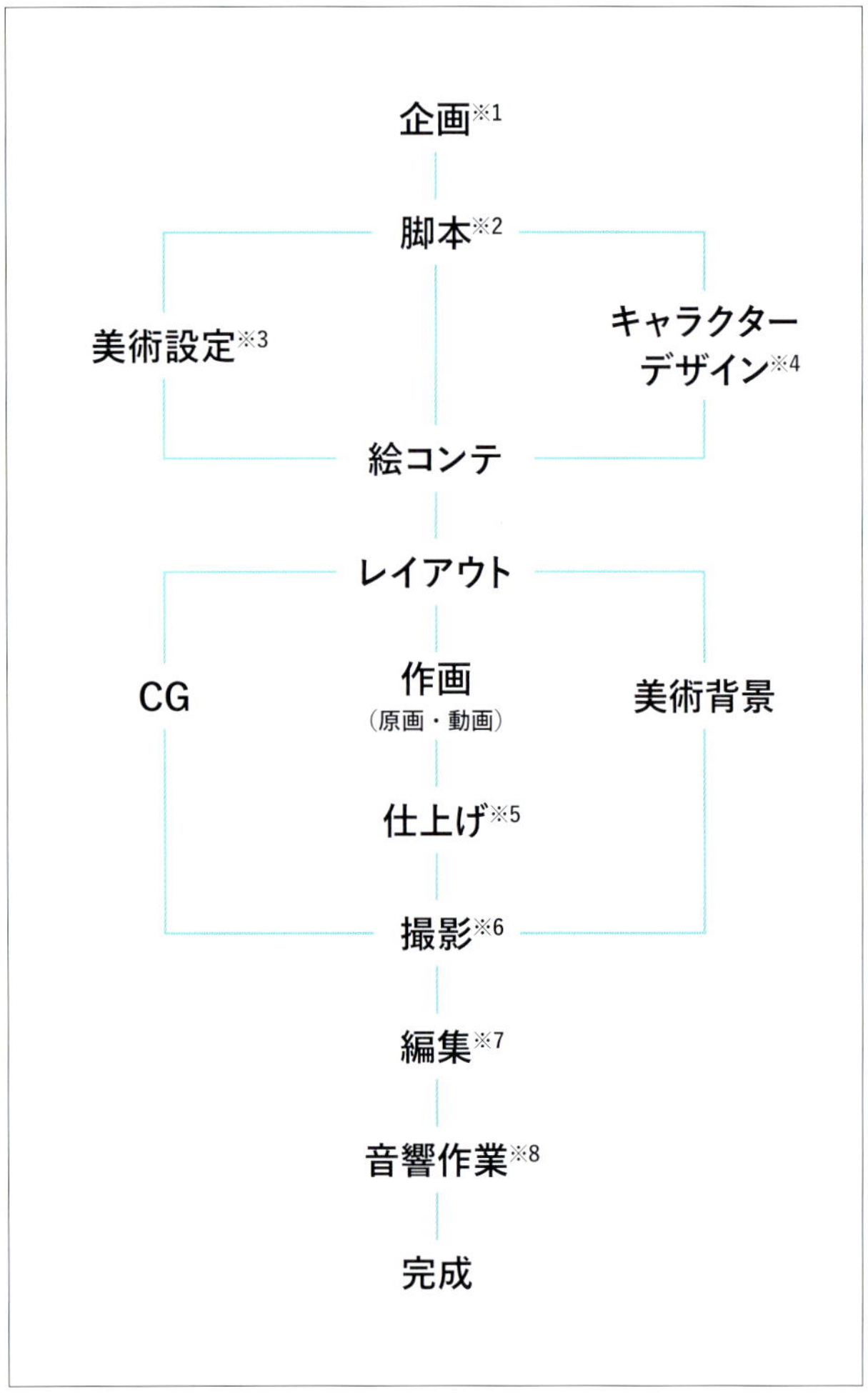

※1）制作開始は2017年。新海監督による企画書（P60-61）には、プロットとともに帆高や陽菜、須賀といった主要人物のイメージスケッチが描かれていた。※2）プロットをもとにストーリーを膨らませ、脚本（セリフとト書き）の形に落とし込む。※3）完成した脚本をもとに、必要となる舞台をデザインする。※4）登場人物のデザインを決める。今回、田中将賀によるデザインをもとに、田村篤（作画監督と兼任）がアニメ用の決定稿を作成した。※5）キャラクターの着彩を行う。※6）作画と美術背景を合成し光や雨などの効果を撮影で加えていく。※7）撮影された映像を繋ぎ合わせ、1本のフィルムにまとめ上げる。※8）別途進行していた劇伴（BGM）や効果音、役者によるセリフを、映像にあわせて貼り込む（ダビング）。音楽も本作の重要な構成要素のひとつ。

絵コンテ

完成した脚本をもとに、実際の映像により近い形で演出側の意図をまとめたものが「絵コンテ」になる。ストーリーや登場人物を練り上げていくのが「脚本」だとすれば、それらを演出面から検討、より具体的に膨らませていくのが「絵コンテ」。いわば、映像の「設計図」とでもいえるものだ。「絵コンテ」を構成しているのは、カットナンバー（Cut）、画面に何を映し出すかを描き表した絵（Picture）とその内容（Action）、セリフ（Dialogue）、効果音や音楽（SE）といった各要素。キャラクターの芝居や仕草、表情はもちろんのこと、画面全体に対する登場人物の大きさと配置、さらにはカメラワークなど、どのような意図で演出したいのかを、読み取ることができる。また、新海監督は『言の葉の庭』の制作から、より綿密なビデオコンテの制作に取り組んでおり、前作『君の名は。』からは、Storyboard Proというデジタル絵コンテ制作ツールを活用。今回の『天気の子』でもこれまでと同様、このビデオコンテの形でコンテが描かれた。新海監督がビデオコンテの利点として挙げているのは、より実際の完成に近い形で、映像のテンポ感などを繰り返し確認できる点。ビデオコンテでは、新海監督自身がセリフを読み上げ、仮の楽曲やSEが当てはめられている。こうして完成したビデオコンテをもとに、具体的に各カットの制作に入っていくことになる。

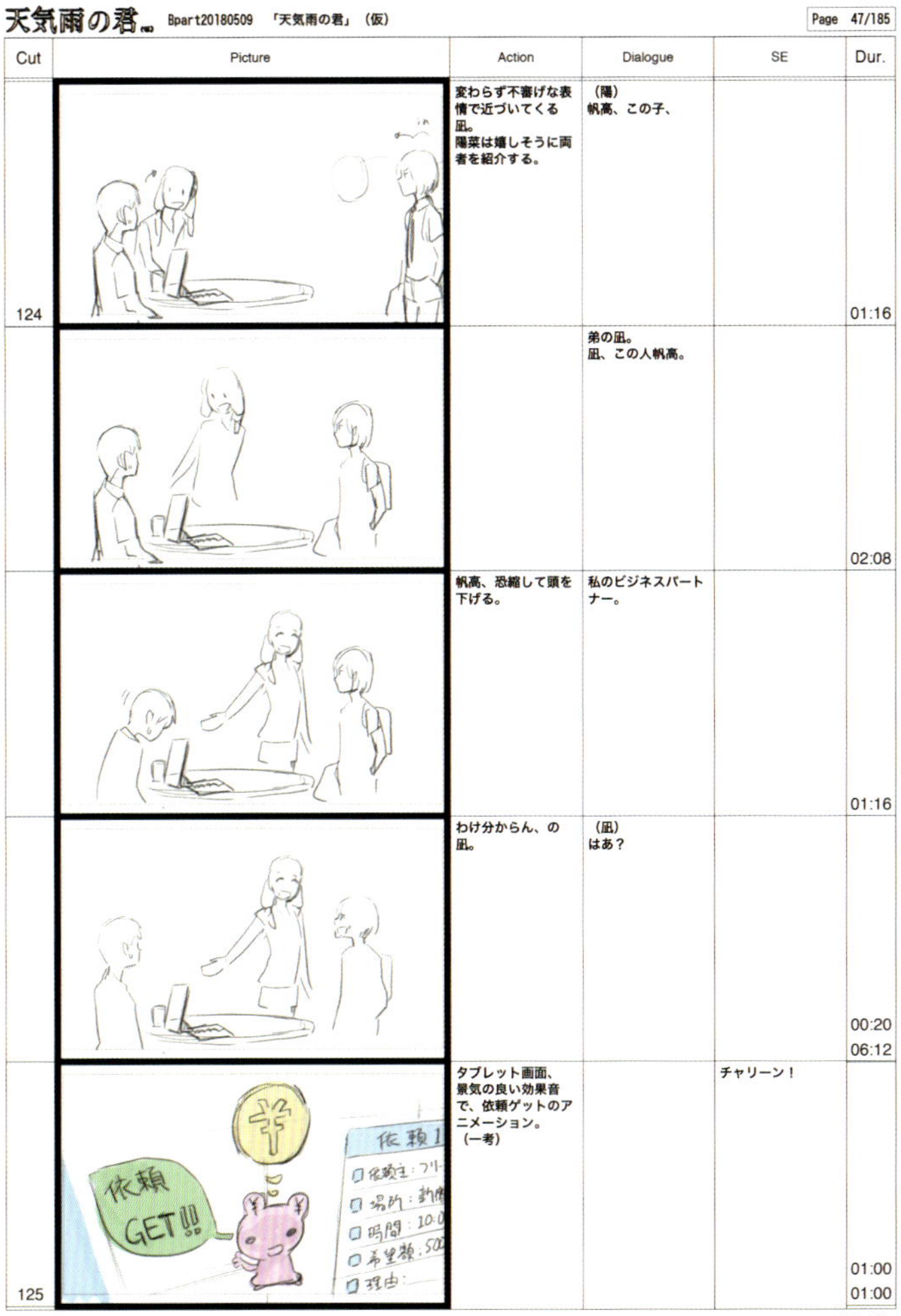

天気雨の君。 Bpart20180509 「天気雨の君」（仮） Page 47/185

Cut	Picture	Action	Dialogue	SE	Dur.
124		変わらず不審げな表情で近づいてくる凪。陽菜は嬉しそうに両者を紹介する。	（陽）帆高、この子、		01:16
			弟の凪。凪、この人帆高。		02:08
		帆高、恐縮して頭を下げる。	私のビジネスパートナー。		01:16
		わけ分からん、の凪。	（凪）はあ？		00:20 06:12
125		タブレット画面、景気の良い効果音で、依頼ゲットのアニメーション。（一考）		チャリーン！	01:00 01:00

(07:12)

陽菜のアパートで初めて、帆高と凪が顔を合わせる場面の絵コンテ。ビデオコンテをもとに、他のスタッフの作業用に、書面の形でも絵コンテが作られている。

レイアウト

完成したコンテをもとに、各カットの絵をどのような形でまとめるか、指示したものを「レイアウト」と呼ぶ。舞台となるシチュエーション（背景）と、キャラクターによる芝居（演技プラン）を、より実際の画面（構図）に近い形で決め込んだもの、ということができるだろう。ここで検討されているのは、空間的な整合性はもちろんのこと、観客の視線をどのように誘導したいのか、そしてキャラクターの演技の方向性。さらには、どこまで作画が担当し、どこを撮影や特殊効果で処理するかなど、考慮すべき要素は多岐にわたる。また『天気の子』の制作においては、作業効率の向上など、いくつかの要因から3Dレイアウトが多用されているのも大きな特徴だ。このカット（BパートのCut124）は、陽菜のアパートを訪ねてきた帆高が、凪と初めて対面するシーンのものだが、ここでも3Dレイアウトが活用されている。あらかじめ3Dモデルで作成されたセット(陽菜のアパート)にカメラを置き、1カットごとにレイアウトを決定。またカットの内容によっては実景の写真を使ったり、アニメーターが手で描く従来のレイアウトも併用されている。

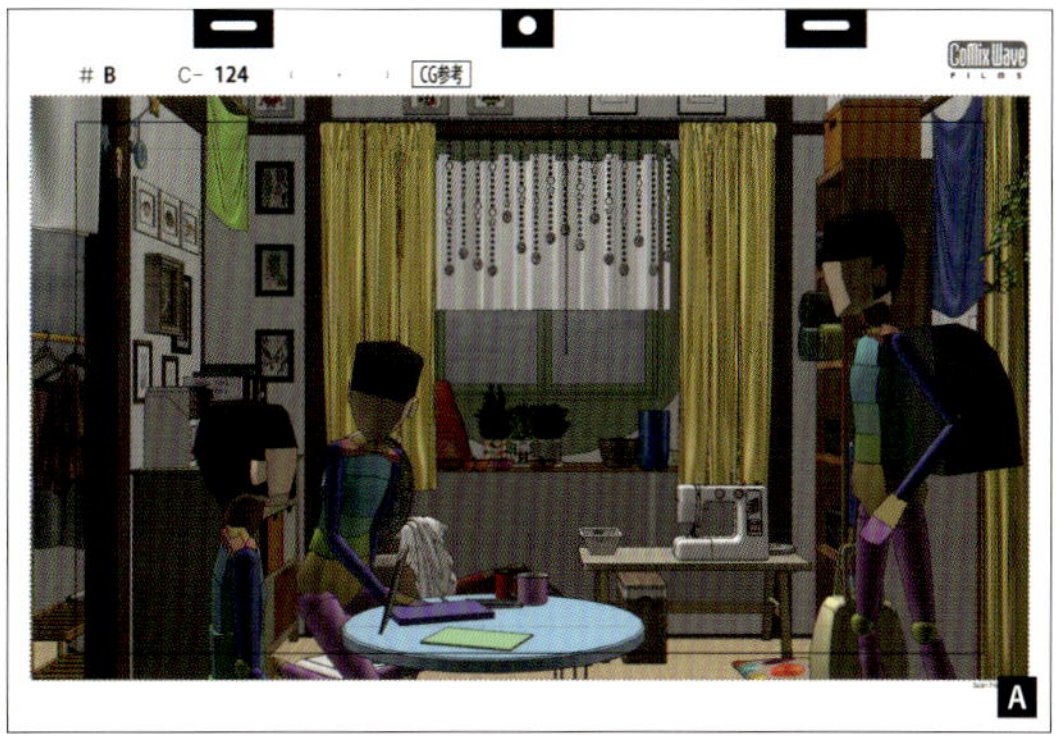

キャラクターの配置や芝居などを決める3Dレイアウト（A）。そこに作画でキャラクターを描きこみ、カットの方向性が決められる（B）。右下は作画監督によるレイアウト修正（C）。

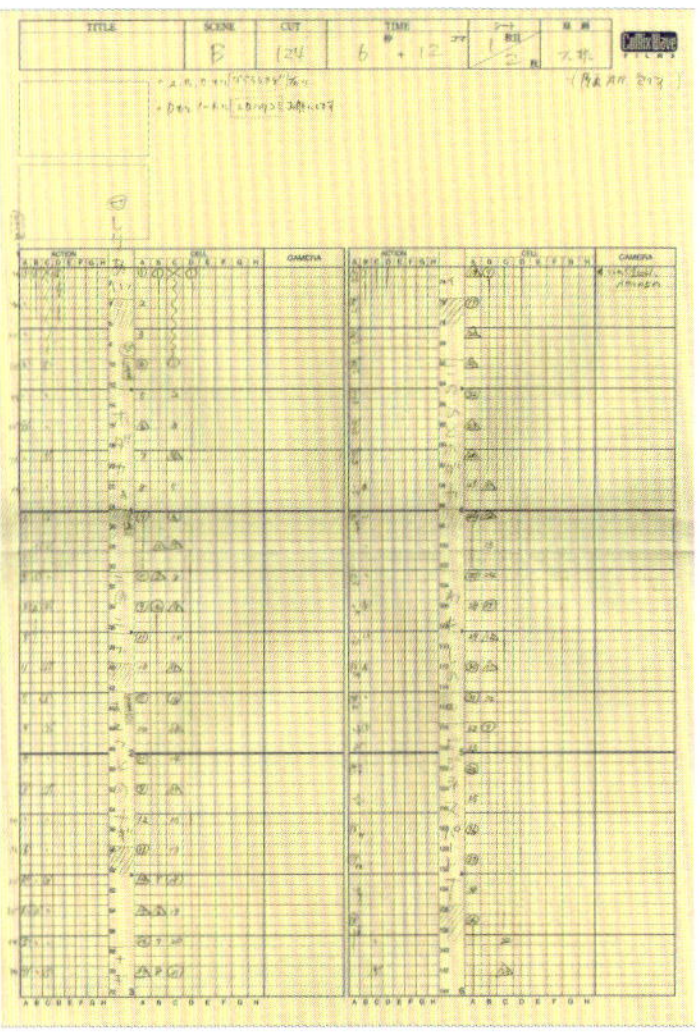

どのタイミングで、動画を切り替えるかを指示するタイムシート。原画と原画の間を、どれくらい細かく割るかなど、動きの中核を司っている指示書だ。

作画

レイアウトが完成すると、「絵」を構成するそれぞれの要素ごとに、実際の制作に入る。「作画」は、背景以外のキャラクターやエフェクトなどを担当。キャラクターがそのとき何を考え、いったいどんな感情で行動しているのか、まさに「演技」を具現化していく過程といえる。キーとなる動きが描かれたものが「原画」。一方の「動画」は、それをもとにクリンナップし、その間の動きをさらに割って（中割り）描いたものになる。

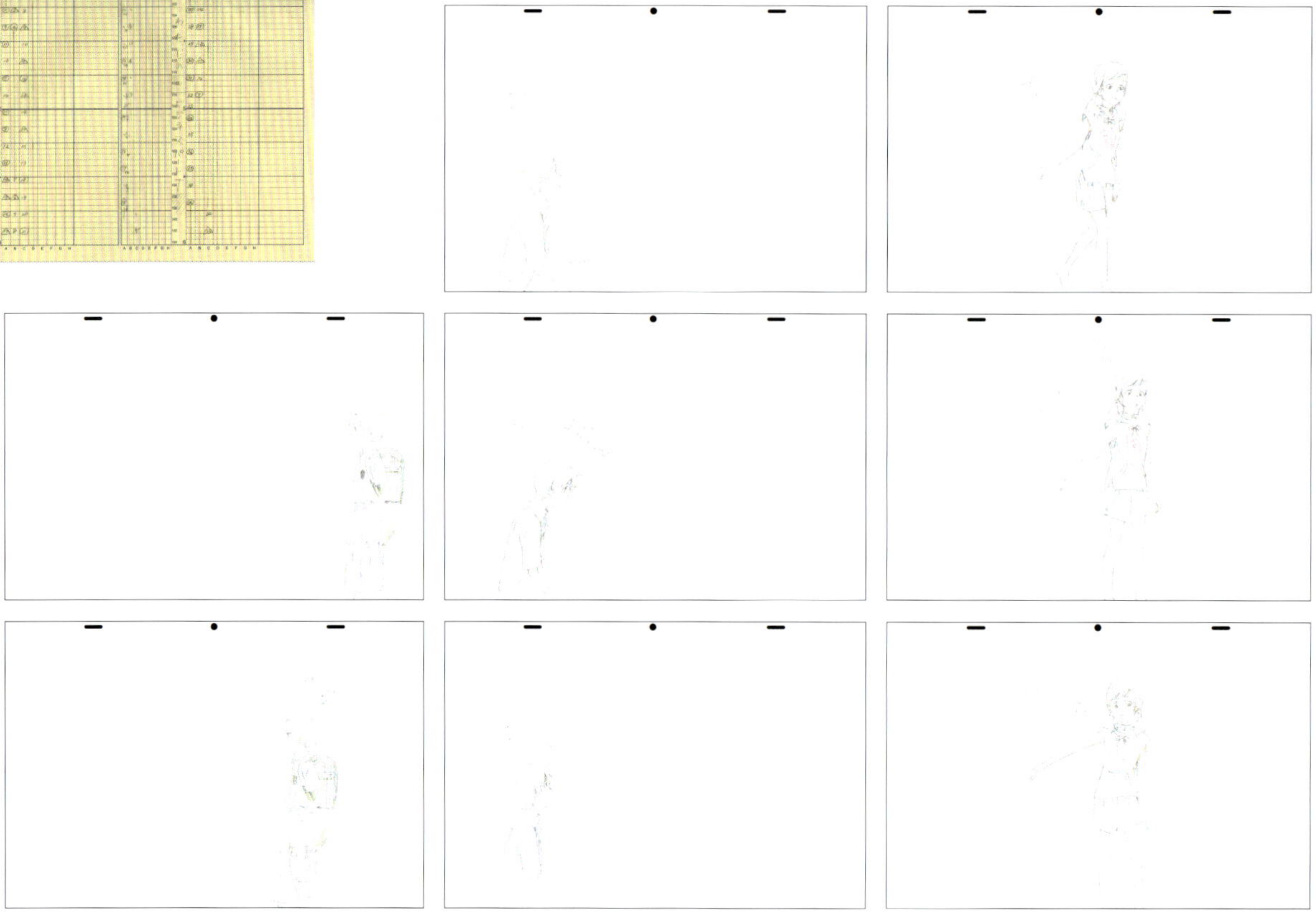

右から順に、陽菜・帆高・凪の原画。それぞれ別のセル（レイヤー）に分けられているが、これらが撮影で最終的に合成され、完成した動きになる。

美術背景

新海監督の作品において大きな役割を担うのが、ドラマが演じられている舞台＝「美術背景」だ。単に、物語の舞台装置としてだけでなく、ときには登場人物の心情や状況を指し示すなど、重要な役割を担っている。登場人物のバックグラウンドを感じさせるディティールと鮮やかな色彩感覚も魅力的である。

上は、背景の上に作画素材を乗せただけの、「素組み」と呼ばれる状態。ここから撮影処理が加わって、左のような最終的な画面となる。よく見ると、画面端の影（パラと呼ばれる）など、細かく調整されていることがわかる。

撮影

「作画」によるキャラクターの芝居や「美術背景」、そしてCGなど、それぞれのセクションから上がってきた素材を、最終的に統合することになるのが、この「撮影」という工程。単純に各素材を組み合わせるだけでなく、光の加減を調節したり、ときには特殊な効果がつけ加えられる（「撮影処理」と呼ばれる）。映像の最終的なルック（見た目）を決定する重要な工程で、新海作品ではこのポジションが担う役割も大きい。

『天気の子』における雨の表現

帆高や陽菜たちと並んで、『天気の子』のもうひとつの（隠れた）主役といってもいいのが、劇中のほとんどの場面で降り続ける「雨」だろう。いつまでも止むことなく、画面の隅々を濡らし、そしてついには東京の姿を決定的に変えてしまうことになる「雨」。ストーリーの上でも重要な位置を占める「雨」の表現は、『天気の子』の中でも大きな力点が置かれている。また、透明で不定形な「水」の表現は、アニメーションの表現の中でも繊細さを要求されるもののひとつ。「雨」を表現するにあたって、どこまでを作画が引き受け、背景でどこまで描き込むか。また撮影処理やVFXがどこを担当するか、各カットごとに細かく検討が重ねられている。その繊細な表現も、見どころのひとつだ。

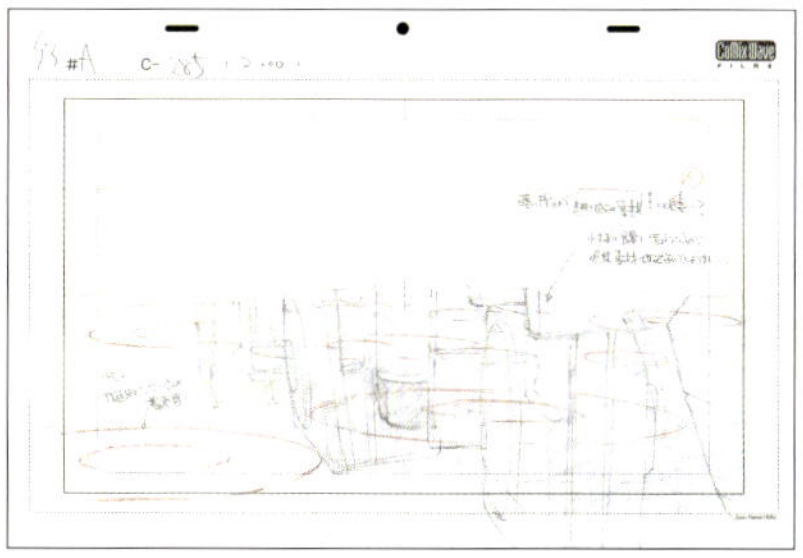

路地裏の水たまりを映したカットの、レイアウト。手前の水たまりはBOOK（別途描かれた背景）として作成され、水たまりに広がる波紋は、作画ではなく撮影処理が担当している。

このカットの水滴は、作画で制作された。こうした物理現象を、いかにそれっぽくリアルに見せるかも、アニメーターの腕の見せどころだ。

撮影処理を重ねる前の画面（左）と、完成した画面（右）。微妙に対象をボカすことで、画面に奥行き感とリアリティをもたらしている。何気なく見えている場面にも、さまざまな創意工夫が凝らされている。

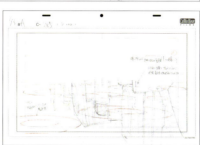

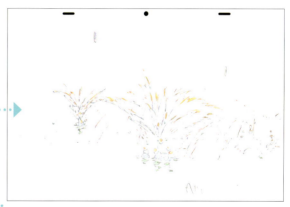

帆高

HODAKA

離島での生活に息苦しさを感じ、そこで目にした光を追って、東京にやって来た16歳の家出少年。フェリーで出会った中年男性・須賀を頼って、彼のもとでライター修行に励むことに。慣れない都会暮らしの中であるとき、〝100％の晴れ女〟陽菜と知り合いになり、絆を深めていく。

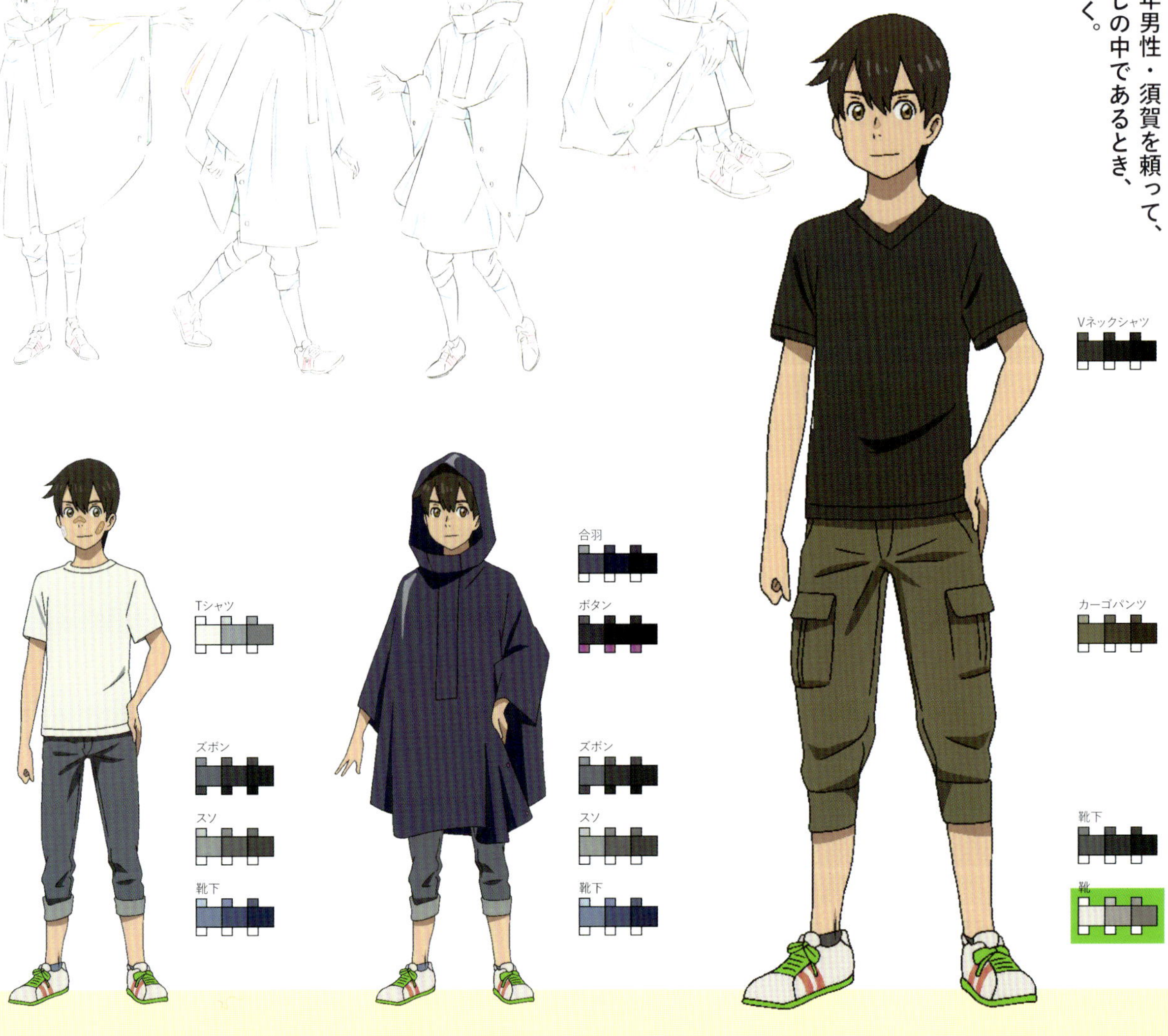

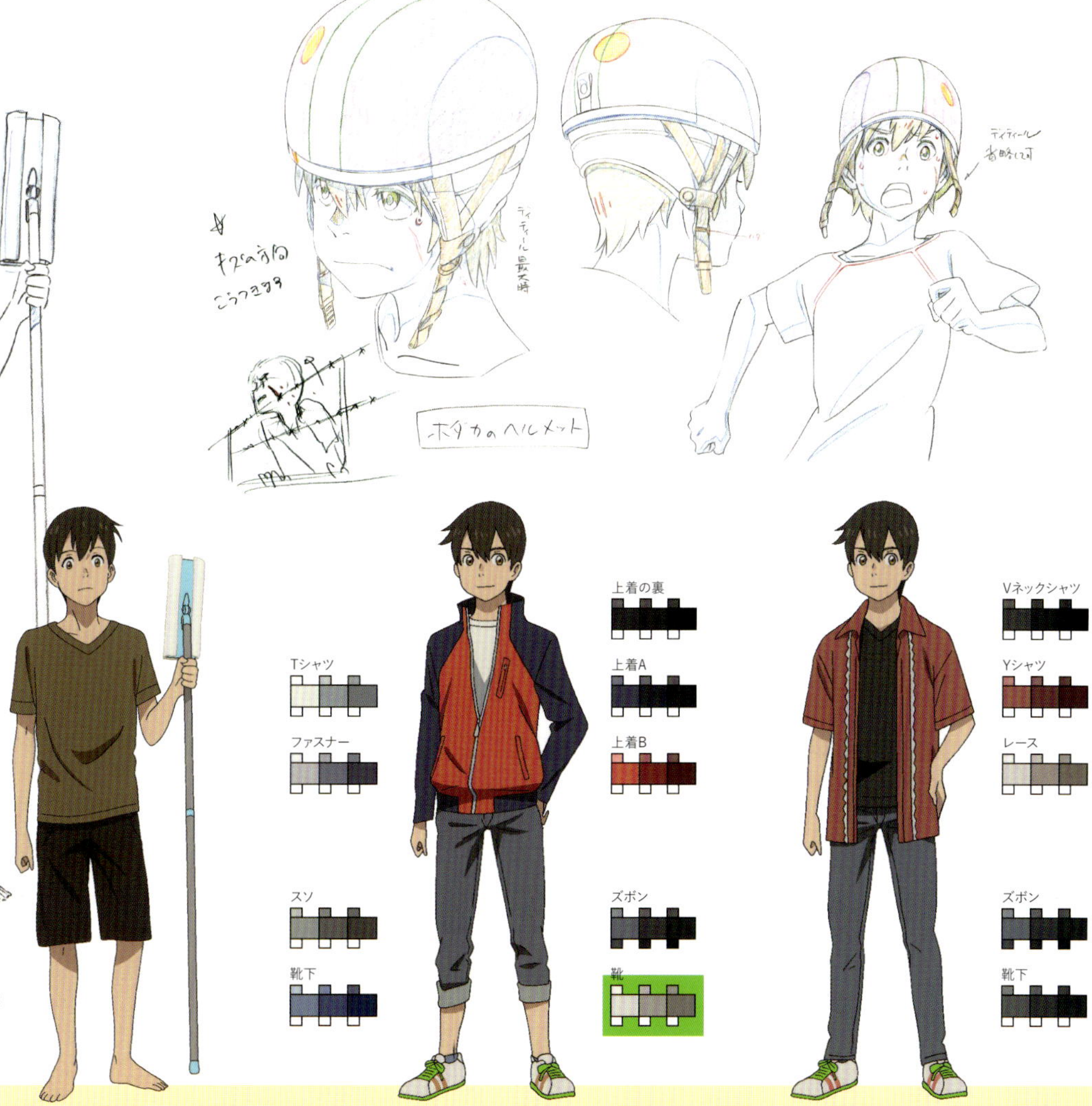

3年後の帆高。陽菜との一件を経て、島に戻ったのち、彼は再びフェリーに乗り、東京へ向かう。顔も少し面長になり、どこか凛々しい印象に。

陽菜

HINA

1年前に母親を亡くしてから、小学生の弟の凪とともに暮らす少女。母から譲り受けた形見のブレスレットを、チョーカーとして身につける。困っていた帆高に食べ物をさし入れるなど、面倒見がよく優しい性格。祈るだけで空を晴れにできる不思議な力を持つ。

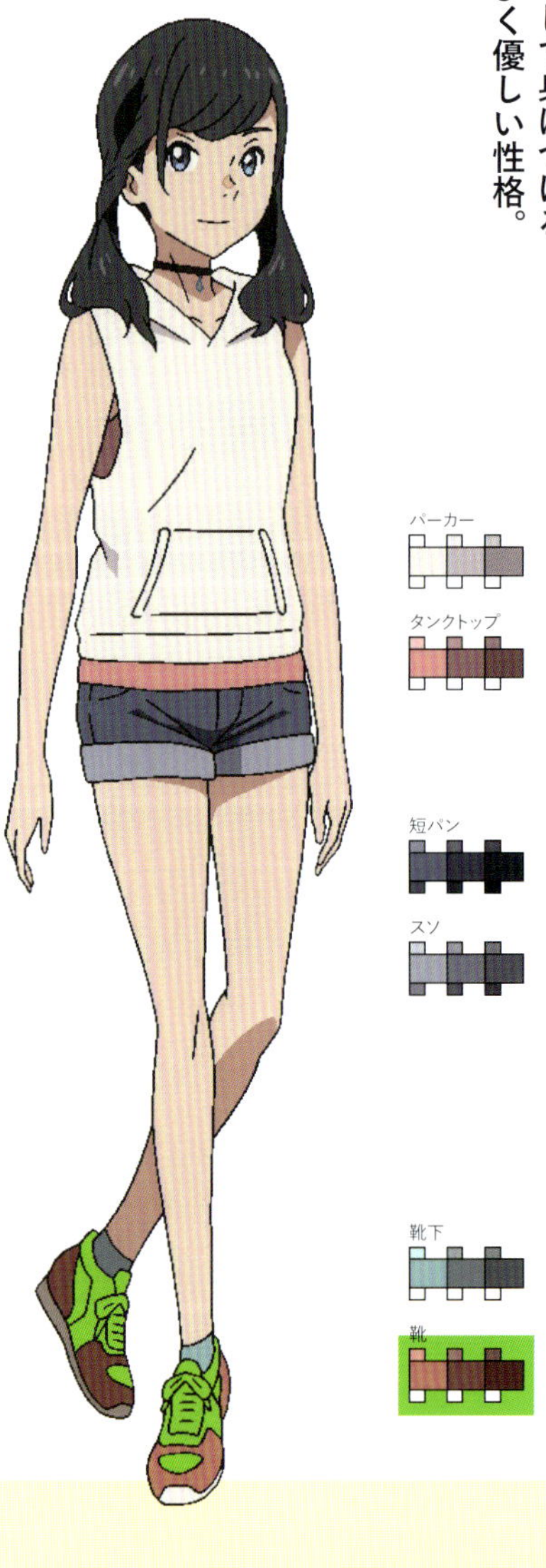

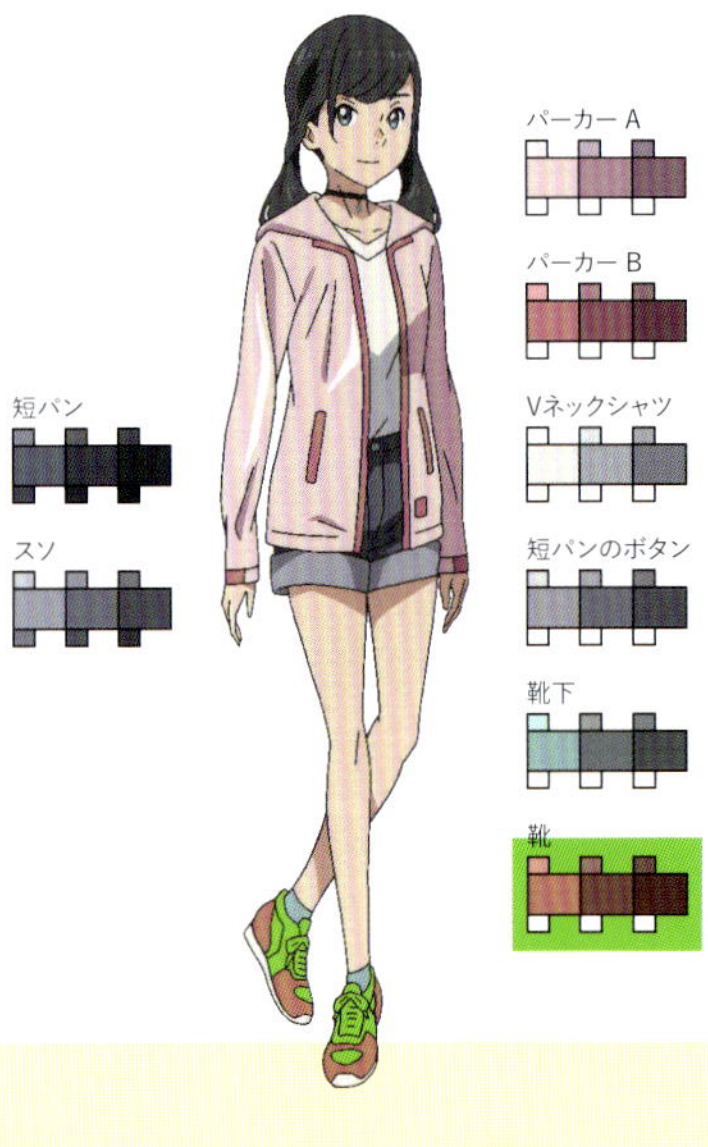

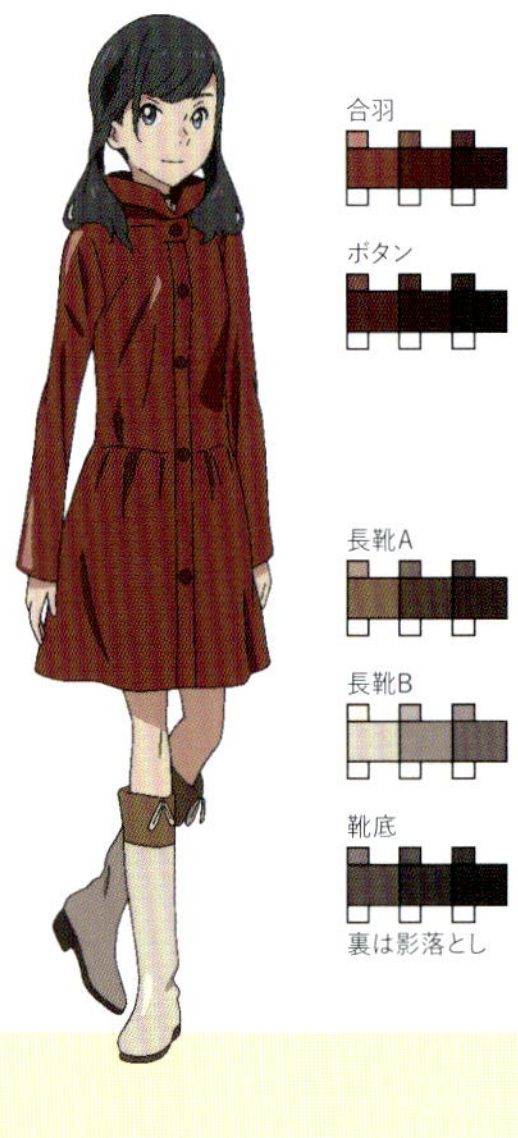

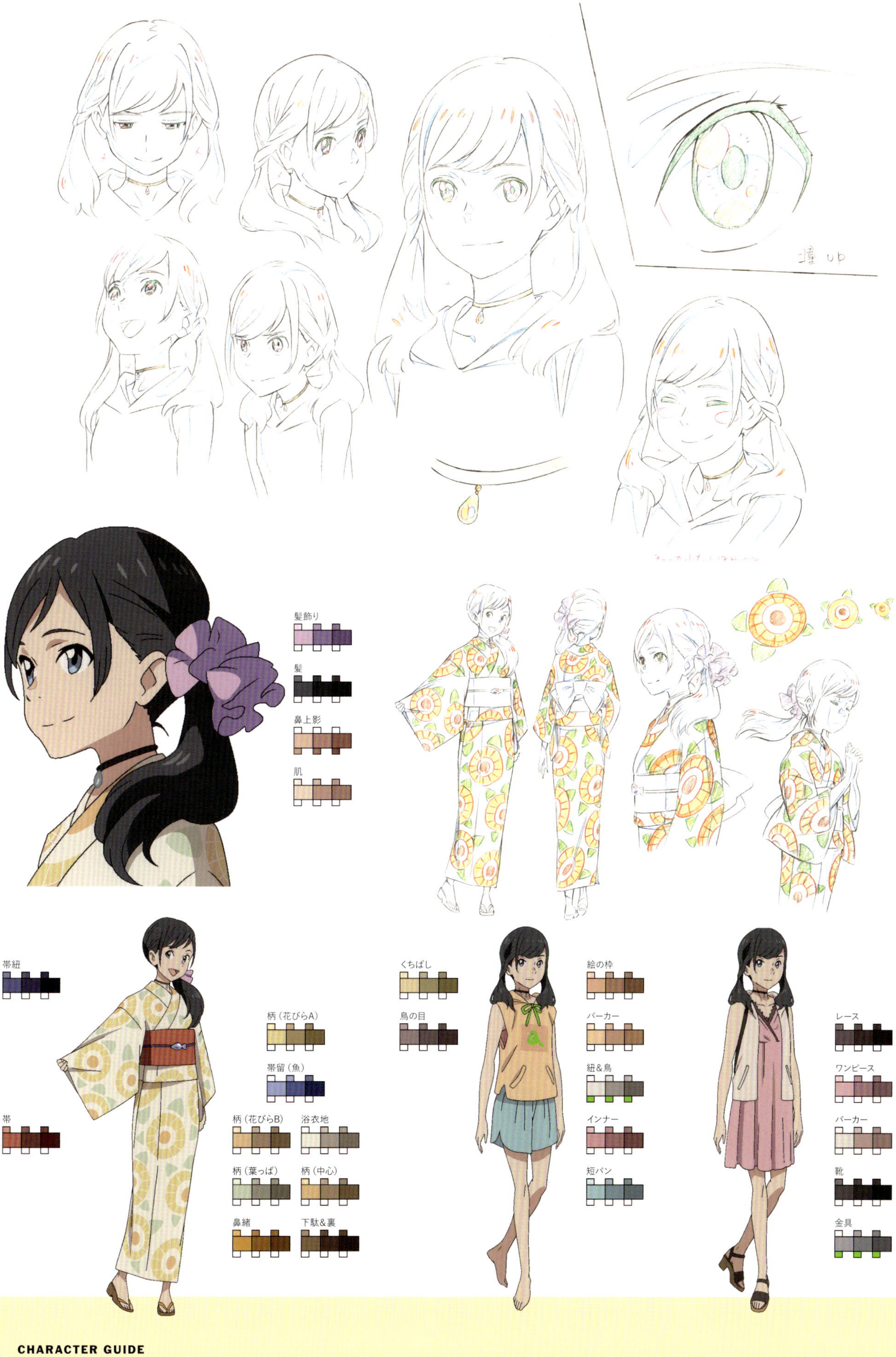
瞳 up
髪飾り
髪
鼻上影
肌
帯紐
柄（花びらA）
帯留（魚）
帯
柄（花びらB）
浴衣地
柄（葉っぱ）
柄（中心）
鼻緒
下駄＆裏
くちばし
鳥の目
絵の枠
パーカー
紐＆鳥
インナー
短パン
レース
ワンピース
パーカー
靴
金具

須賀

SUGA

東京で、小さな編集プロダクションを営んでいる中年男性。自身もライターとして、オカルト雑誌を中心に寄稿している。行き場をなくして困っていた帆高を雇い入れ、面倒を見ることに。交通事故で死別した妻との間に、喘息持ちのひとり娘がいる。

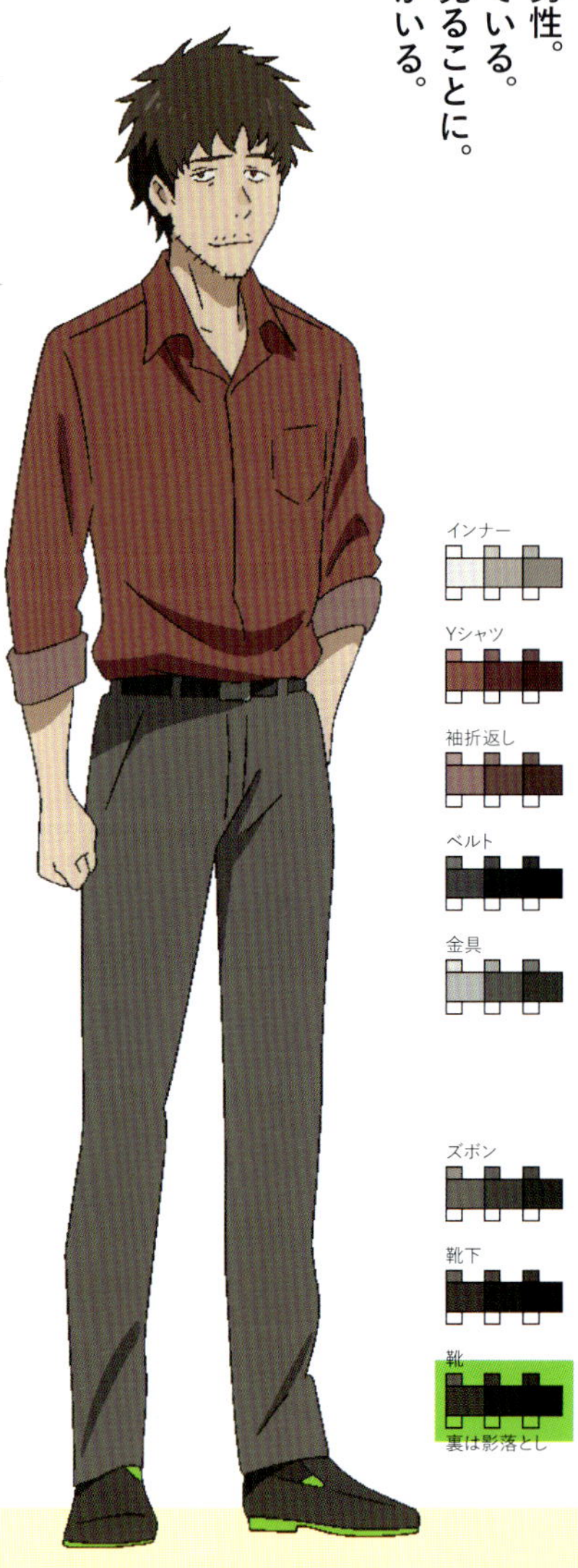

夏美

NATSUMI

須賀の編集プロダクションで仕事を手伝う女子大生。帆高は須賀の愛人だと勘違いしていたが、本当は彼の姪。大学卒業後は就職するつもりだが、あまり就活は上手くいっていない様子。取材に出かける際は愛車のカブに乗る。その腕前はなかなかのもの。

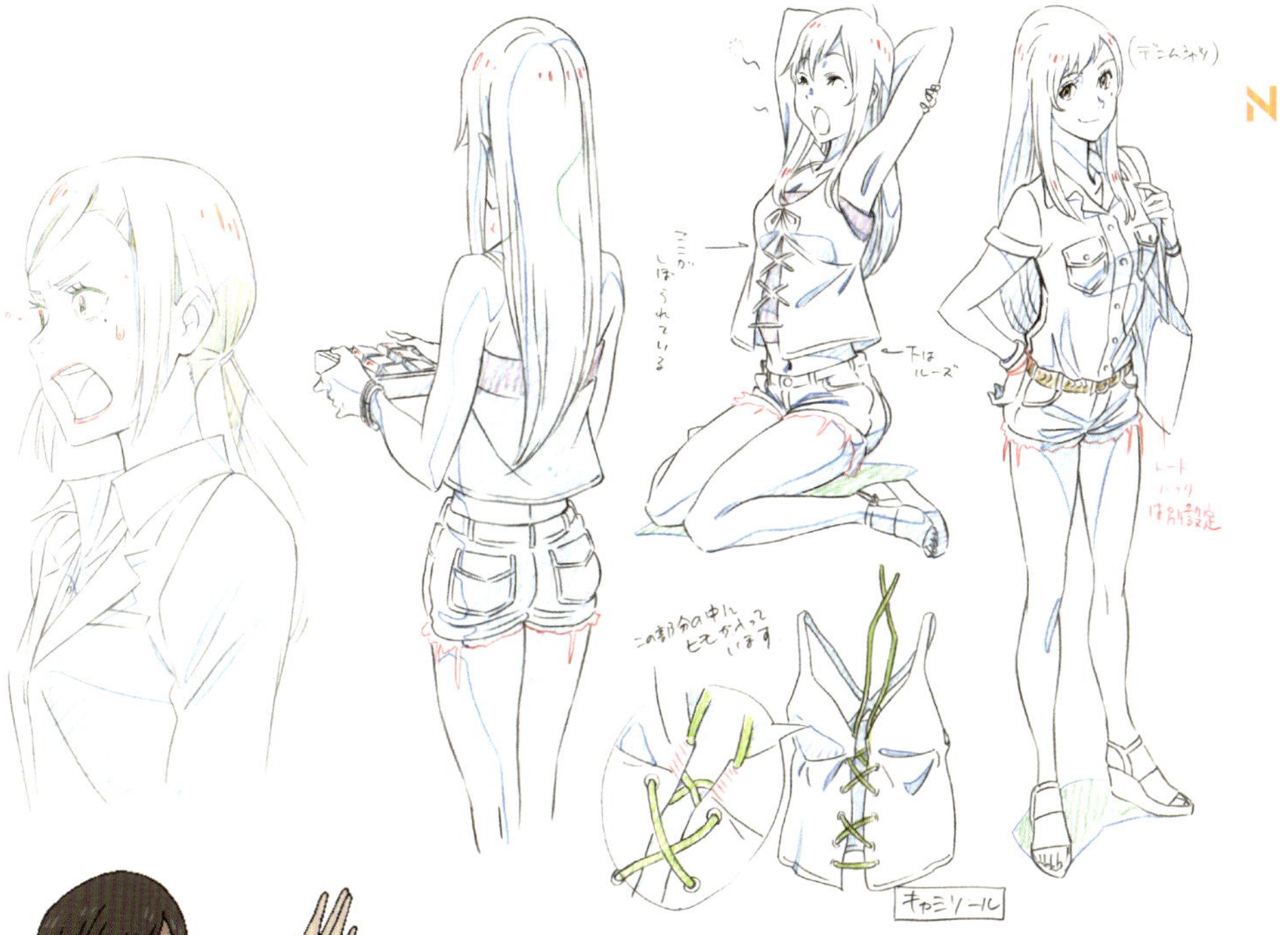

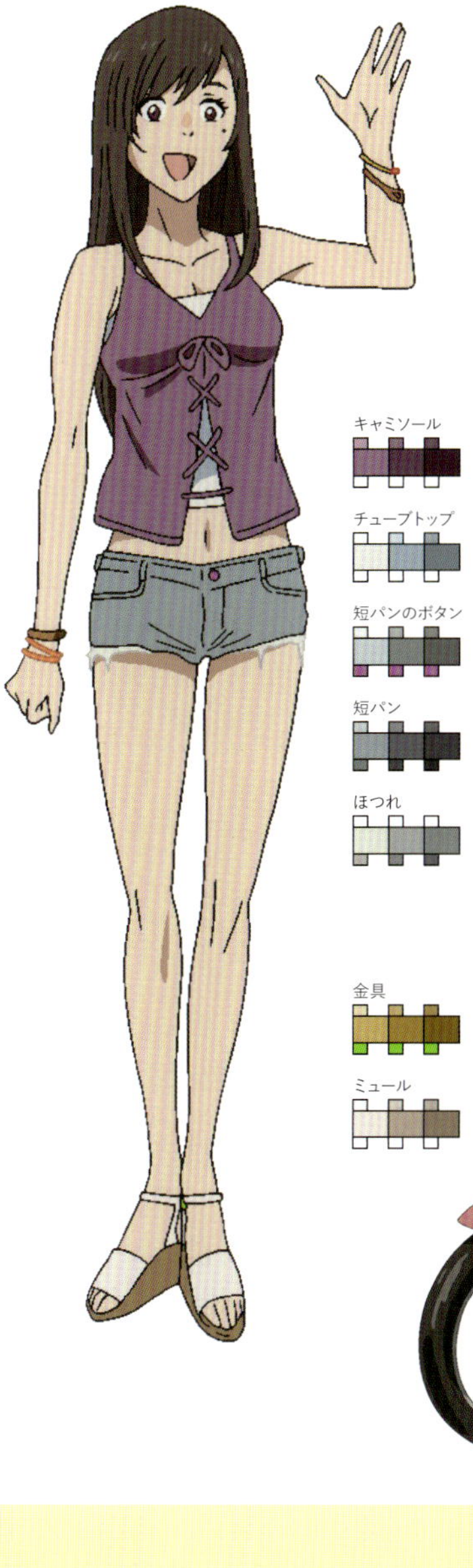

凪

NAGI

陽菜の弟で、小学生だが大人びた言動で女子達に人気。
恋愛経験に乏しい帆高からは「センパイ」と呼ばれている。
その一方で姉のことを心から心配する、子どもらしい一面も。

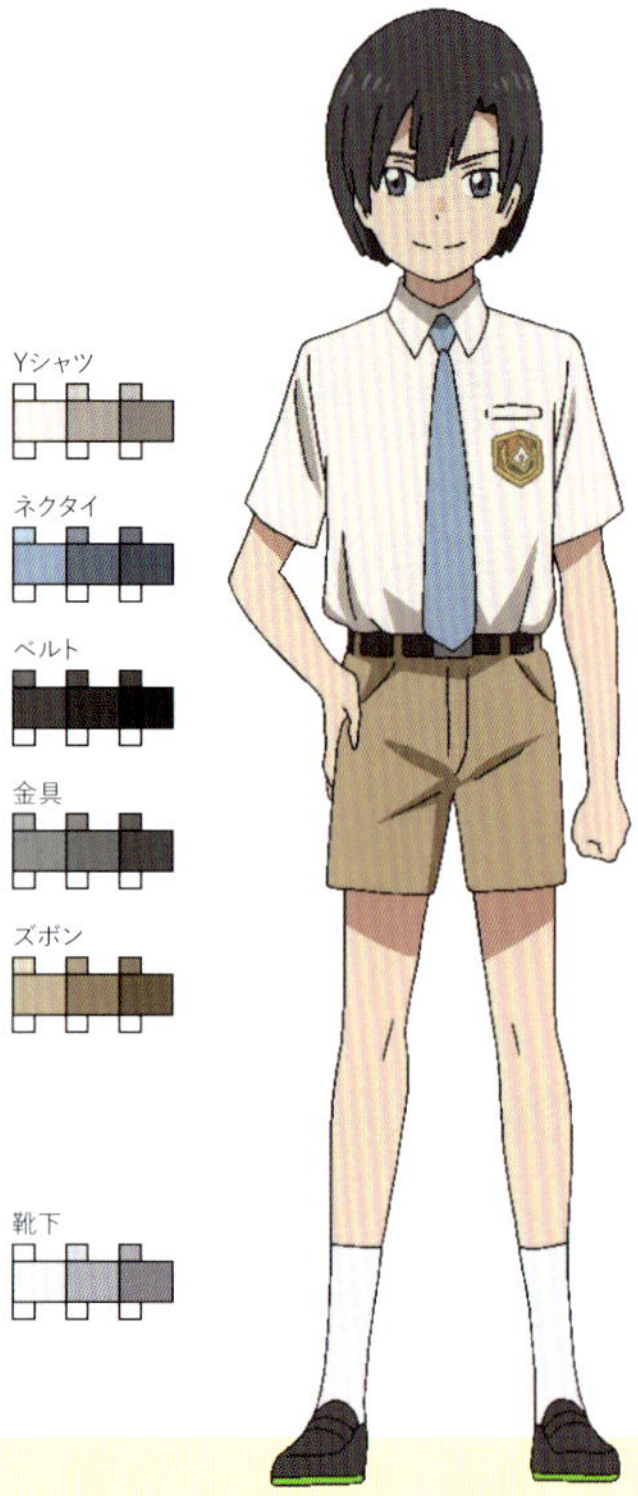

アメ

AME

雨宿りしていた帆高が
歌舞伎町で見つけた子猫。
その後、彼に拾われて、
須賀の事務所で飼われることになる。
気ままに歩き回り、人の心を
見透かすような表情を見せることも。
エピローグでは、立派に
成長した姿を見ることができる。

アヤネ

AYANE

凪のガールフレンド。髪はショートボブで、活発で明るい印象。凪が警察に保護された際には、カツラで変装して、彼の救出にひと役買う。

カナ

KANA

凪のガールフレンド。アヤネと比べるとフェミニンな印象。警察に保護された凪を助け出そうと、アヤネと見事な連携プレイを披露。

木村

KIMURA

陽菜をスカウトしようとしていた現場を、帆高に邪魔されたチンピラ。職業柄、後ろ暗いところがあるらしく、事情を聞こうとした安井たちから逃げ回る。

安井

YASUI

高井とともに拳銃発砲事件を担当している、年配の刑事。経験の多さゆえか、落ち着いた印象。須賀との会話シーンも印象的だ。

高井

TAKAI

歌舞伎町で起きた拳銃発砲事件を追いかけている、若い刑事。ひと目見れば忘れない、大きなリーゼントがインパクト大。

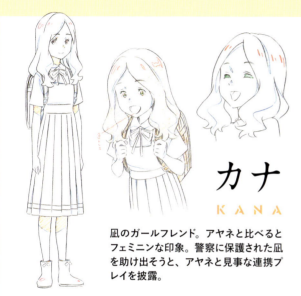

HODAKA

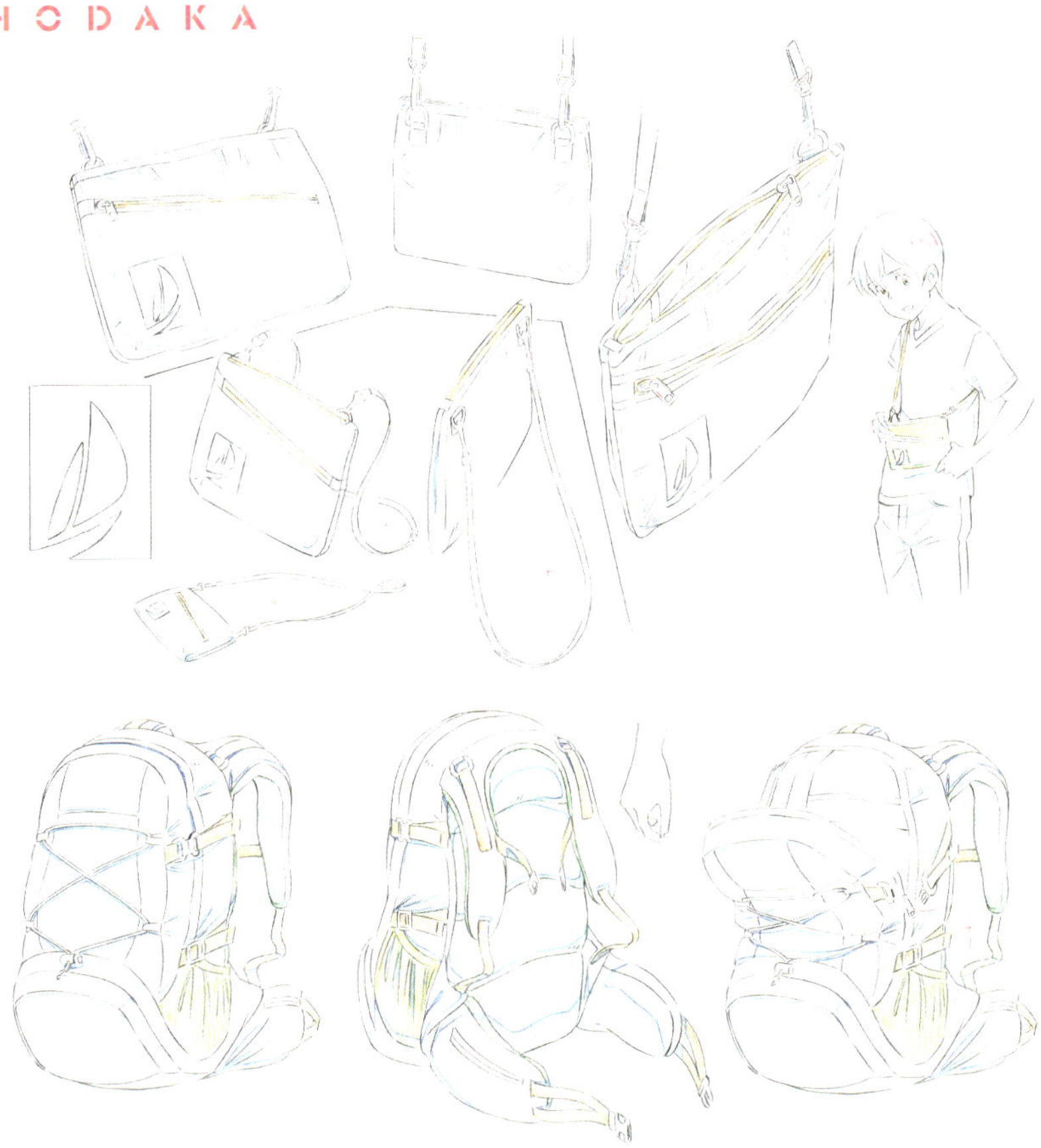

PROPS

小物設定

東京にやって来た際の帆高。着替えなどを詰め込んだ大きなバックパックと、小物を入れておくサコッシュを身につけている。

SUGA

亡くなった妻のことを想い続けている須賀の左手の薬指には、今でもふたつの結婚指輪が。左は、帆高に贈ったドラゴンの刺繍が入ったキャップ。

HINA

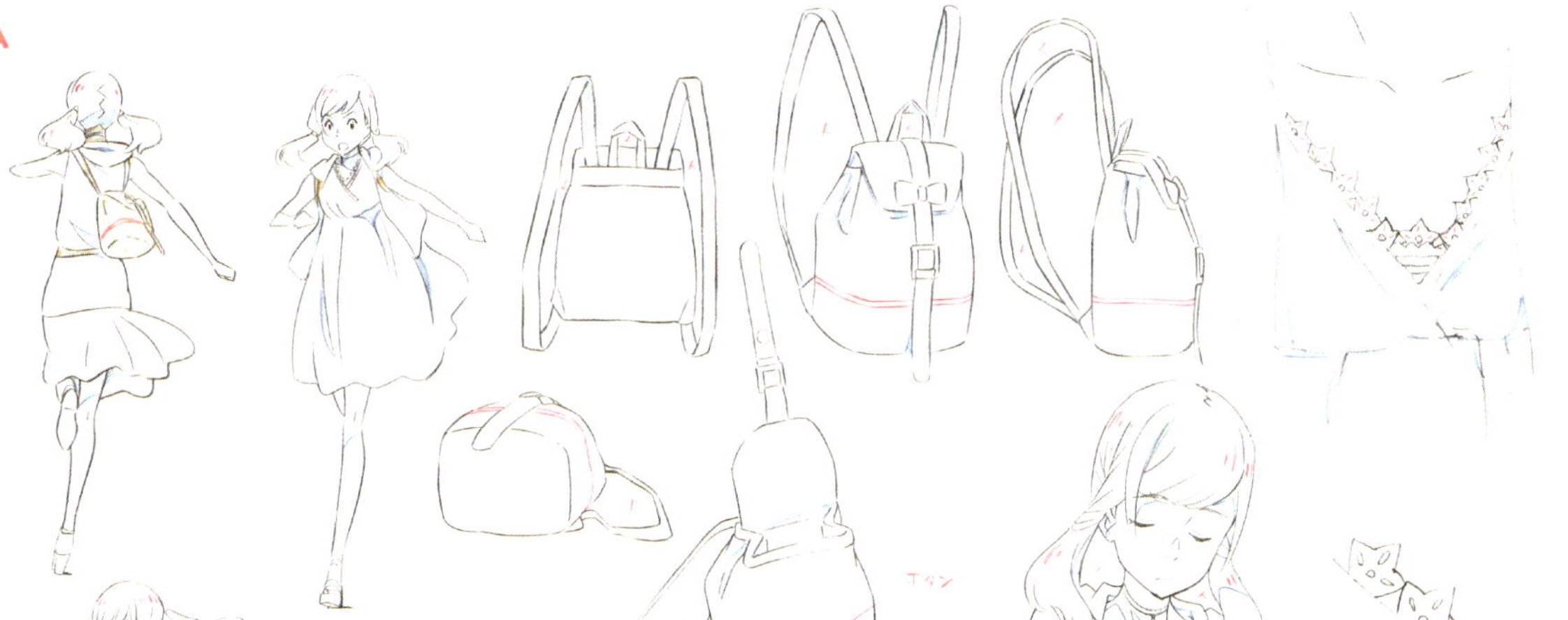

陽菜のアクセサリー類。小ぶりなリュックや厚底のサンダルなどのデザインは、シンプルながらも趣味のよさが感じられる。

NATSUMI

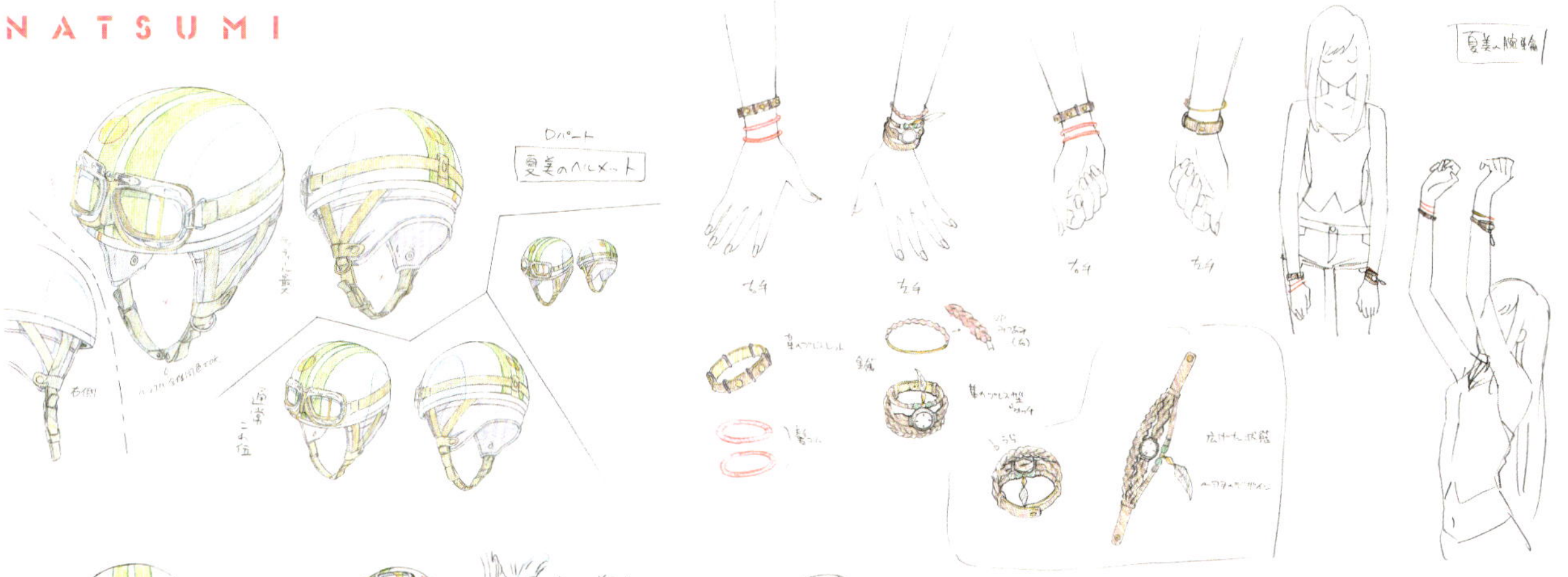

大きく胸元の開いたシャツにショートパンツを組み合わせたりと、活動的な印象の夏美。羽飾りつきの時計と革のブレスレットなど、アクセサリーもオシャレ。

美術設定

ART DESIGN

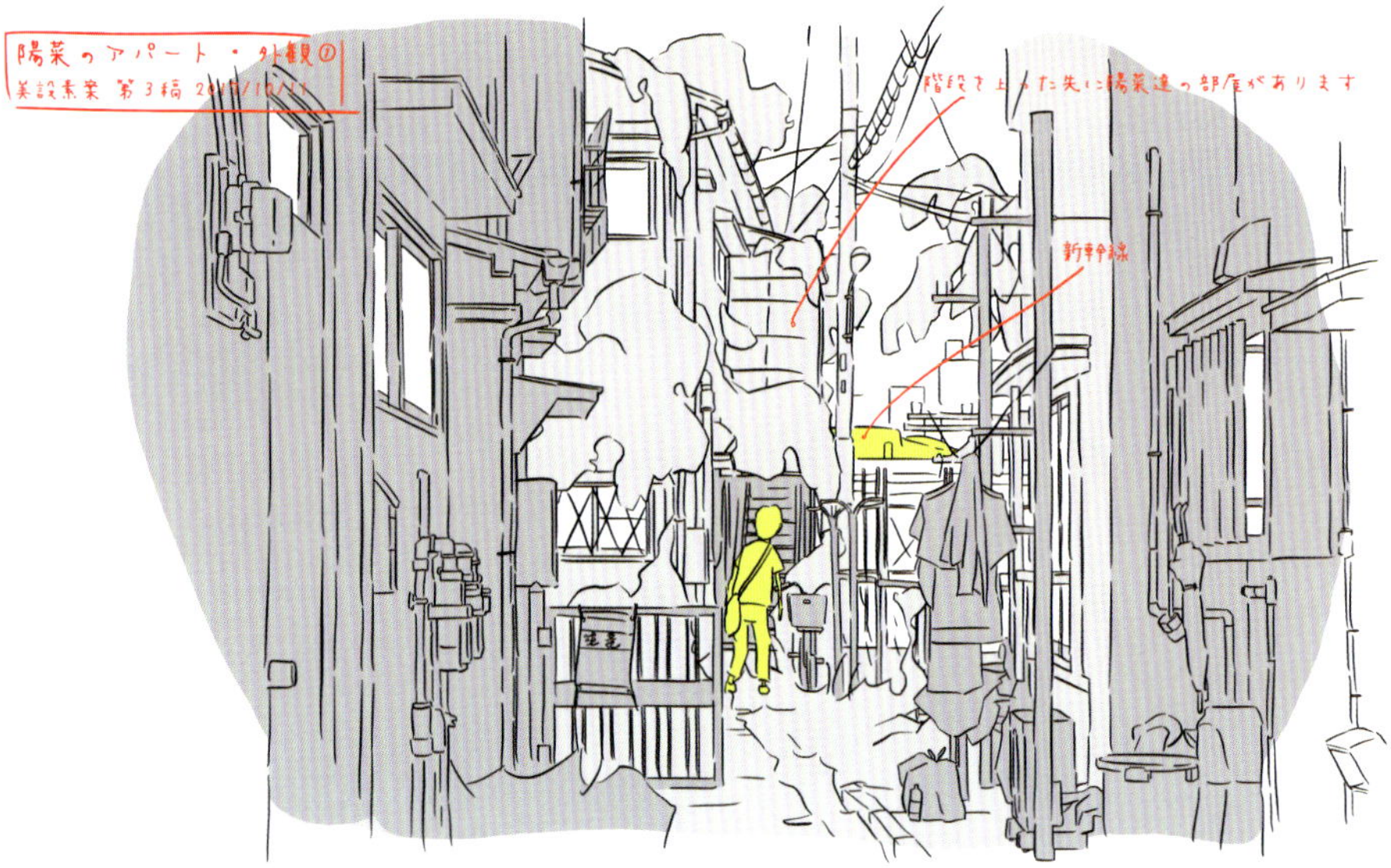

陽菜のアパート

下町のゴチャゴチャした雰囲気を色濃く残している住宅街。陽菜のアパートはその一角、京浜東北線と山手線が合流する、高台の上にある。壁に植物のツタが這っていたりと、かなり築年数が経っていそうな雰囲気。

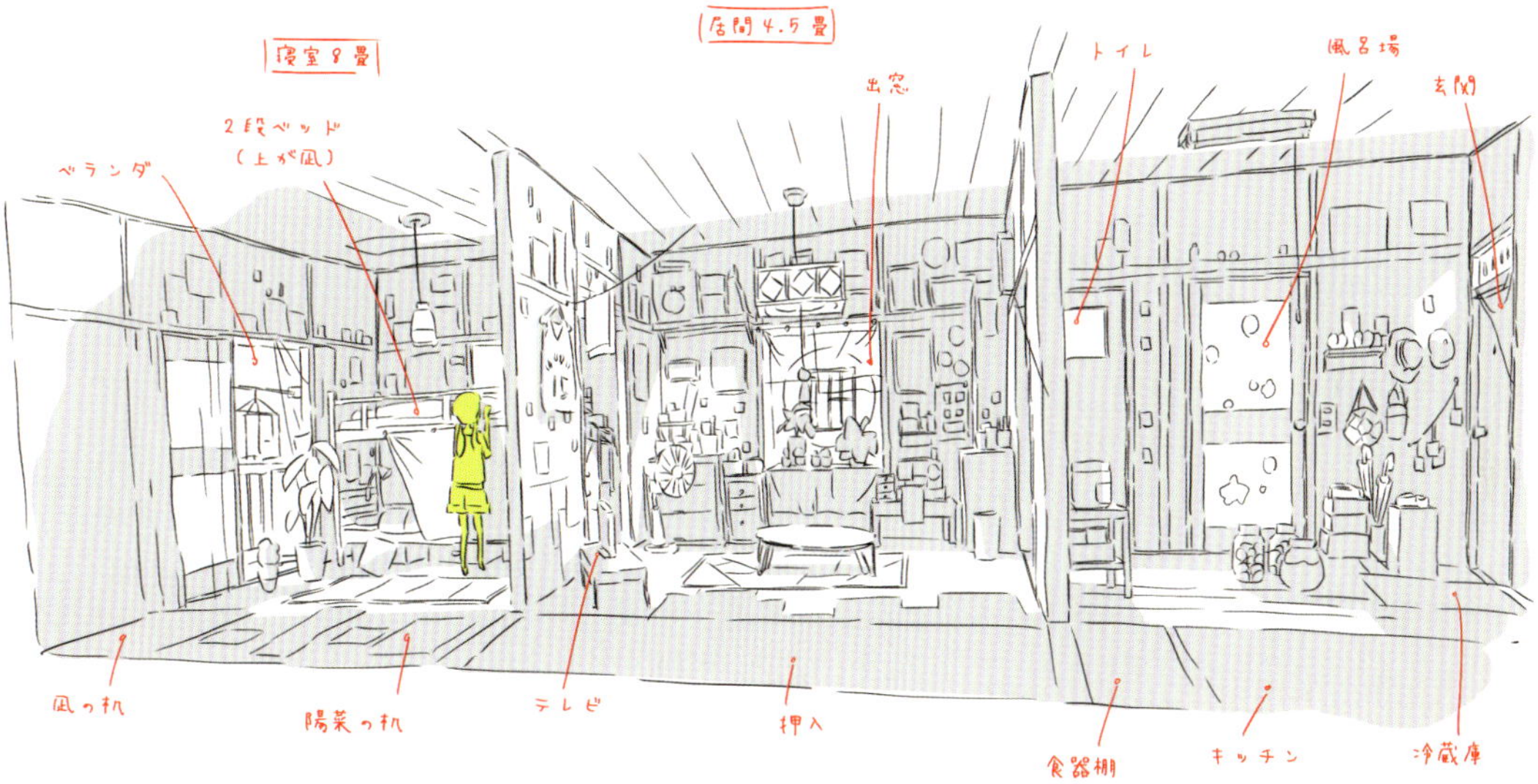

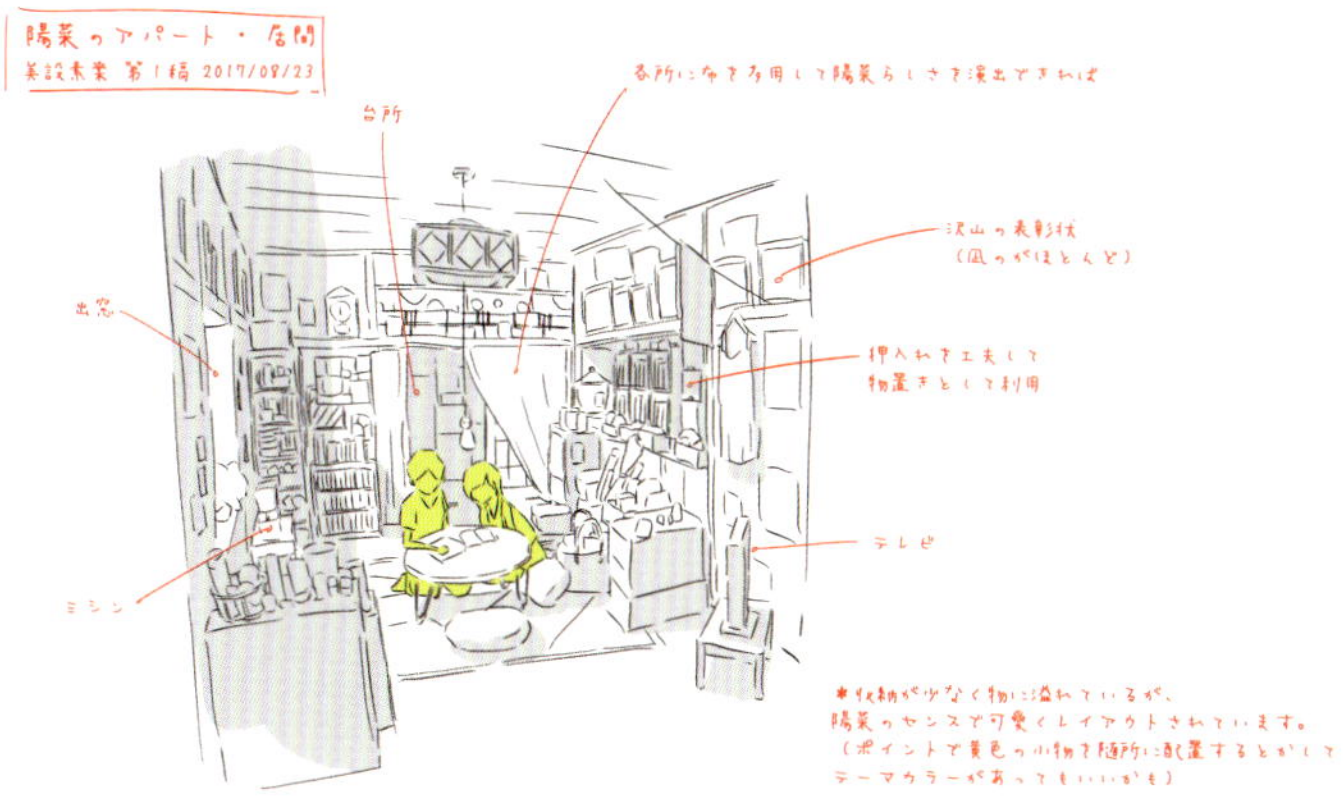

陽菜の部屋のラフ設定と3DCGのモデル。2DKという決して広くはない間取りに、生活感たっぷりの小物など細かく内容が詰められている。

須賀の事務所

『天気の子』の主要な舞台のひとつでもある須賀の事務所。室内にカウンタースペースがあることからもわかるように、もともとスナックとして使われていた物件を、そのまま事務所に転用している。

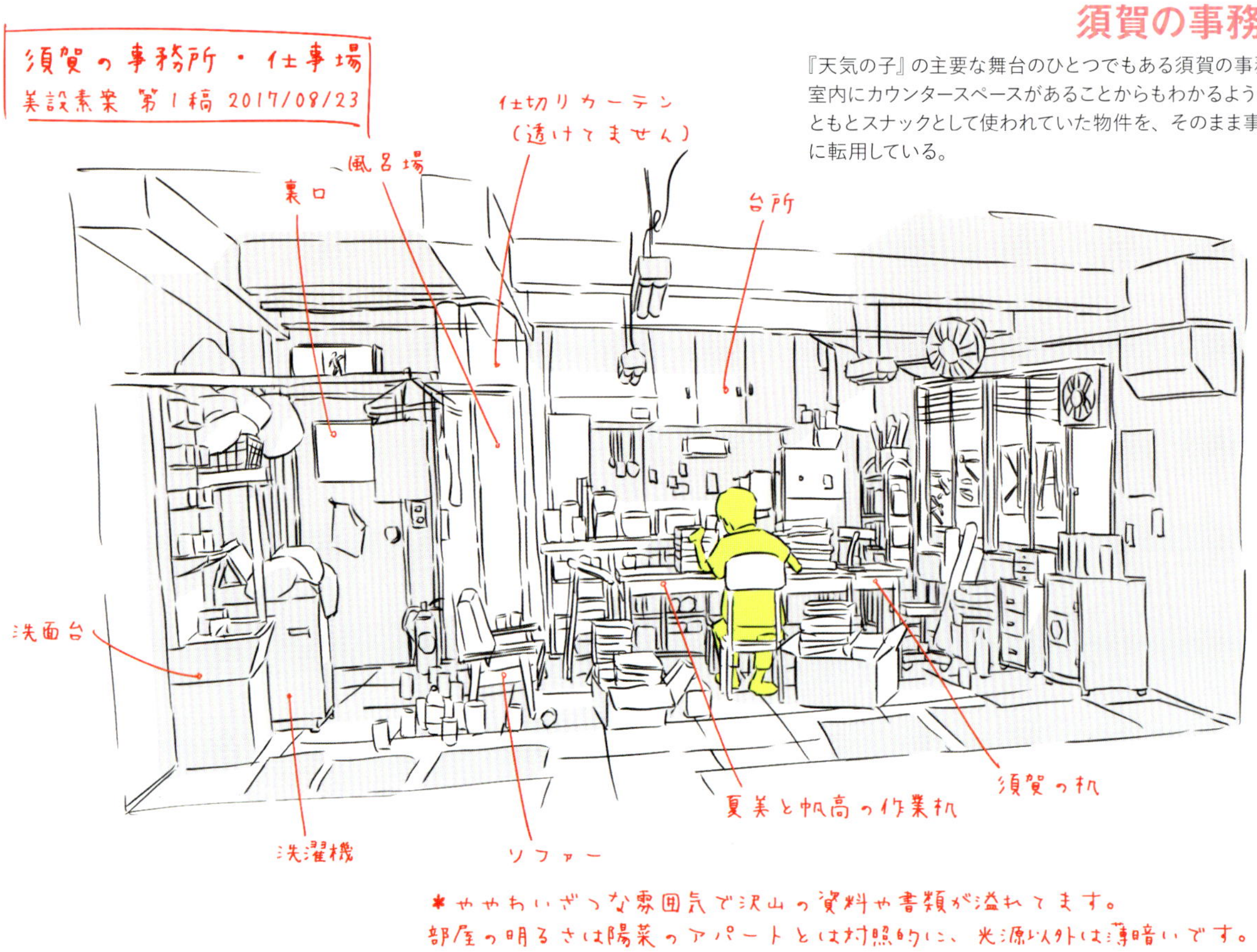

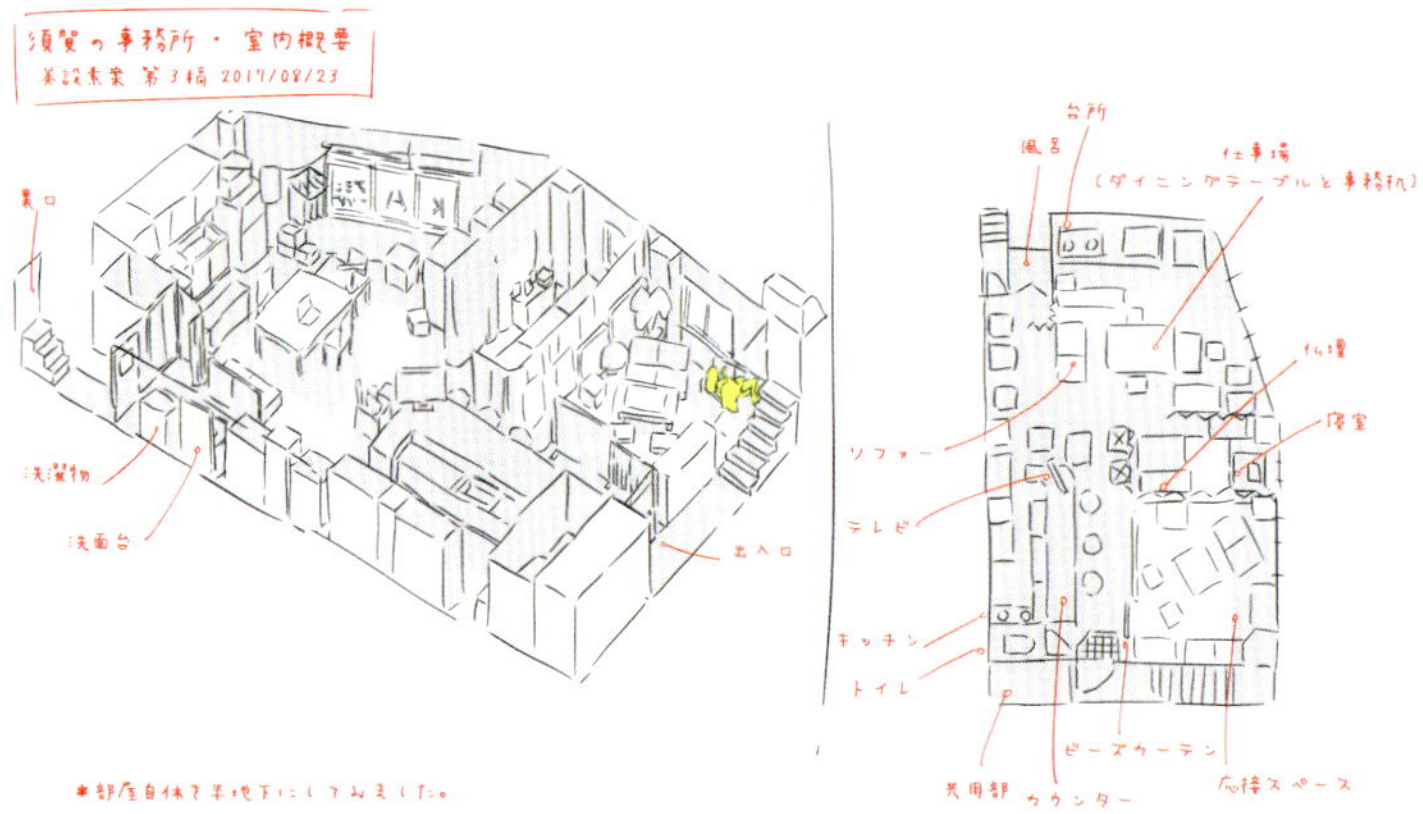

事務所内の様子。登場場面が多いこともあり、陽菜のアパートと同じく、設定をもとに3Dモデルが作成された。編集プロダクションだけに、大量のモノで溢れかえる。

事務所の外観。こちらも同じく、3DCGが作成された。坂の途中に建っているため、入り口が半地下になっているところも、大きな特徴のひとつ。映画の後半、東京が豪雨に襲われた際は、降り続く雨のせいで、半分水没しているような状況に。

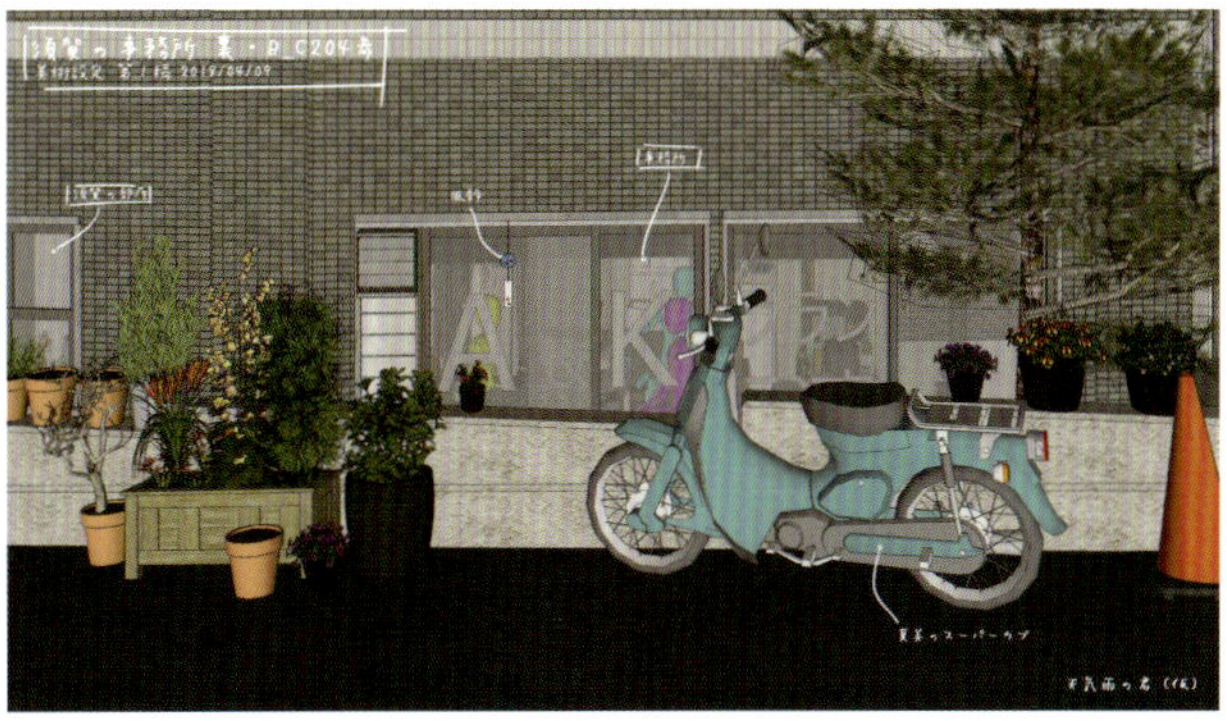

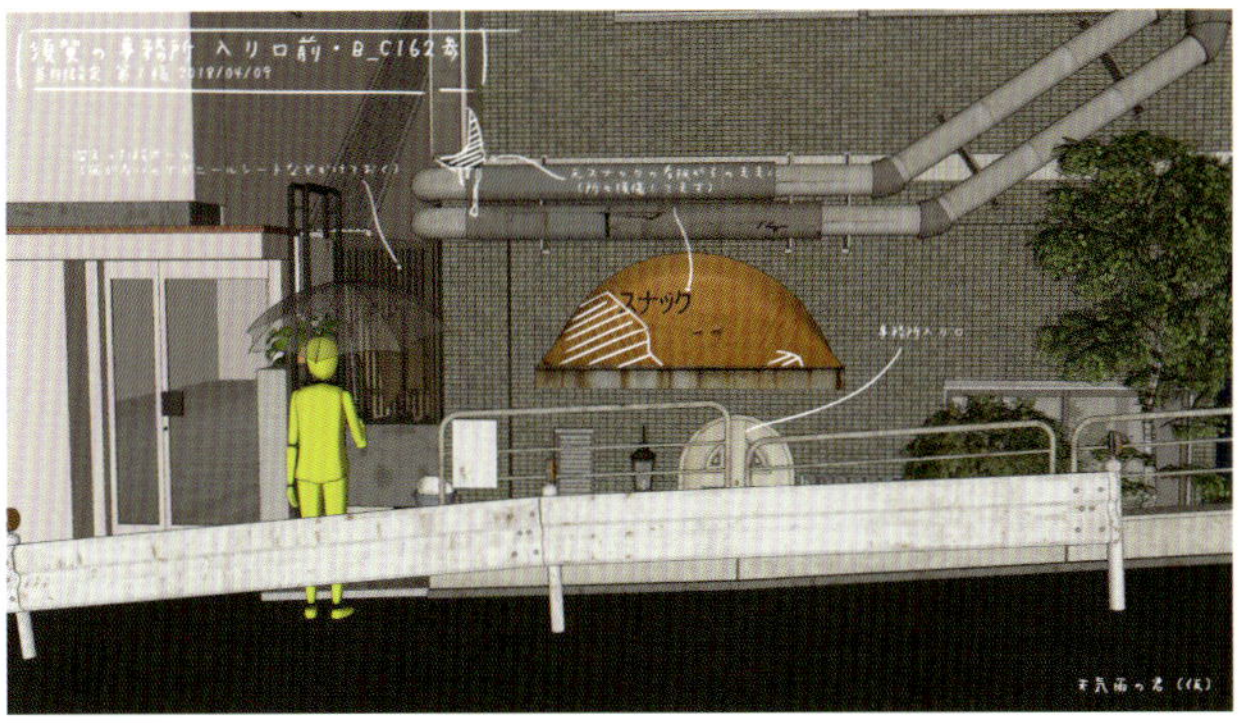

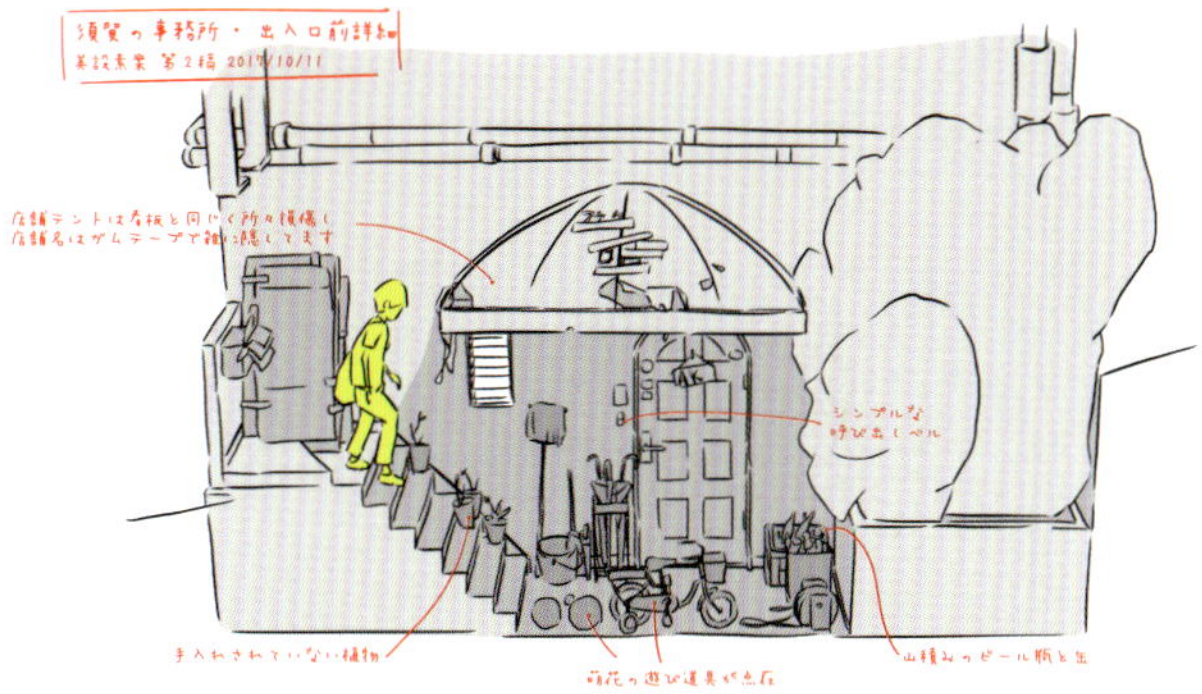

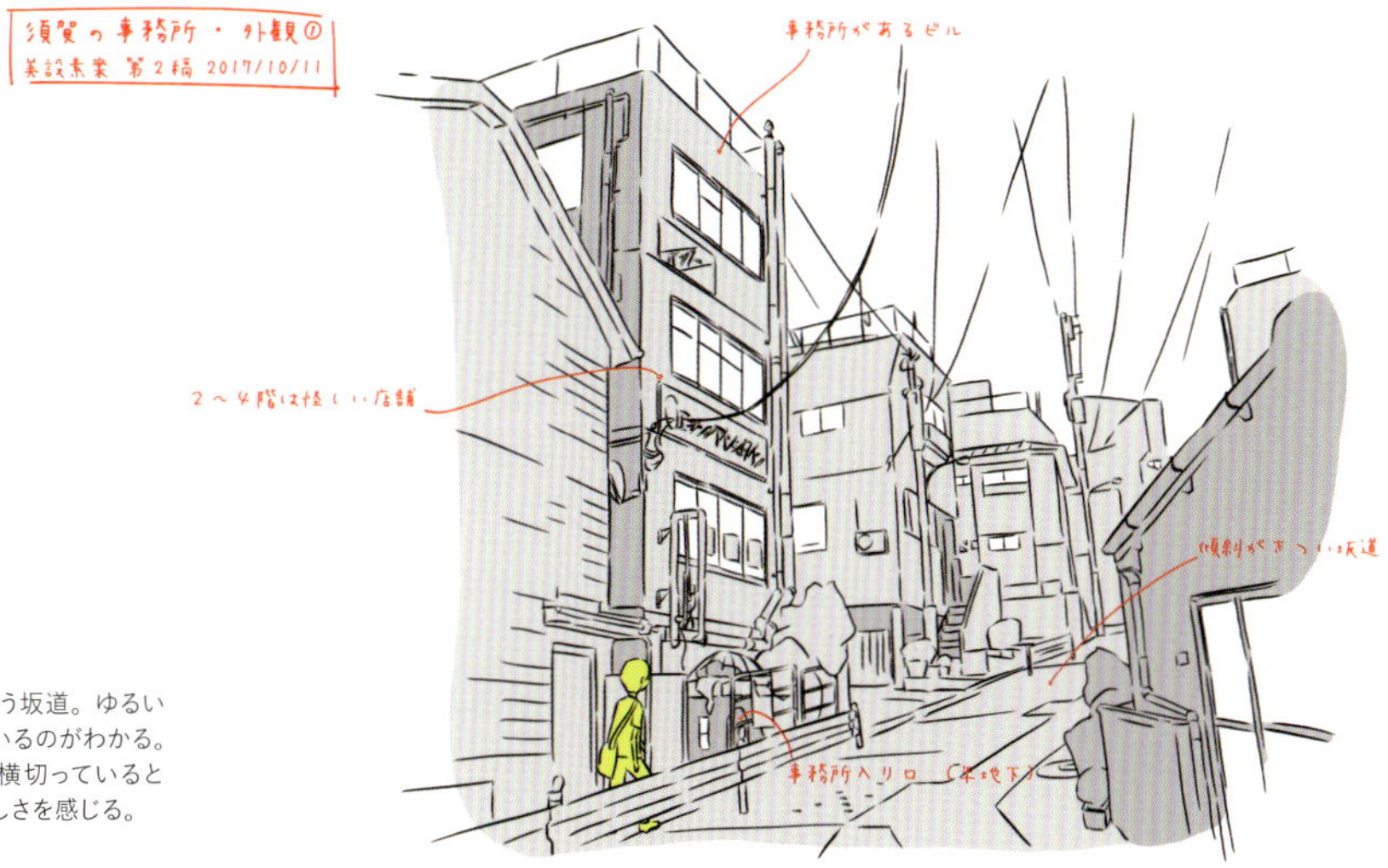

須賀の事務所へと向かう坂道。ゆるい勾配が、ずっと続いているのがわかる。たくさんの電線が空を横切っているところも、東京の下町らしさを感じる。

廃ビル

この廃ビルもまた、『天気の子』の中で強烈なインパクトを残すロケーションのひとつ。今ではテナントもなく無人状態だが、屋上には、陽菜が不思議な力を授かることになった鳥居が残されている。豪雨の影響からか、物語の後半では建物が半壊した状態で登場。

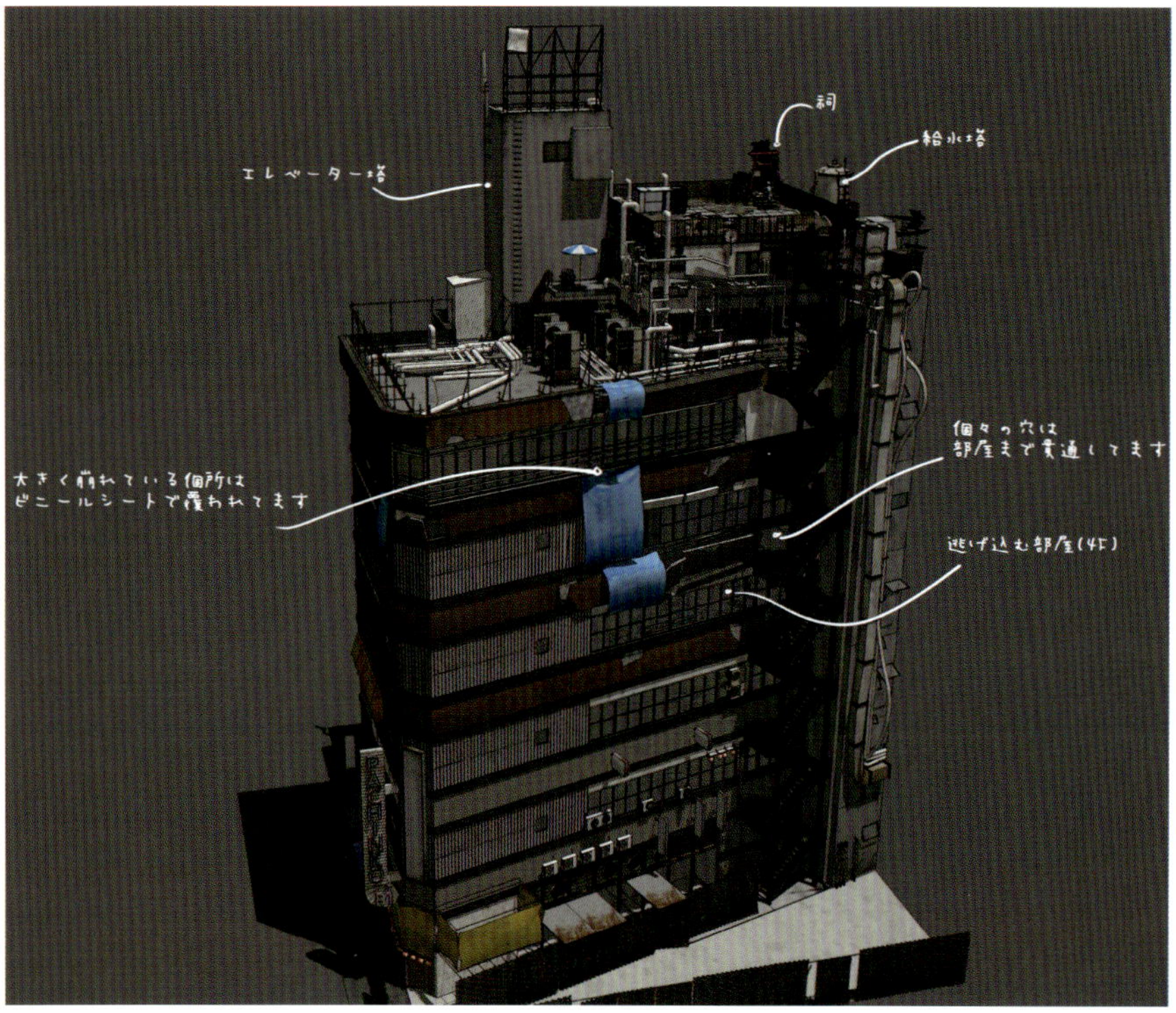

廃ビルの外観。入居していたテナントはすべて移転しており、中は完全な廃墟状態。崩壊の危険があるためか、立入禁止の看板が立てられている。

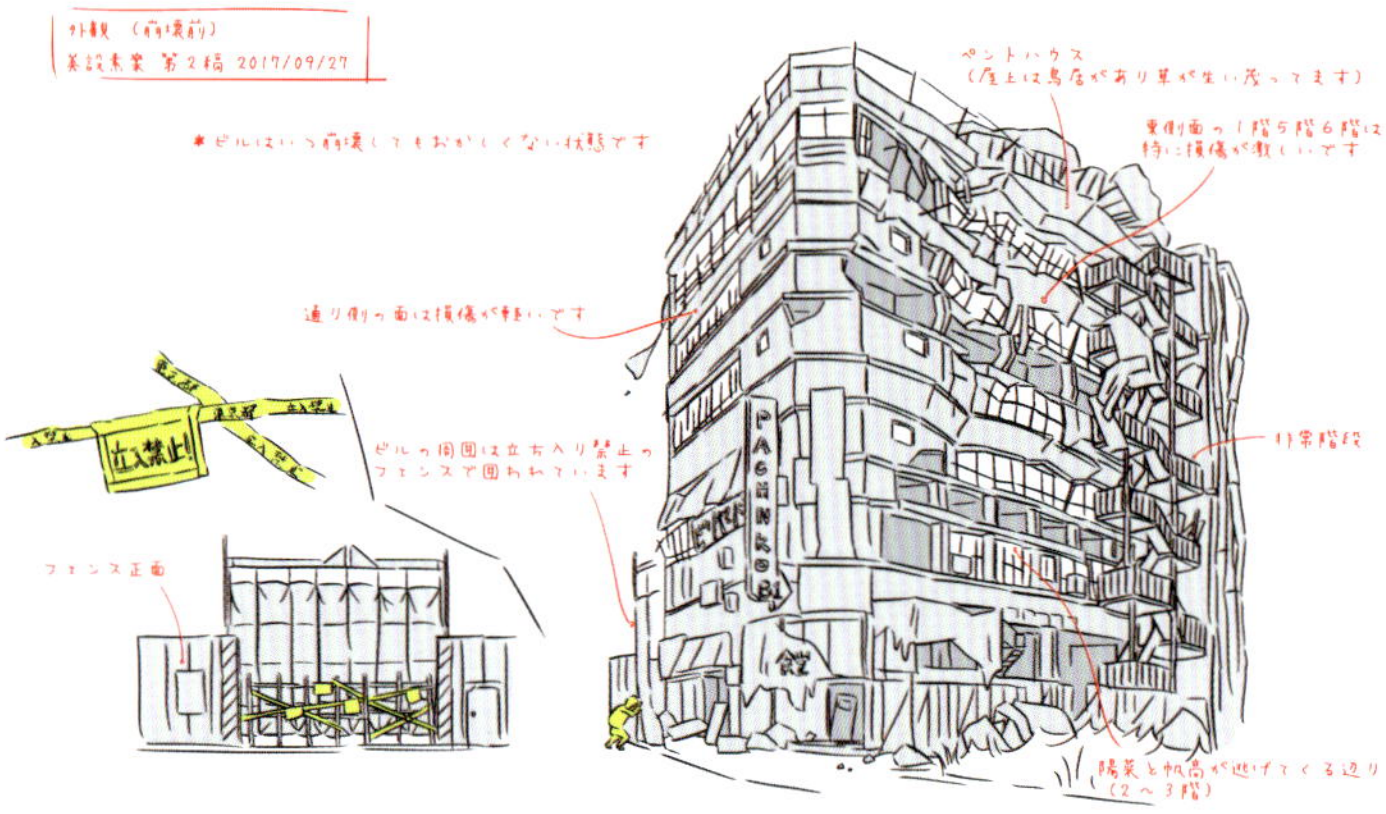

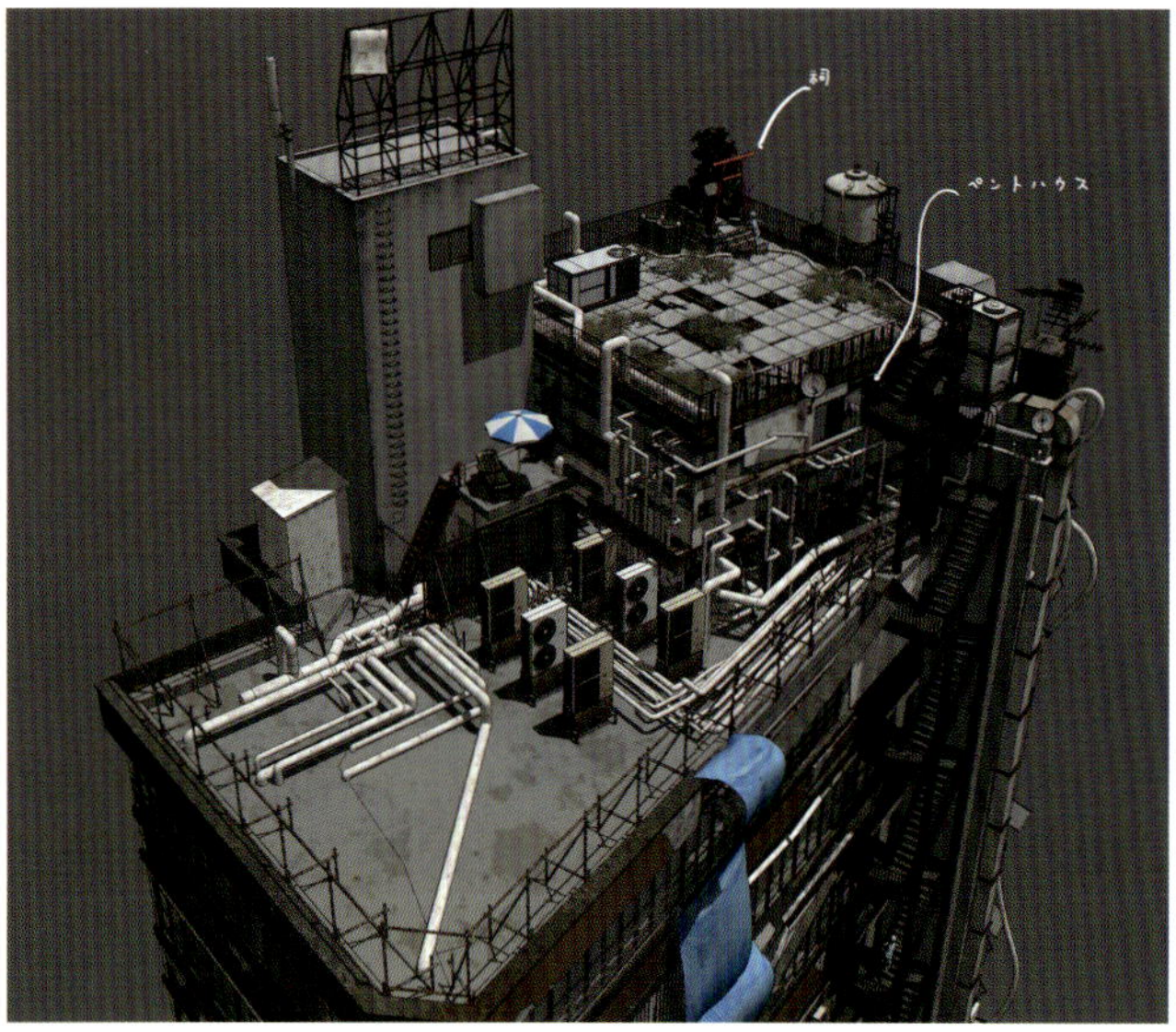

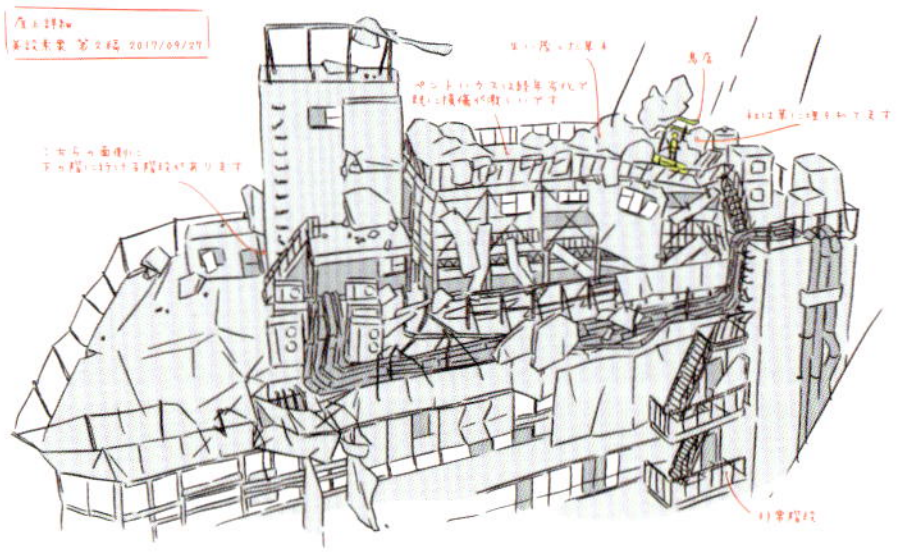

屋上の3Dモデル。コンクリートの床がめくれ上がり、雑草が生い茂っている。

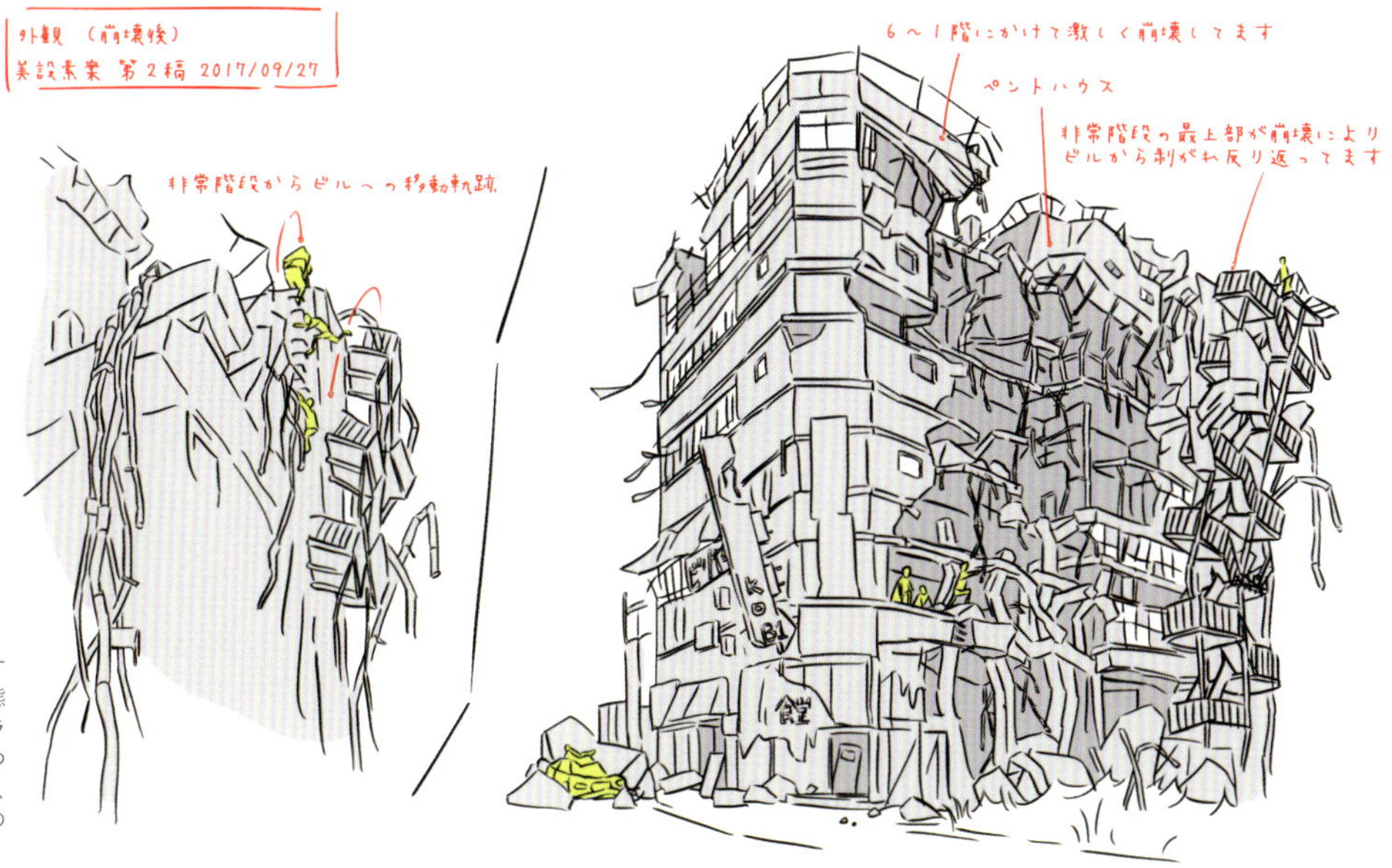

映画の後半に登場する、崩壊が進んだ状態の廃ビルのイメージ（ラフ設定）。建物の横についていた非常階段が、ほぼ崩れかけているのがわかる。

消えてしまった陽菜を取り戻すべく、帆高が廃ビルを訪れるクライマックスシーン。多くの場面において、3Dモデルをもとにカットごとのレイアウトが検討されたことも、『天気の子』の特徴だろう。

美術背景

BACKGROUND

色鮮やかで繊細な美術背景もまた、新海作品の魅力のひとつ。上京してきた少年、帆高の日々を追いかける本作では、東京のさまざまな表情が捉えられている。優しく濡れそぼる路地裏から光差す晴れ間まで、多彩な天候の表現にも注目したい。

陽菜のアパート

高台の上に立つ、年季の入ったアパート。住んでいる陽菜のキャラクターを反映して、どこか温かみのある小物が、部屋の中を彩る。

須賀の事務所

帆高が身を寄せることになる、住宅街にある編集プロダクション。居間のソファや観葉植物など、緑がキーカラーに用いられている。

廃ビル

陽菜が不思議な力を手に入れることになる、廃墟と化した雑居ビル。映画の後半では崩壊が進み、壁が崩れ落ちるなど、危険な状態に。

下町

陽菜と帆高たちが、お天気ビジネスのためにお盆に訪れることになった下町の民家。

雨の東京

劇中のほとんどで降り続ける雨。高層ビル群やネオンに雨が煙り、路面の水たまりは反射し、光やさまざまなものが映り込む。

東京の晴れ間

陽菜の不思議な力によって、広がる色鮮やかな空の晴れ間。

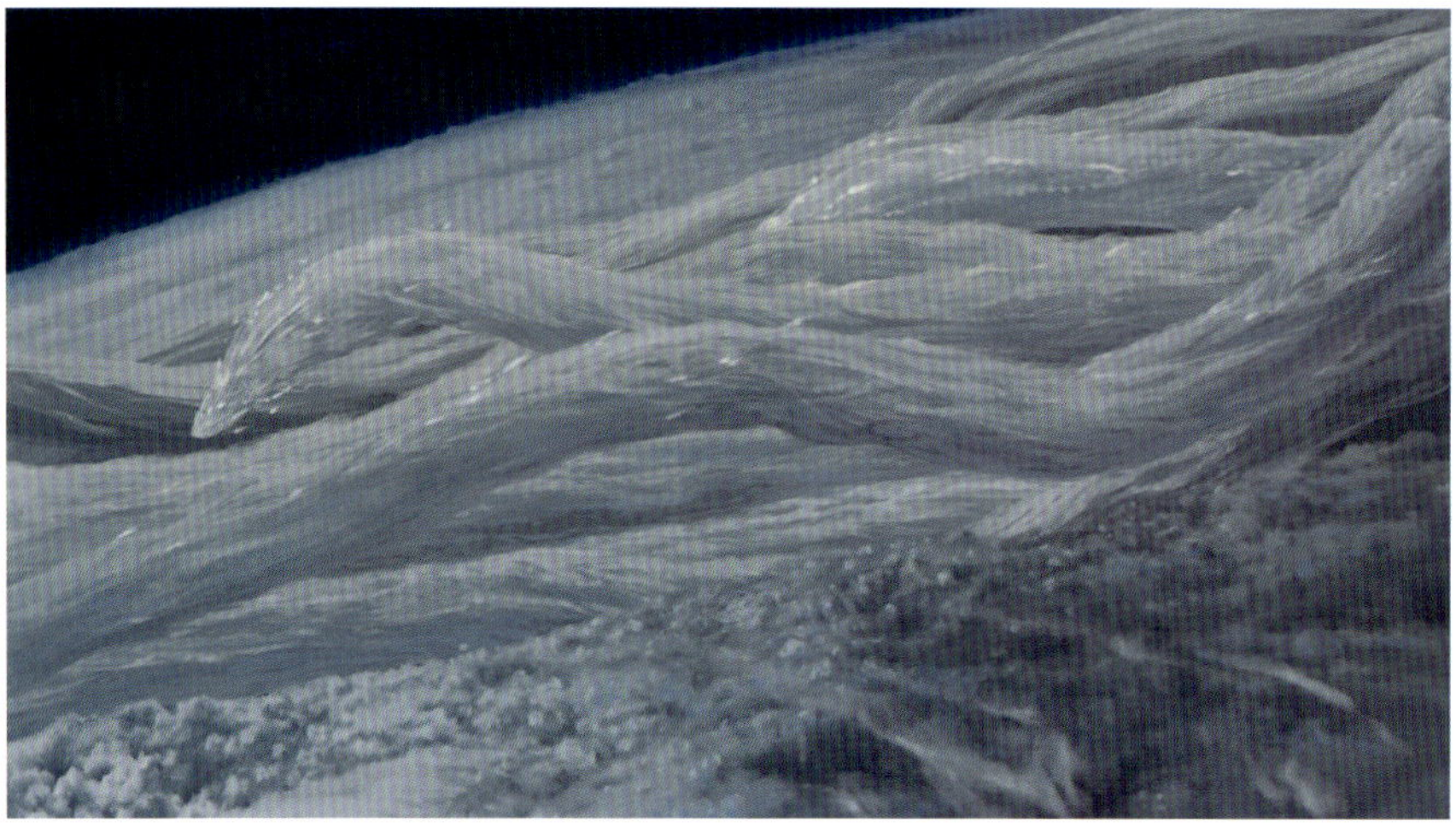

雲上の彼岸

不思議な力の代償で、雲上の世界へ赴く陽菜。龍のようにうねる雲は、美術背景を撮影で変形させ、動かしている。

雲上と下界

青く澄んだ空に広がる真っ白な雲上、そして人々が暮らす東京の街並み。ふたつの世界を一望のもとに捉える。

3年後の世界

降り続ける雨によって、大きく姿を変えてしまった東京。

COLUMN

#3

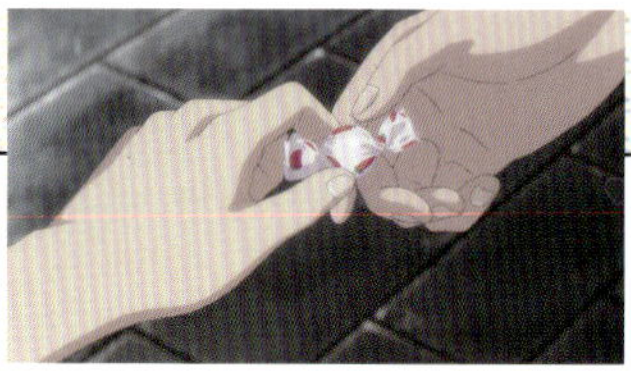

食べ物

登場人物たちの「絆」を反映する
さまざまな食べ物。誰かを思う気持ちが、
そこには映し出されている。

帆高と陽菜が初めて出会った新宿のマクドナルド。陽菜は店に内緒で、帆高にハンバーガーをおごるのだが……。都会で初めて他人から受けた厚意。再び彼女と出会うとき、その記憶が帆高の背中を押す。

須賀の事務所に身を寄せることになった帆高。その記念に、鶏の唐揚げと手巻き寿司で、ちょっとした“歓迎会”が開かれる。右も左もわからなかった帆高が、初めて心を休めることができた瞬間かもしれない。

“晴れ女”の仕事で、東京の下町にある冨美の家を訪れることになる帆高たち。真っ赤に熟した、甘そうなスイカは夏の風物詩。

ポテトチップスと豆苗を混ぜたチャーハンに、ラーメンを使ったサラダや、卵の白身が入ったスープ。シンプルだけど、味は抜群。

陽菜のアパートを訪れる帆高。手土産のチキンラーメンとポテトチップス、それに自家栽培の豆苗を使って、陽菜は手早く食事を用意。素朴な材料も、彼女の手にかかれば、唯一無二のご馳走に。

東京に出てきたばかりで、無駄遣いができない帆高。雨で冷えた身体を、カップ麺で温める。

安井＆高井コンビがかき込む立ち食い蕎麦。ホッと息がつける都会のオアシス。

ラブホテルにたどり着いた帆高たちは、インスタントのスナックでパーティを開く。

須賀の身の回りの世話をすることになった帆高。料理の腕前も少しずつ上達した？

偶然乗り合わせたフェリーで、海に落ちそうになった帆高を助けた須賀。そのお礼に帆高は食事をおごるハメになってしまう。それに加えてビールまで買わされるとは……。

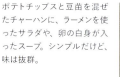

Production notes

2017年

- 2月28日 『天気の子』企画書提出
プロット開発スタート
- 4月 キャラクターデザイン開発スタート
- 7月 脚本開発スタート
- 8月 設定開発スタート
ロケハン、資料収集スタート
- 10月 絵コンテ・Vコンテ開発スタート

2018年

- 5月 作画作業スタート
- 7月 雨素材の開発スタート
- 8月 キャストオーディション
- 9月 美術背景作業スタート
- 10月 主人公・ヒロインキャスト決定
- 12月13日 空ポスターの公開
製作発表会見

2019年

- 1月 撮影作業スタート
- 4月 予告編①公開
劇伴収録
- 5月 アフレコ
晴れポスター、予告編②公開
ダビング※
- 7月2日 製作報告会見
- 7月7日 完成
- 7月19日 公開

※映像と音楽を合わせる作業

新海誠

［原作・脚本・監督］

故郷を飛び出してきた少年と、都会で弟とふたり、つつましく暮らす〝100%の晴れ女〟。ふたりが世界の形を変えてしまうまでを描く、エモーショナルな本作がいかにして生み出されたのか。前作『君の名は。』の大ヒットから受けた（決してポジティブなだけではない）影響、そしてミュージシャン・野田洋次郎との共同作業から生まれたラストシーンまで。その舞台裏を聞く。

『君の名は。』から続く「今ならできる」という感覚

――このインタビューは、初号試写の直後の取材になるのですが、まずは今の率直な心境から伺えますか？

もう、全然わからないですね。観客のみなさんにこの映画がどう届くか、まったくわからなくて、不安というか、落ち着かない。いっそのこと、早く公開してくれと思います。

――（笑）公開前に行われた製作報告会見で「（観客の）意見が分かれる映画だと思う」と話されていたのが印象的でした。

『天気の子』は、いわゆるオーソドックスな物語の形から外れていると思っているんです。それこそ、世界から秩序が失われたのちに、それが回復する……というのが、物語の王道で。今回の『天気の子』は、昔話で言うとたぶん人身御供譚に相当する物語なんですけど、人身御供譚というのはだいたいパターンが決まっていて、毎年、邪神を鎮めるために捧げられる少女がいる。そして、外からやってきた旅人が邪神を殺して少女を救うと、悪しき風習は断たれて、旅人はその土地に移り住み、そこで子孫が繁栄する、と。そういう意味で『天気の子』は、人身御供譚の現代版だと思っているんですが、現代では倒すべき邪神というものがなかなか設定しづらい。今回、邪神に相当するものがあるとしたら「天気」なんですが、天気は殺すことができないわけで、ゆえに秩序が取り戻されて、人々が安心して日常に戻っていくという展開から外れざるをえない。そのことがどう受け止められるんだろう？　ということが、まずひとつ。あともうひとつは、最後に帆高が下す決断ですね。この映画で帆高は――言ってしまえば世界を救うよりも、君（陽菜）を助ける方が大事だと思う。それは当然、社会と対峙する価値観になる。劇中で須賀が話していますが、多かれ少なかれ、誰もが何かを犠牲にすることで、この社会は回っている。世の中には必ず割りを食っている人がいて、でもそれを見て見ぬフリをしたり、あるいは知っていても「仕方がない」と割り切ったりして、みんな生きているわけです。

――でも帆高は、それに対して見て見ぬフリができないんですね。

犠牲になるのが、自分にとって一番大切な人なわけですから、到底受け入れられない。ゆえに社会と対峙するし、映画は最大多数の幸福を選択しない――そういう結末になっているんです。ですから、最大多数である観客の中には、この結末を不快に思う人が必ずいるはずです。僕自身は『天気の子』をエンタテインメント映画として作ったつもりですし、実際に「面白かった」と言ってくれる人もいると思うんです。と同時に「自分だったら許せない」「こんな物語を作るなんてけしからん」という人も、きっといる。僕は「みんなが今、観たいのはこういう映画なんじゃないか」と思ってこの映画を作りましたが、それが本当に今の観客の気分に合っているのかどうかは、実際にみなさんの前に出してみないとわからないな、と。

『君の名は。』で受け取った感情の波みたいなものが、『天気の子』のタネになっていると思います

――いきなり突っ込んだ話題になってしまったのですが、改めて企画の立ち上げから話を伺えればと思います。前作『君の名は。』が終わって、比較的早いタイミングで、次の企画に着手されたそうですね。

そうですね。というのも『君の名は。』を作る少し前に「今ならできる！」みたいな感覚があったんですよ。今、自分がどういうものを作りたいかがわかった、というか。しかも、作ったものは絶対にみんなが観たいと思えるものになるし、それを作る方法も、今ならわかる。今、自分たちにバトンというか、ボールのようなものが回ってきてるという感覚があって、その気持ちのままに作ったのが『君の名は。』だったんですね。そして『君の名は。』を作り終わったあとも、その感覚はまだ続いていて、であればこれがどういうものなのか、試してみたい。この何かよくわからない感覚のようなものが手元にあるうちに、次を作りたい、と思ったんです。そこから3年後にエンタテインメント映画を公開することが次の目標になったし、もしできるのであれば、東宝の夏休み映画として公開したい。結局、『君の名は。』のプロモーションが半年ほど続いたんですが、そのプロモーションをやりながら、ずっとそんなことを考えていました。

ネガティブな感情の波から生まれた『天気の子』

――実際、前作『君の名は。』は記録的なヒットになったわけですが、監督自身はこの大ヒットを、どのように受け止められたんでしょうか。

基本的には、すごく幸せなことだったと思います。自分の作りたいものと今の自分にできること、世の中が観たいと思っているものが、たまたま奇跡的に噛み合ったのが『君の名は。』だったんだろうな、と。ただ――小説家の村上春樹さんのエッセイの中に、とても印象に残っている言葉があるんですが、『ノルウェイの森』がヒットする前までは、10万人の読者と一緒にやってきて、それこそ自分の書く本が読者から愛されているような気がしていた。でも『ノルウェイの森』が100万部を超えるヒットになったとき、「世界中から憎まれているような気持ちになった」と書かれていて。読んだときは「へぇ、そんなことがあるんだ」と思った程度だったんですけど……。

――まさか自分の身に降りかかるとは思っていなかった……。

『君の名は。』も、最初の2、3ヵ月くらいまでは、ファンの人からの声もたくさん届いてきたし「観客が広がってよかったな」と思っていたんです。でも時間が経つにつれて、何気ない日常の中で批判の言葉を目にするようになったり……。しかもそれが誹謗中傷に近いものだったり、あるいは家族に関して無遠慮なことを言われたりする。そういうものにいちいち反応していても仕方がないとも思うんですけど、でも「僕もずいぶん嫌われているんだな」「憎まれているんだな」という気持ちがだんだんと強くなっていったんです。……いや、嫌いな人がいるのは当たり前のことなんですよ。僕だって作品の好き嫌いはあるし、「この作品を作ってる人を好きになれないな」と思ったりもする。ただ、自分がその当事者になるということを想像してなかったんです。

――そこは、ヒットしてみて初めて実感できたことだったわけですね。

本来なら、僕の映画を観るはずのない人が観て、そこまで強烈な反応を返すというのは、今までやろうと思ってもできなかった部分に届いた証拠でもある、だから素直に「よかったな」とも思うんですが、同時に、たかがエンタテインメントがそれほどまでに、人の心を強く動かす。それを実感できた経験でもあったんですよね。あと、何か監視されているような気持ちというか、人生が窮屈になったような感じもあって。結果的に『君の名は。』がヒットして受け取った気持ちとしては、どちらかといえばネガティブな感情の方が大きくて、そのとき受け取った感情の波みたいなものが、『天気の子』のタネにはなっていると思います。

――なるほど。具体的に企画が動き始めたのは、いつ頃になりますか？

企画書を出したのが、最後のプロモーションで東北を回った直後だったと思うので、2017年の3月頭でしょうか。そのときはまだ『天気予報の君』という仮タイトルだったと思うんですが、一応、陽菜と帆高と須賀のイラストも描いて、あとは空の上に浮かんでいる陽菜と雲の平原のイメージもすでにありました。それと、物語の最後に叫ぶ帆高の「天気なんて狂ったままでいいんだ」というセリフもすでにあっ

「天気なんて狂ったままでいいんだ」というセリフは最初からあって、調和が回復しない物語をやりたいと思っていた

て、要するに調和が回復しない物語をやりたい、ということですね。

――『天気の子』の中核部分は、もうその企画書に入っていた。

そのときに企画のタネになったのは、先ほど話したような『君の名は。』の後で世の中から受け取った悪意とか批判。そういうものがベースになっています。ただ、そのときに「今度はこの人たちが怒らない映画にしよう」とは思わなかったんですよね。むしろ「この人たちがもっと怒る映画にしたい」と（笑）。それは単純に、僕が天邪鬼だからかもしれないんですけど、でも、どうしてそんなに怒るんだろう？　とも思ったんですよ。怒るのにはやっぱり理由があるんだろうし、むしろ彼らを怒らせた部分、感情を強く刺激してしまった部分をこそ、撮ってみたい。そうやって考える中から「社会と対峙する少年」というモチーフが出てきたんです。少年が社会から逸脱していって、その果てに「こんな場所は狂っていていいんだ」と叫ぶ。そういう物語にしたいな、と。

――そうしたエモーショナルなテーマを描く一方で、娯楽映画としての楽しみもしっかり兼ね備えている。そこは『天気の子』の、とても重要なポイントだと思います。

大前提として、誰もが楽しめるエンタテインメントにしたかったし、そうあるべきだと思っていました。最初の企画書では、家出少年が東京に出てくるところから始まる、とか、彼が最後に叫ぶ言葉も決まっていたんですが、そこにいたる状況や道筋はまだ曖昧なままだったんです。で、そこからプロデューサーの川村元気さんやキャラクターデザインの田中（将賀）さんたちも交えて会議を繰り返して、あるべき物語の形を模索する。それが次のステップでした。月に一度か二度、書いたプロットを読んでもらって、その感想を聞いて、という。その段階では須賀が学者だったり、あるいは謎の秘密結社が出てくる、今よりもうちょっとオカルトに寄ったパターンなんかもあったんですよ（笑）。で、どうもみんなの反応が悪いなと思ったら、書き直して……。本当に、試行錯誤の末に今の形にたどり着いた感じですね。

苦労した須賀の立ち位置、帆高が対峙する相手とは

――脚本作業を進めていくなかで、最も苦労されたところはどこですか？

一番の難所は、須賀の立ち位置だった気がします。僕は当初、須賀は最初に帆高を拾う相手であると同時に、帆高が乗り越えなければいけない壁にならないといけないと思い込んでいたんです。いわゆる「父殺し」じゃないですけど、物語の定型からいっても、帆高が最後に乗り越えるべき相手は須賀になるんじゃないか、と。だから最後の廃ビルのシーンにしても、須賀が敵として帆高の前に立ちふさがるという展開を考えていたし、再び雨が降ってほしくない理由を、須賀に設定しなければ、と思っていたんです。

――実際、須賀の娘が喘息を患っているという描写も出てきますね。

そうですね。途中までそう考えていて、実際、会議でも「面白い」という意見でまとまりかけていたんですが、

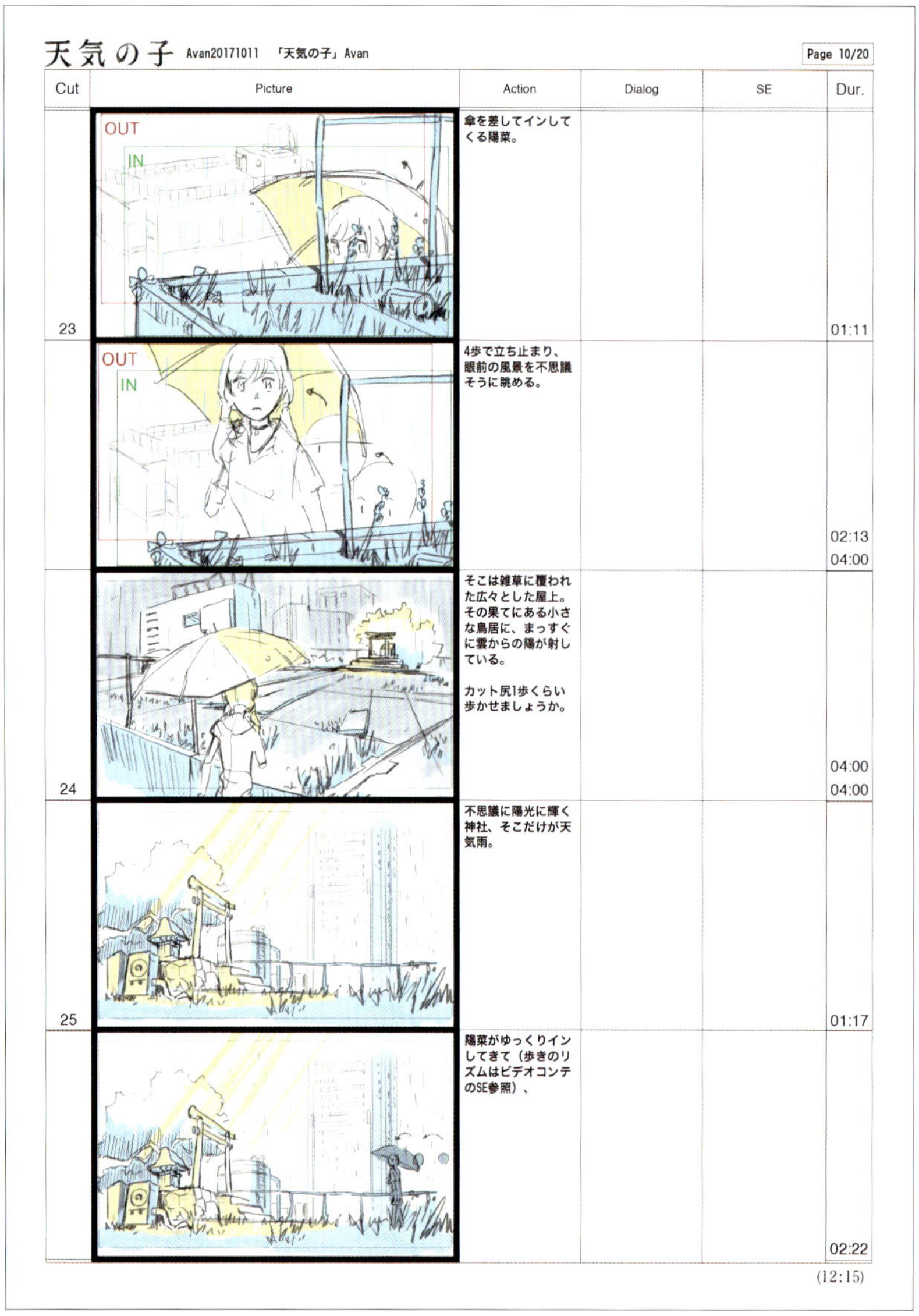
天気の子 Avan20171011 「天気の子」Avan
Page 10/20
Cut
Picture
Action
Dialog
SE
Dur.
23
OUT
IN
傘を差してインしてくる陽菜。
01:11
OUT
IN
4歩で立ち止まり、眼前の風景を不思議そうに眺める。
02:13
04:00
24
そこは雑草に覆われた広々とした屋上。その果てにある小さな鳥居に、まっすぐに雲からの陽が射している。
カット尻1歩くらい歩かせましょうか。
04:00
04:00
25
不思議に陽光に輝く神社、そこだけが天気雨。
01:17
陽菜がゆっくりインしてきて（歩きのリズムはビデオコンテのSE参照）、
02:22
(12:15)

天気の子 Avan20171011 「天気の子」Avan Page 11/20

Cut	Picture	Action	Dialog	SE	Dur.
		光の中に入って行きつつ、空を見上げる。			03:09 08:00
26	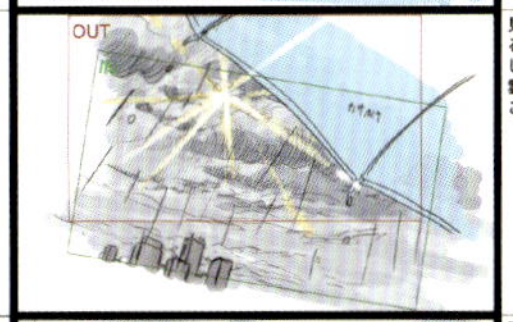	見上げる動きを繋げるイメージで、傘越しの空PAN。 雲間から真っ直ぐにここを照らす太陽。			02:12 02:12
27		不思議そうに太陽を見つめている陽菜。			02:04
		ゆっくりと傘を降ろしていく。			01:20 04:00
28		石段の上にひっそりと置かれた精霊馬。			01:00

(10:21)

天気の子 Avan20171011 「天気の子」Avan Page 12/20

Cut	Picture	Action	Dialog	SE	Dur.
		陽菜の足イン、アウト気味まで。			01:00 02:00
29		ゆっくり鳥居に近づいていく陽菜。 2歩ゆっくりと。			01:00
		動きを繋げて、	（帆M）思わず		01:00 02:00
30		手を合わせながらここで1歩。	強く願いながら、		02:07
		2歩。follow、鳥居3DCG。	彼女は、鳥居をくぐった。		01:19

(07:02)

天気の子 Avan20171011 「天気の子」Avan Page 13/20

Cut	Picture	Action	Dialog	SE	Dur.
		3歩。 ふと、雨のスピードが落ちる。			00:22 05:00
31		ぴたっと静止する雨。 陽菜は気づいていない。			02:12
		やがて下から風が湧きあがり、		ザワザワザワ……	02:00
	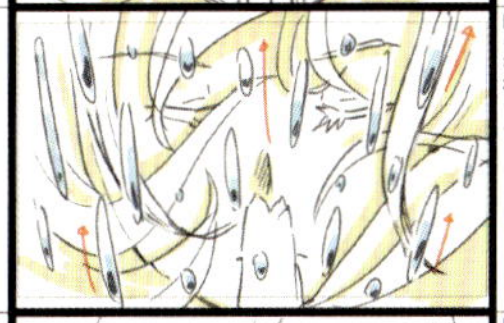	陽菜の髪を激しく揺らす（バタバタではなく、フワリと）。 水滴は、まるで下からの雨のように次々と。		ザザーッ	01:00 05:12
32		陽菜の瞳が、			00:03

(06:13)

天気の子 Avan20171011 「天気の子」Avan Page 14/20

Cut	Picture	Action	Dialog	SE	Dur.
	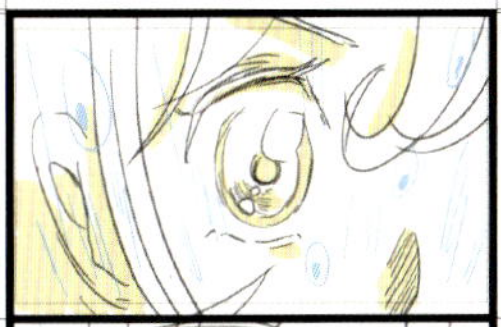	大きく見開く。	（陽）……ハッ！		00:03
	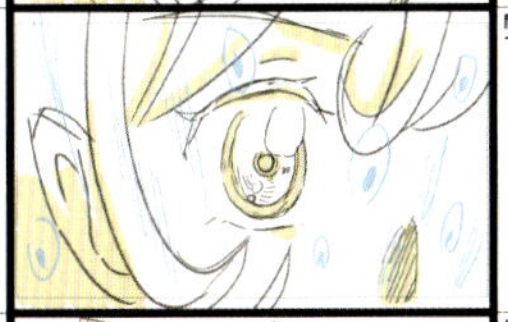	開いた後の収まりまで。			00:15 01:00
33		唐突に、そこは青空の上。 空に吹き上げられていく水滴、 ゆっくり回転しながら落下している陽菜。 （3+0）		ゴオォォー！	00:22
					02:02 03:00
34		呆然としている陽菜。 激しい風に髪と服がバタバタと暴れている。			01:12

(05:06)

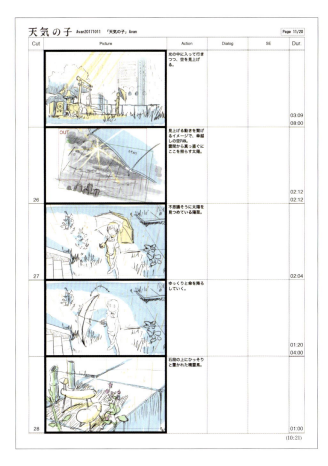

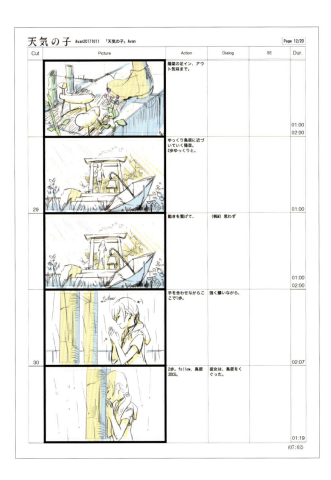

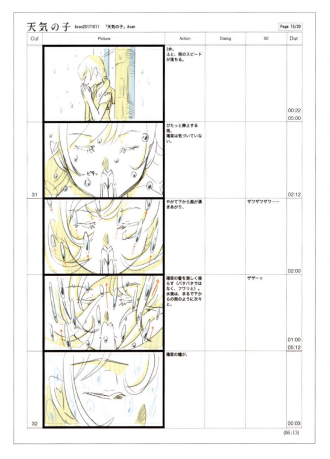

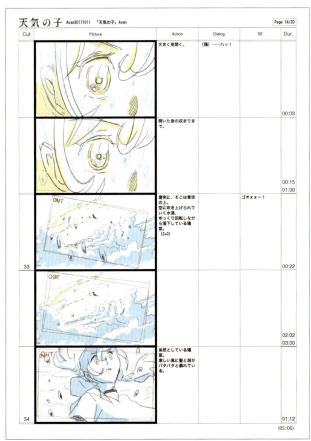

陽菜が祈っているラストシーンは、力がある画になるんじゃないかと。探し続けないと出てこなかった結論だと思います

その一方で「最後の、須賀と帆高の対決が引っかかる」という意見も、川村プロデューサーを中心に根強くて。で、あるときふいに「須賀に社会を代表させる必要はないんじゃないか」と思ったんですね。むしろ、帆高が対峙することになる「社会」というのは、観客である僕たち自身なんじゃないか。観客の価値観と帆高が対峙すれば、それでいいんじゃないか、と。「異常気象が続くのはイヤだな」と素朴に思う。そういう僕たち自身の願いに、帆高が反発すればいいんじゃないかと気づいて。そうすれば、須賀は社会の代表として振る舞う必要がなくなるし、彼を物語の定型的な役割から解放してあげても、この話は成立するんじゃないか、と。そこが、脚本のブレイクスルーだったように思います。

——たしかに、後半の須賀が含んでいる微妙なニュアンスは、この映画の大きなカギのひとつのように思います。

たぶん、社会ってもうちょっと曖昧なんですよ。事務所のバーカウンターで、須賀は夏美に対して「人柱一人で雨が止むんだったら、それでいいじゃないか」みたいなことを言うわけですけど、でもその一方で「絶対に陽菜を犠牲にしなければならない」とも思っていない。「どちらかと言えば晴れていた方がいいかな」くらいに考えているのが、たぶんリアルな僕たちの気持ちで、そういう立ち位置に須賀を持っていくことで、この話は最後にちゃんとネジを締めることができたのかな、と。

——舞台が東京——それも、監督のこれまでの作品によく登場している新宿だけでなく、かなり広い範囲を舞台にしているところも、面白く感じました。

そこは結果的にそうなった、という感じなんです。というのも、最初に「東京が半ば沈んでしまう話にしよう」と考えていて。『君の名は。』で三葉が糸守町を失ったように、僕たち自身が僕たちの場所を失う話にしたい。そういう気持ちがあったんです。

——なるほど。『君の名は。』の糸守にあたるのが、今回の東京だと。

そうすると重要になるのが、東京の地形で。劇中でも出てきますが、もともと東京は——それこそ縄文時代にまで遡れば、巨大な入り江になっていて、山の手のかなり深い地域まで海や湿地だったわけです。僕も専門家ではないので、詳しいことはわからないんですが、東京の東側、墨田区のあたりは、もともと大雨が降ると河川が氾濫する場所で、みんな高床式の家に住んでいたりした。そこを埋め立てたり、隅田川や荒川の流れを変えたりすることで、だんだんと今の東京の地形ができあがってきたわけです。映画の中で東京を水没させることは決めていたので、今度はどこまで沈んでどこが残るのかを調べることになる。そうすると、ちょうど陽菜の家のあるあたりが境目になるんです。映画の中に、陽菜の家に向かう坂道が出てきますけど、あの坂道がちょうど武蔵野台地の一番端にあたる場所なんです。

——あの坂道から向こうは、かつて一面の海だったわけですね。

だから、映画のラストシーンで陽菜たちが目にする風景というのは、かつての東京の風景に近いものになっている。そうやって、最後に描くべき風景から逆算していった結果、東京のいろんな街並みを出す必要が出てきたんですね。あと『天気の子』は、家出少年の帆高が陽菜を発見していくと同時に、東京を発見していく話にもしたいと思っていて。だから観光客がたくさんやって来る場所も劇中に登場するし、かと思えば歌舞伎町の路地裏みたいな場所も出てくる。『君の名は。』では描かなかったような場所も——同じ東京を舞台にしながらも、また違った見せ方をしたいという気持ちがありました。

『大丈夫』という楽曲から導かれたエンディング

——もうひとつ、『君の名は。』に続いて、今回もRADWIMPSが音楽を担当しています。5曲ある主題歌はもちろん、劇伴も印象的なものに仕上がっているんですが、野田洋次郎さんとはどのように作業を進められたんでしょうか?

『君の名は。』のときもそうだったんですが、最初に脚本の初稿が上がった段階で洋次郎さんに渡して、これだけを読んだ状態で曲を書いてほしい、というお願いをしています。……というか、実際はちょっとズルい言い方をしていて「もし音が聴こえてきたりしたら、それを聴かせてもらえませんか?」って(笑)。

——普通の音楽の発注方法とは、まったく違うやり方だったわけですね。

内容の感想はすぐに返ってきました。

「新海さんはやっぱり詩人なんですね」ってお返事をいただいた記憶があるんですけど、あんな詩人にそんなふうに言われるとは、と思いました（笑）。それから3ヵ月くらい後ですかね、まず『愛にできることはまだあるかい』と『大丈夫』のデモが上がってきて。ちょうどコンテを描き始めて1ヵ月くらいしたタイミングだったんですけど、そのときに曲を聴きながら「ああ、これは映画になるんじゃないか」と、確信できた感じはありました。

――ということは、コンテと並行して、音楽もだんだんとできあがっていったわけですね。

　そこからはパートごとにできあがったビデオコンテを順次送って、それを観た洋次郎さんが、感じたことを曲にして送ってくれる、という流れでした。それを聴いて「この曲はここに流すべきなんじゃないか」って、ビデオコンテに組み込んでいく。しかも、そうこうしているうちに劇伴の制作も始まったので、とにかくすべてが有機的に絡み合ってましたね。それこそ洋次郎さんには、ついこの前までダビングの現場に来ていただいて、音の調整をしていたんですが、最初に脚本の初稿を渡してから映画が完成するまでなので、1年半くらいそういうやり取りを続けていたと思います。

――音楽映画という側面を強く感じるのは、そういう共同作業があったからこそなんですね。

　そうだと思います。例えばエピローグって、ギリギリのタイミングまで決まってなかったんです。帆高が「天気なんて狂ったままでいいんだ」と叫ぶところまでは企画書の段階で決まっていたし、ある時期までは、須賀の「世界なんてさ、どうせもともと狂ってるんだから」という言葉で終わりにするアイデアもあったんです。でもその一方で、これで終わりでいいのか、やっぱり帆高が確信――というか、何か強い想いを掴まなければいけないんじゃないか、という気持ちもずっとあって。それで「ラストにかける曲をどうしましょう」という話をしているときに、洋次郎さんから「やっぱり帆高は陽菜に、何か言葉を届けに行くんじゃないだろうか」と言われたんです。もし世界の姿を変えてしまった記憶があるのなら、帆高も陽菜もそのことに苦しんでいるんじゃないか。なかでも陽菜が一番苦しいんじゃないか、と。それで――これはたしか、洋次郎さんがおっしゃったんだと思うんですけど、きっと帆高は陽菜に「大丈夫」って言葉を届けるんじゃないか、と提案してくれたんです。1年半前に上がっていた曲の中に、すでに結論が歌われていた、ということなんですけど。

――なるほど。

　あとエンディングに関していえばもうひとつ、最後に帆高が陽菜に会いに行くとして、陽菜は何をしているのか。そこも探す必要があって。そのときにふと、陽菜が祈ってる画が思い浮かんだんですよね。彼女は能力がなくなった今でも、やっぱり祈ってしまうのかな、と。ここでまた祈ってたら、話が元に戻っちゃうんじゃないか？　という危惧もあったんですけど（笑）、でもそれはいろんな理屈を超えて、力のある画になるんじゃないかな、と。そこで初めて、すべての材料が出揃った感じがありました。

――ようやく物語の幕を閉じることができそうだ、と。

　じつは『大丈夫』って、普通にAメロ、Bメロがあってサビ、という構成の曲だったんです。でも、サビの「世界が君の小さな肩に乗っているのが僕にだけは見えて」という歌詞から始められれば、エピローグにふさわしい強度が作れるんじゃないか。別の機会に洋次郎さんと会ったときに、そういう話をしたんです。最終的にエピローグが決まったのは、本当に今年の1月とか2月の話なんですけど、あの結論はやっぱり、探し続けないと出てこない結論だったし、その結論に導いてくれたのは『大丈夫』という曲と、洋次郎さんとの会話だった。そう思いますね。

SHINKAI MAKOTO

しんかい・まこと：1973年生まれ、長野県出身。2002年、個人で制作した短編作品『ほしのこえ』でデビュー。2004年に初長編映画『雲のむこう、約束の場所』を発表。以降、07年『秒速5センチメートル』、11年『星を追う子ども』、13年『言の葉の庭』と作品を制作し、数々の賞を受賞。16年に公開された『君の名は。』が記録的な大ヒットとなり、邦画歴代2位の興行収入を記録。第40回日本アカデミー賞では、アニメーション作品では初となる優秀監督賞、最優秀脚本賞を受賞し、国内外において高い評価を受けた。

COLUMN

#4

尾崎正紀
おざき・まさのり
産業技術総合研究所
地質調査総合センター
地質情報研究部門
情報地質研究グループ
上級主任研究員
https://www.gsj.jp

地形

**映画『天気の子』の舞台となった「東京」。
日々刻々と移り変わるその土地には、どのような歴史があるのだろうか。
地質学的な見地から作品を深堀りしていく——。**

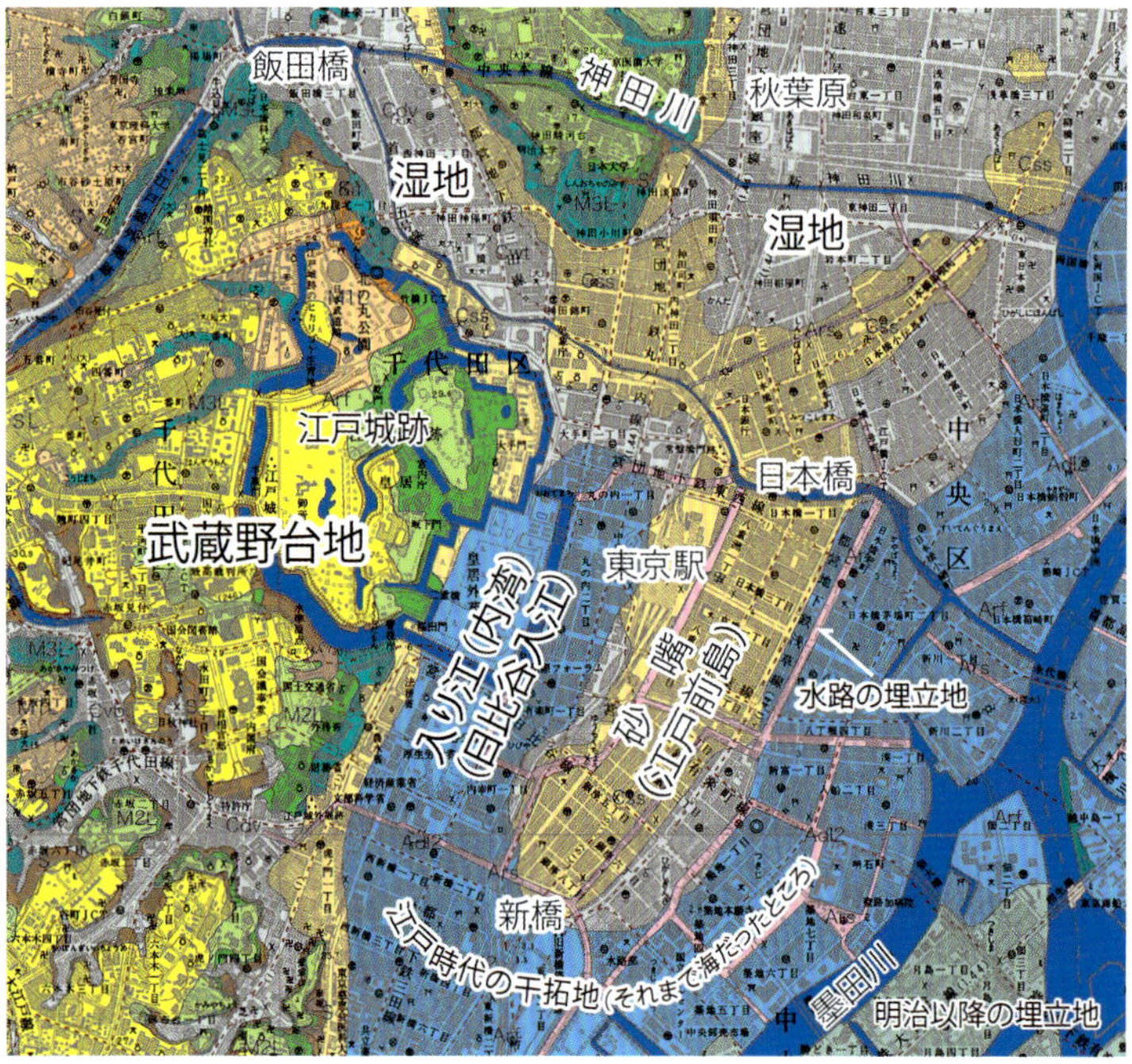

江戸中心部の地質図。青色部分は江戸時代の干拓地で、もとは海だったところ。(地質調査総合センター調べ)

江戸の地形

作中で「昔、江戸そのものが海の入り江だった」という冨美のセリフがありますが、江戸に幕府が置かれる前、江戸城と東京駅の間は、昔の神田川(現在の神田川は、江戸時代に洪水防止のため、飯田橋から秋葉原方面へ河道が付け替えられている)の河口から続く入り江(内湾)で、日比谷入江と呼ばれていました(左図参照)。また、その東側の日本橋から新橋に至るところには、江戸前島と呼ばれる南へ突き出た砂嘴(※)が形成されていました。江戸時代になると、武蔵野台地東端の高台に造られた江戸城から見下ろせる位置に大名や町民を住まわせるため、これら日比谷入江や江戸前島東側の海や海岸付近の湿地を広く埋め立てたことが知られています。

※「砂嘴」(さし)とは……沿岸や河口から流れに沿って砂や礫が堆積し、鳥のくちばし(嘴)のように延びた海面上に現れた堤防状の高まりのこと。三保の松原が有名。

水路に囲まれた江戸の地形がわかる。もともと水や山の出入り口であった場所を開発したところに、神社やお寺が作られ神様が祀られていることが多い。(1883年「東京 第1号」国土地理院所蔵)

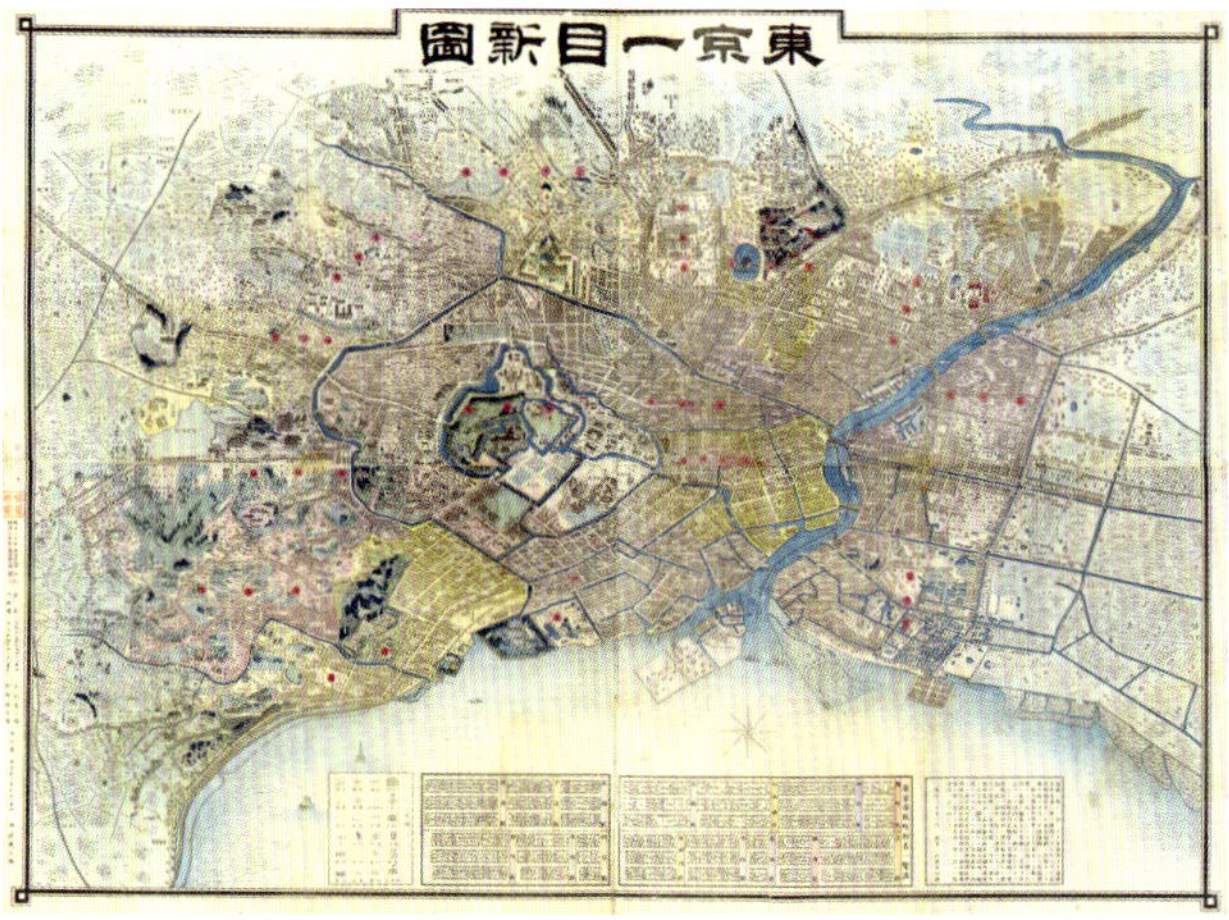

既に明治中期には、広い範囲で埋め立てが行われている。図の左側に広がる「武蔵野台地」は、北は入間川、東は荒川、西は多摩川、南は東京湾周辺の山手地区までの範囲を占める。(1897年「東京一目新図」国土地理院所蔵)

RADWIMPS

［音楽］

新海誠監督の前作『君の名は。』に続いて、
『天気の子』の音楽を務めたRADWIMPS。
主題歌と劇伴を手がける中、
音楽参加にとどまらないコラボレーションを今回も見せている。
彼らが『天気の子』という作品から感じ得たものとは——。

RADWIMPS

ラッドウインプス：野田洋次郎（Vo.／Gt.／Pf.）、桑原彰（Gt.）、武田祐介（Ba.）。2001年結成、2005年メジャーデビュー。ロック、ジャズ、ヒップホップから民族音楽まで既存のジャンルにとらわれない音楽性と恋愛から死生観までさまざまな側面を言葉でつむぐ歌詞が大きな支持を得ている。2016年、新海誠監督作『君の名は。』で20曲以上の楽曲を手がける。同年、第67回NHK紅白歌合戦に初出場、『前前前世』を披露した。

新たな試みと風合いによる音楽合唱が今回のひとつのポイント

——『天気の子』の音楽を担当されることになった経緯から教えてください。

野田　以前から新作を書いているという話は聞いていたんですが、『君の名は。』公開からちょうど1年後の2017年8月26日に「『天気の子』の脚本を読んでみていただけませんか?」って新海さんから連絡をいただいたんです。それで「読んで何か言葉や音が浮かんでくるでしょうか?」と言われて、「とりあえず自分の中で浮かんだイメージを曲にしてみますね」ということでデモを作り始めたというのが今回のスタートですね。

武田　2017年中に、新海さんに一回デモを渡しているんだよね。そのときの曲が『愛にできることはまだあるかい』と『大丈夫』だったかな?

野田　そうだったよね。まず作ったのが『愛に～』で、言葉と音が同時に浮かんできた気がします。帆高も陽菜もお互い相手によって自分というものを内側からどんどん変えてもらったわけですが、そこで変われたことの勇気みたいなものを相手のために使いたいと思うだろうなと考えて、曲の世界観が出来上がりました。『大丈夫』はそのあとで12月くらいに書きましたね。

——女性ボーカル＝三浦透子さんの参加というのは新しい試みですね。

野田　作品の肌触りとしても、また違う風合いを出すという意味でも、女性の声のほうがいいんじゃないかという提案を最初にさせてもらったんです。

『愛にできることはまだあるかい』は、新海さんと僕たちに共通するものを語った、両者を繋ぐ歌詞だなと思います

それで言うと（三浦）透子さんの声は本当に素晴らしい声で、すごく彩りを与えてくれました。オーディションは結構長いことやったんですが、実は早い段階から透子さんが抜きん出ていました。でもあまりに早く決め過ぎてしまうのも何なので、一回ブレイクして。

桑原　そうだったんだ？

野田　でも、やっぱり群を抜いてました。どこまでも包み込むような優しさがあって、しかも力強い。ずっと聴いていられる声なんですよね。オーディションの段階では『愛に～』も歌ってもらっていて、ボーカル曲はひと通り仮歌を入れてもらっているんです。もともと映画で最初に聞こえるボーカル曲は女性の声でいきたいと思っていて、『風たちの声』はそのために作った曲だったんですが、透子さんの声には『風～』よりも『祝祭』が合うと思ったんですよね。結果、『風～』は僕の声でいくことになったんですが、それも含めて、曲の構成、どちらのボーカルでいくのか、その都度の曲のアレンジはかなり時間を掛けて考えました。

桑原　本当にずっとやってましたね。続けて今度は劇伴の作業も始めて。

――三浦さんが歌う『グランドエスケープ』と『祝祭』も印象的ですね。

野田　『グランドエスケープ』は、帆高が陽菜を助けに行くところで使われていますが、曲としてはいいけれど、観た人を圧倒させるまでの何かがないと突き抜けていかないという話になったんです。それでテンポを落としてオーケストラアレンジにしたりと、2、3パターン録ったんですよ。その中で閃いたのが、演奏もほぼ一回ブレイクして、手拍子と大合唱だけになるアレンジ。最初にその案を聞いたときは〝嘘だろ？〟って感じだったでしょ？

武田　うん、驚いた。でも実際に聴いてみて、これしかないな、と。

野田　『祝祭』でも途中で僕の声が入ってきたり、合唱というのもひとつポイントになってますね。苦悩の挙句、たどり着いたひとつの武器として採用しているんですが、『グランドエスケープ』のあの合唱の部分ができた段階で新海さんのコンテも一気に変わって、いきなり地球の外にまで飛び出したので、〝よっしゃ！〟って思いました。『君の名は。』のときはストーリーの細部までもう完全に出来上がっていたんですが、今回は新海さんも作りながら迷われているところもあったので、音楽でさらに寄り添って、お互いに高め合うことができたかなと思います。

帆高と陽菜が互いに何か掛ける言葉があるとしたら「大丈夫」

――『大丈夫』は最初にできていた曲にして、まさにエンディングのピースを埋める最後の曲になったそうですね。

野田　エンディングはそれこそ新海さんが悩まれていたところで、陽菜を救い出した時点で物語としての答えは出ているので、最後どうやって終われればいいのか迷っているというお話をされていたんです。そのときに、どこで使うべきか決めかねたままになっていた『大丈夫』が浮かんできて、まさにこの曲がぴったりなんじゃないかと。

武田　そこでようやく『大丈夫』の立ち位置も見えた感じでしたね。

野田　僕も意見を求められて、自分だったらこう思う、こう考えるという話をさせてもらったんですよ。そこでふたりがお互いに何か掛ける言葉があるとしたら、「大丈夫」なんじゃないですかね、と。一番大事な人に大丈夫って言われたときの安心感や喜びは何にも代えがたくて、自分が不安な気持ちであればあるほど、大切な人からの大丈夫っていうひと言は意味合いとして大きいと思いますという話をして。そうしたら次の新しいVコンテで今のエンディングの形になっていて、僕はそこまでは想像していなかったんですが、たぶんもう晴れ女としての力はないはずの陽菜がそれでも変わらずに祈り続けていて、これはすごいなと思いましたね。たぶんもう3年くらい作り続けていたから、新海さん自身も深く物語に入り込み過ぎて見えなくなっていた部分もあると思うんです。逆に途中から入ってきた僕らだから見える部分もあって、そんな僕らの言葉にもちゃんと耳を傾けてくれるのが新海さんのすごいところなんですよね。あのエンディングは本当にすごいと思いました。

新海監督が語った新海作品とRADWIMPSの〝共通点〟

――もはや客観的には観づらいかもしれないですが、改めて今回の『天気の子』という作品をどう感じましたか？

野田　まず何より発想が面白いですよね。その上でまたど真ん中のエンターテインメントとして勝負しにきたんだなというのも感じましたし、とても本当に丁寧に作られた物語だったので、新海さんらしい作品だなと思いました。

武田　まず脚本を読んだ段階からこれはすごいなと思っていて、それがVコンテを観たらさらにすごいものになっていて。今はもう観過ぎて客観的に観られない部分もありますけど、でもやっぱりすごい世界観で、あり得ないようでいて本当に起きてもおかしくないというものを描いているんですよね。

桑原　もうストレートに面白かったですし、圧倒されましたね。『君の名は。』のときとはまた違う面白さがあって、新海さんのすごさを感じました。

野田　『君の名は。』で一番最初に新海さんとお会いしたときに、新海さんから「RADWIMPSがずっと歌っていることと、自分の作品は何かどっか近い気がするんです」と言ってくれて、「ふたりきりの恋愛の歌なのかもしれないけれど、歌詞の中でいつの間にか宇宙に繋がっていたり、ミクロとマクロを自在に行き来する感じが好きなんです」という話をされていたんですよ。確かに、とてつもない大きな世界の仕組みが実は誰も知らないような誰かの世界に繋がってるかもしれない、小さな宇宙の組み合わせで大きな宇宙はできているのかもしれないという感覚は、新海さんの作品とも僕らの作品とも共通するところなのかもしれないなと思いますね。『愛に～』の一番最後の歌詞で、「愛の歌も　歌われ尽くした　数多の映画で　語られ尽くした」というフレーズがあるんですが、新海さんはそこをとても気に入って、本編でも使ってくれているんですよ。今までさん

ざんいろんなラブストーリーが描かれているけれど、新海さんはまだまだ自分が信じる愛の物語をやっぱり描きたいんだっていう強い思いがとてもある人だし、僕たちもそういう思いで作っているんですよね。僕たちと新海さんに共通するものを語った、両者を繋ぐ歌詞だなとすごく思います。

——これまでの新海作品の流れで言えば、今回の『天気の子』は初めて主人公が明確に世界よりも君を選ぶと宣言する作品でもあるんですよね。

野田 本当、そうなんですね。たぶんそれって新海さんにおいても、すごく勇気が要ることでもあると思うんです。そこをお客さんがどんな風に受け取るのかというのもポイントですよね。

桑原 今までの新海ワールドの路線を好きだった人が、この作品をどういう風に受け止めるのか楽しみです。

野田 今の時代に新海さんがああいう結末を選んだというのは、すごく必然性があるように感じられるんですよね。一番大事な何かを守れないなら、何も守れないんじゃないのという思いがあって、そこを描こうとしたのかなって僕は勝手に想像しましたけどね。すべての人が一番近い誰かをちゃんと守って、大事にすれば、それが結果的にこの世界の美しさになるし、強さになる。新海さんがこの作品で言われていることもそういうことで、僕自身、それが大事なんじゃないかなと信じています。

——収録現場に野田さんは見学で、桑原さんと武田さんはアフレコ参加で行かれているんですよね。

野田 ふたりはまた声優もやらせてもらって、前作と比べてかなり上手くなったって新海さんが言ってました。

武田 声優なんて、そんなおこがましい(笑)。でも、貴重な体験をさせていただきました。前回と比べて今回は噛むようなセリフじゃなかったから、そのときよりいくらかスムーズにできたというのはあるかもしれないですね。

野田 出演までしてるんだもんなぁ。すごいよなぁ、その勇気が。

武田 いや、オレは自分からやりたいって言ったわけじゃないんだよ?

野田 今さら何だよ!(笑) でも僕は見学させてもらっただけでしたけど、アフレコの現場は本当に楽しかったですね。新海さんも楽しそうにされていて、そんな新海さんを見ているだけでも楽しかったです。ただ、Vコンテでは新海さんがほとんどのキャラクターの声を当てていて、1年半くらいそのVコンテを見続けていたので、アフレコでキャストの声が入ることで新海さんの声ともお別れなんだとちょっと寂しい気持ちにもなって。新海さんの声がデフォルトでしたからね(笑)。

桑原 それで育ってるみたいな(笑)。

野田 そうそう。すでにもうVコンテは100回以上観てますからね。完成した映画も100回以上観ないと、なかなか声が更新されないです。

——帆高役の醍醐虎汰朗さん、陽菜役の森七菜さんはいかがでしたか?

野田 すごかったですね。何より作品に懸ける気持ちがすごくて、声優が初めてだったというのもあるかもしれないけれど、OKが出ても「もう一回やりたいです」って言われていて。そういう熱意も声に乗って、作品の中に閉じ込められてるはずだから、素晴らしいなと思いましたね。僕、たまたま帆高と陽菜のオーディションに顔を出した日があって、そのとき参加していたのが醍醐くんと森さんだったんです。3、4人見させていただいて、皆さんいい声で上手かったんですけど、醍醐くんと森さんのお芝居が一番生き生きと聞こえて。それで去り際に「僕だったらこのふたりがいいです」って言って帰ったら、まさにそのおふたりに決まったということで驚きました。アフレコで見させていただいても、おふたりでの芝居の空気の作り方と、間が、本当に素晴らしかったです。間って合わせようと思って合うものでもないと思うんですが、ふたりはそれもぴったりで。まさに帆高と陽菜という感じがしました。コラボCM(サントリー天然水)で醍醐くんと森さんが『愛に〜』を歌ってくれているということで、もともと声質のすごくいいおふたりだけに、その歌声も今から楽しみですね。早く聴いてみたいです。

album
『天気の子』
3000円+税
UPCH-20520
EMI Records

三浦透子

［主題歌（ボーカル）］

『君の名は。』に続き、『天気の子』でも劇伴を担当したRADWIMPS・野田洋次郎の案により、今作では主題歌に女性ボーカルが採用された。オーディションの末、選ばれたのは女優として活躍する三浦透子。思わぬ抜擢にはたして彼女はどう楽曲と向き合ったのか。その心境を聞いた。

MIURA TOKO

1996年生まれ、北海道出身。2002年SUNTORY「なっちゃん」のCMでデビュー。その後、映画、ドラマなどで本格的に女優としての活動を始める。映画『私たちのハァハァ』（'15／松居大悟監督／主演）、『月子』（'17／越川道夫監督）、『素敵なダイナマイトスキャンダル』（'18／冨永昌敬監督／ヒロイン）、オムニバス映画「21世紀の女の子」『君のシーツ』（19／井樫彩監督）、ドラマ「宮本から君へ」（'18／真利子哲也監督）など今話題の監督たちの作品に出演し、注目されている女優の一人である。新海誠監督最新作「天気の子」にてボーカリストとして大抜擢され、「役者の歌声というよりも世界そのものの響きのような、個人の感情をすこしだけ越えたような何かを、まっすぐに運んできてくれる声」（新海誠監督）「どんな天気をも晴れにしてしまうような圧倒的で不思議な力を持つ」（RADWIMPS野田洋次郎）と称されたその歌声にも注目が集まっている。

大切にしたのは歌の技術よりも言葉を大事に届けるということ

——今回、ボーカルで参加することになった経緯を教えていただけますか？

オーディションでした。1年ほど前にRADWIMPSの野田（洋次郎）さんから今回の映画用の楽曲が送られてきて、それを歌って戻す、というやりとりを何度かさせていただきました。

——決まったときはいかがでした？

驚きました。私は役者のお仕事をさせていただいているので、歌が専門ではないんですね。以前、カバーアルバム『かくしてわたしは、透明からはじめることにした』を出させてもらったことはありましたが、やはり歌だけで映画に参加するというのは、何だか特別で不思議な感じがしました。

——オーディションに参加することになったのも、そのカバーアルバムがきっかけだったのかもしれませんね。

詳しい経緯はわからないのですが、そうみたいです。そのアルバム自体も、当時、役者として一緒にお仕事をさせていただいていたタナダユキ監督が、私の声がいいからと、歌のお仕事を振ってくださったのがきっかけで、気づいたらアルバムリリースまでつながっていたんです。今回も、思わぬところから舞い込んできたオーディションに対して、ひたすら一生懸命に自分にできることをこなしていたら、こんな状況になっていたという感じで。ですから、〝つながり〟って本当に不思議だなと、あらためて感じましたね。

——三浦さんの起用について野田さん

新海監督が作り出す映像を見て想像を膨らませ、物語を私の歌声で後押しできるように意識して歌いました

は、《どんな天気をも晴れにしてしまうような、圧倒的で不思議な力を持った歌声》と評されていました。ご自身は何が決め手だったと思いますか？

　何なんでしょう……。私もそこはじっくりうかがってみたいです（笑）。ただ、新海誠監督の作品は曲の歌詞をとても大切にされている印象があり、私も役者なので、歌唱力よりも言葉を大事に届けるほうに意識がいくんですね。そこを気に入ってくださったのかもしれませんね。また、野田さんが「言葉がスッと耳に入ってくる声だ」とおっしゃってくださっていたので、それも理由のひとつなのかなと思います。

——劇中では『祝祭』と『グランドエスケープ』の2曲が主題歌として流れますが、楽曲を最初に聞いたときはどのような印象を持たれましたか？

　この映画の物語をどんな方向に持っていきたいのかといった思いが、歌詞やメロディからすごく伝わってきました。また、聴いた瞬間に新海監督と野田さんが、いかに時間をかけて準備してこられたのかがすぐにわかりました。この曲とともに映し出されるキャラクターたちの〝思い〟が、映像がなくとも強く感じられましたね。

——レコーディングも時間をかけて作業されたとうかがいました。

　全部で2ヶ月ぐらいでした。ただ、その間ずっと打ち合わせやレコーディングを重ねていたというわけではなく、野田さんが細かく楽曲を修正し、それをもとにあらためてレコーディングしたり、コーラスを付け加えていったりといったことを、時間をかけてやらせてもらっていたんです。レコーディングに行く度にイントロの長さが少しずつ変わるんです。映画の尺に合わせて何度も微調整されているようでした。本当に緻密な作業で驚きました。

——歌っているときはどのようなことをイメージされたのでしょう？

　事前に映像をいただいていたので、そこから物語の世界観をさらに想像して歌いました。また、どんなタイミングで流れる歌なのか、そのときの空の色や差し込む光はどんな感じなのかといったことも意識しましたね。そうやって、新海監督が生み出す映像に後押ししてもらいながら歌うことができたのですが、逆に私の歌声で物語を後押ししたいという思いもありました。

——カバーアルバムのときとは、やはり気持ちも違いましたか？

　そうですね。レコーディングをしながら、〝映画のための楽曲を歌うというのは、こういうことなんだ〟と実感することもできましたし。それに、実は以前、映画のエンディング曲を歌わせてもらった経験もあるのですが、映画の最後にかかる曲と、劇中に流れる曲とでは、目的や意味合いが違っていて。そのこともあらためて感じることができました。

——レコーディングにあたって、野田さんからディレクションなどは？

　特になかったですね。コーラスで声を重ねるときなどに、そのバリエーションについて説明をいただくことはありましたが、全体的な歌い方に関しては、一番最初に私が歌ったときの感じをそのまま採用していただけました。

——最初からまさにイメージどおりだったということなんでしょうね。

　どうだったんですかね（笑）。ひょっとしたら、私が気づかなかっただけで、録り直していく中で、歌い方を修正されていたのかもしれません。

——ちなみにですが、三浦さん自身はご自分の声について、どのように感じていらっしゃいますか？

　特別好きでも嫌いでもないんですが……ただ、仕事で声を活かせられないかなというのを高校生ぐらいの頃に考えていたことがありました。当時からナレーションのお仕事をさせてもらう機会があったので、声だけで表現するのって面白いなと思っていたんです。ただ、歌で映画に参加するとは想像もしていませんでした。

——それもアニメーションでしたから、余計に新鮮だったかもしれませんね。

　それはすごくあると思います。こうした新しい体験ができるのって本当に楽しくて。映画を作られている新海監督も、音楽を担当されている野田さんも、そして役者の仕事をしている私も、〝何かを生み出して表現する〟という意味では根っこは同じだと思うんです。ただ、それぞれにやり方が違うし、生み出すものも違う。そうした方々と一緒にお仕事ができたことは、本当に貴重な体験だったなと感じています。

——普段、アニメーションをご覧になることはあるんですか？

　それがあまりないんです。でも、新海監督の『君の名は。』は映画館で観ました。社会現象になるぐらい話題になっていましたし、同じように映画を作っている人間としては、あれだけ映画館に人が来てくれるというのがうらやましくて、何がどうすごいのか、自分の目で絶対に見ておかないとダメだなと思ったんです。そしたら、あまりの素晴らしさに衝撃を受けて。しばらくして、近くの映画館で過去作品を上映していたので、そちらも観にいきました。

——そうだったんですね。では、そんな三浦さんが感じる『天気の子』の魅力とはどんなところだと思いますか？

　『君の名は。』はとてもパワーのある映画だなという印象だったのですが、そのあとに過去作を観たときの印象は、実は違っていて。物語がとてもシンプルで、心の深いところだけ取り出したような映画だなと感じました。『天気の子』はそういった意味で、『君の名は。』以前の作品に近いものを私は感じました。話の筋や、描いている感情はものすごくささやかで、ストレートに入ってくる。でも、壮大さやパワーも感じました。つまり、どちらの要素もあるのが今作なのかなと思ったんですね。ファンタジー要素が加わるので、シンプルな感情が引き立って、さらに観る人の心を揺さぶるんじゃないかなと思います。

——魅力的な楽曲たちも、より作品に深遠さを与えているように感じます。

　そうだと嬉しいです。野田さんが書かれた言葉は、この作品の本質を見事にとらえていらっしゃいますし、私も歌が物語の一部としてしっかりと皆さんの元へ届くように意識して歌いましたので、作品を楽しみながら、歌詞にも耳を傾けていただけると幸せですね。

田中将賀

［キャラクターデザイン］

大ヒットを記録した『君の名は。』から引き続き、キャラクターデザインを手掛けることになった田中将賀。帆高や陽菜など、魅力的な人物像はいかにして生み出されたのか。今の心境とあわせて、その舞台裏を聞いた。

完成した作品を観て やっぱりすごく悔しかった

——田中さんは、新海監督の前作『君の名は。』に続いての参加になりますが、前作は2016年を代表するヒット作になりましたね。ご本人としては当時、どんなふうに受け止めていらっしゃったんでしょうか？

「ああ……すごいな」という感じでした。これは今回の『天気の子』でも同じなんですが、キャラクターデザインだけの仕事は、どうしても他人事のように感じられるんですよね。『君の名は。』では、メインビジュアル的なものを描かせていただいたり、本編にも少し関わらせてもらったりはしているんですけど、とはいえ、他人の作品がヒットして「すごいなあ」みたいな感覚になってしまうんです。

——少し距離があるわけですね。

ちょっと話がズレてしまうんですけど、自分の仕事として考えると、総作画監督をやっているかどうか。当事者として、絵の責任を取っているかどうかが、デザイナーとしての仕事よりもプライオリティが高いんです。そういう意味で言えば、今、ちょうど僕は『空の青さを知る人よ』（19年10月公開）の作業の真っ最中で——言ってみれば、『天気の子』にガチンコ勝負を仕掛けているような感じなんです。

——なるほど（笑）。

だから、完成した作品を観ると、やっぱりすごく悔しかった。先に行かれちゃったな、というところもあるし、「こんなのを作られたのか！」みたいなところもある。そこが何より、先に立ってしまう感じはありますね。

——そのあたりについては、のちほど詳しく伺いたいのですが、まずは参加の経緯ですね。田中さんのところに依頼があったのは、いつ頃ですか？

個人的には、前作からずっと繋がっている感じがあるんです。『君の名は。』はプロモーション期間が長かったこともあって、新海さんや（プロデューサーの）川村元気さんと会って飲む機会も多くて。そうすると新海さんは、さも当然のように次の作品の話をするわけです。で、「あれ、俺、本当にこれやるの？」みたいな（笑）。もちろんそれは光栄な話なんですけど、そんな感じで途切れることなく、スルッと入っていった印象があります。

——脚本会議にも出席されていたそうですが、『天気の子』の物語については、どんな印象でしたか？

『君の名は。』よりも、新海さんがやりたいことが入っているのかな、と思っていました。……いや、「やりたいこと」というと、少し違いますね。これまでの新海作品の主人公が持っている、空想的だったり思い込みだったりする部分。そういうものがキャラクターや世界観にちりばめられていて、これまでの作品が好きな人がイメージする「新海誠っぽさ」が、より強く出ているのかな、と。あと『天気の子』って、帆高と陽菜のふたりが世界を変えてしまうという——いわゆる、セカイ系的なストーリーじゃないですか。本人がどこまで自覚的かはわからないですけど、ある意味、原点回帰というか。そういうところを最初から狙っている感じはありました。

——デザインを考えるにあたって、前作の『君の名は。』は、どれくらい意識していたんでしょうか。

まったく意識してないですね。もちろん会議の場では『君の名は。』を踏まえて、次をどうするかという話は出てくるんですけど、個人的にはまったく気にしてないですし、気にならないんです。むしろ、監督のオーダーにどうこたえるか。どの作品をやるときもそうですけど、「前の作品が上手くいったから次はこうしよう」みたいなことを考え出すと、絶対に絵が固くなる。そこがわかっているので、基本、考えないですね。あと今回はわりと、脚本会議の段階で「こんなのどうですか？」と、その場でキャラクターを描く、ということをやったんです。『ダーリン・イン・ザ・フランキス』のときに初めて、他のデザイナーと一緒に、みんなで絵を描きながら作品の根幹を作っていくというやり方を体験したんですけど、その経験がすごく刺激的だったんです。なので『天気の子』でも——あと、今やっている『空の青さを知る人よ』でも、キャラクターや細かいアイデアを一度持ち帰るのではなく、その場でどんどん出してみよう、と。なので『天気の子』のキャラクターも、ベースになる部分に関しては、脚本会議の場でなんとなく決まったところがあります。

——例えば、どのあたりでしょうか？

劇中に登場するニット帽を被っているチンピラとか、占いおババとか。須賀の亡くなった奥さんの母親なんかもそうですね。あのあたりは脚本会議でバーッとラフを描いて、決めたところです。もちろん、すべてがその場でピタッと決まるわけじゃないし、キャラクターによってはそこから何度かやり取りするんですけど、とにかくそのとき思いついた第一印象を大切にしよう、というのはありました。

——陽菜の髪型はひとつ、この映画を特徴づけているアイデアだと思うんですが……。

あれは偶然、雑誌で見かけて「これが新しいツインテールの形か」と（笑）、覚えていたものですね。新海さんから

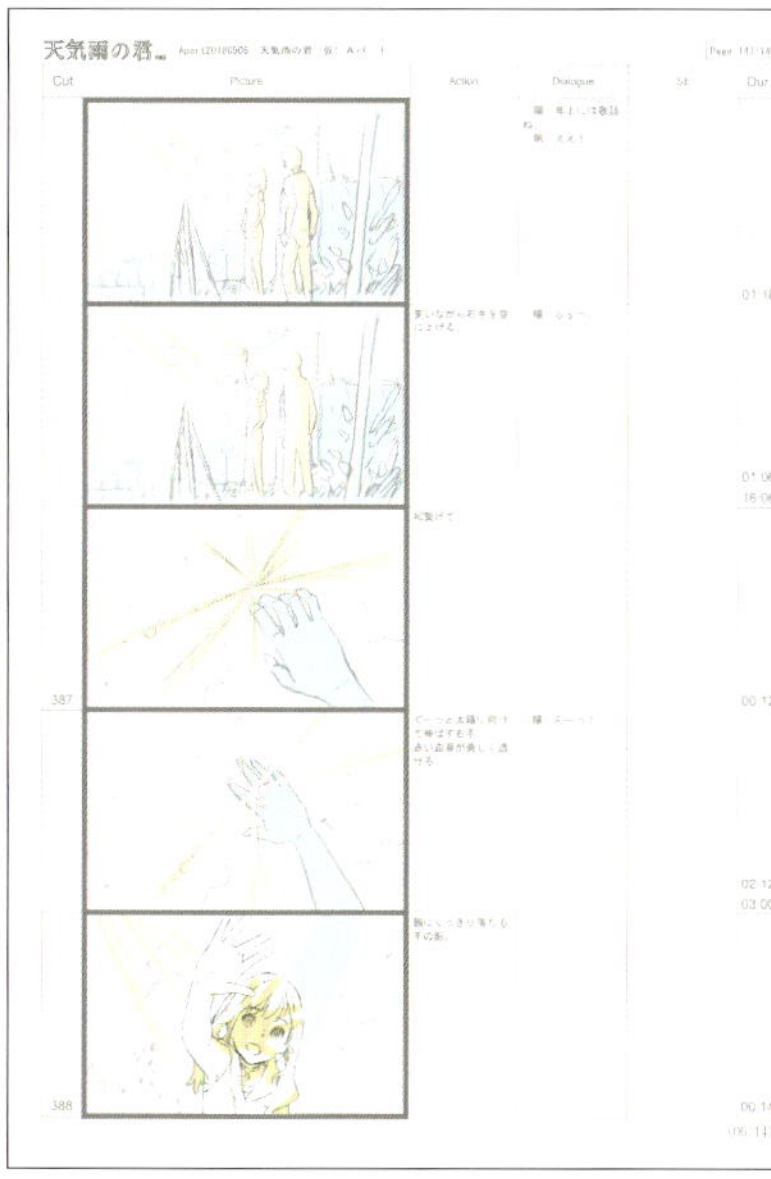

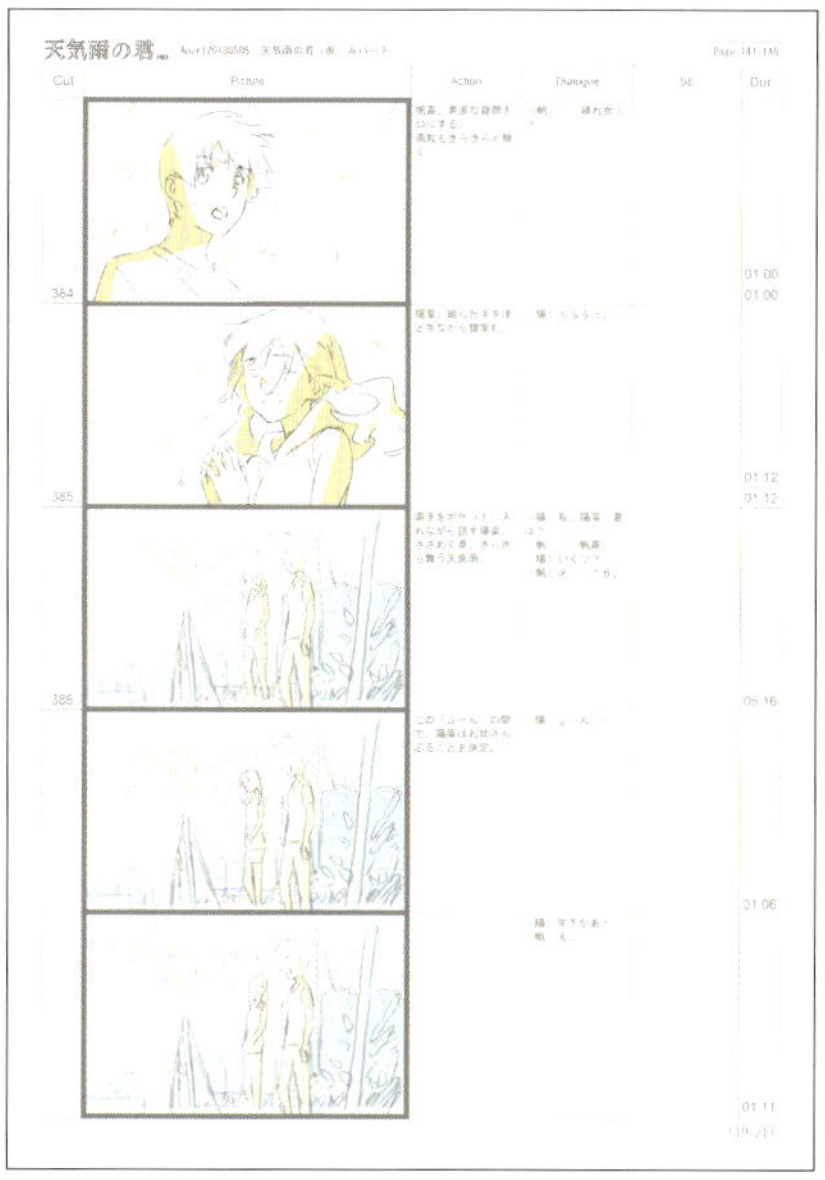

は『君の名は。』の三葉の髪型のような、何かスペシャルなアイデアが欲しい、と言われていたんです。もともと制作が始まった時点で、すでに『空の青さを知る人よ』に参加することが決まっていて。自分はキャラクターデザインだけになってしまうし、作画監督としてガッツリ入ることもできない。それがわかっていたので、この作品のスペシャルなアイデアをもらえませんか、と。鼻の筋の部分にかかっている色影も、その名残ですね。

——最近のアニメでは、あまり見かけない感じですよね。

じつは最初は、もっと記号的な影だったんです。80年代とか90年代のアニメでは、鼻の筋の部分にバシッと菱形に影を入れていることがあって、それを今——リバイバルじゃないですけど、やってみるのも面白いかなと。ただ「これは田中さんしかわからないし、田中さん自身が作画監督をやらないのであれば、止めた方がいい」という話になって(笑)。最終的には、田村(篤)さんの方で、今ある形に落とし込んでもらった感じですね。

——もうひとつ陽菜に関していうと、彼女は最初、帆高よりも年上の少女として登場しますが、映画の終盤でじつは年下だったことがわかる。デザインで意識したところはありましたか？

あまり大人びた見た目になってしまっても違うだろうという話はありました。そこで出てきたのが、チョーカーのアイデアですね。アクセサリーを身につけさせることで、わりと大人びた感じに、色っぽく見えるかな、と。

——あのチョーカーは、陽菜が母親から譲ってもらったものだった、という設定が出てきますが……。

描いているときには、まったく考えてなかったですね。僕自身、完成したものを観て、「そっか、母親が手首につけていたアレか」と思ったくらいなので(笑)。それに関連して言えば、帆高のサコッシュも、彼を象徴するアイテムを考えていて、出てきたアイデアですね。たしかコミックス・ウェーブ・フィルム代表の川口さんがおっしゃっていたと思うんですけど、「コレを持っていれば、陽菜とか帆高だとわかるような何かがあるといいよね」と。

——なるほど。

ある意味、帆高はひとりで冒険に出てきているわけじゃないですか。『天空の城ラピュタ』のパズーが持っていた、魔法のショルダーバッグじゃないですけど(笑)、ああいうものに対する憧れって、僕らにはやっぱりあって。サコッシュから何かを取り出す仕草だけで、ただ外出しているだけじゃないんだな、とわかる。そういうところから来た発想ですね。

——帆高のデザインに関して、他に何か気を遣ったところは？

『君の名は。』の瀧たちと比べても、年齢が低いイメージにしたいと思っていました。実際の年齢も年下なんですけど、精神年齢的にも幼いというか、純粋なところを持っている。より少年マンガっぽい感じを意識して描いた記憶がありますね。顔も丸いし、目も結構、真ん丸で。「丸」を意識して使おうというのはありました。

——主要人物である、須賀に関してはいかがですか？

シナリオの段階で、どんどん変わっていったキャラクターでした。それこそ「これはもう、須賀が主人公なんじゃないか？」みたいなときもあって(笑)。やっぱり新海さんにとっては、年齢も近いし、どうしても思い入れが強くなるのかな、という感じがありました。ただ、印象自体は最初の頃からそれほどブレなかったかもしれないですね。猫背のイメージも、わりと最初の頃からあったと思います。

——あと、刑事の高井の髪型がリーゼントだったりと、全体を見渡してデザイン的にわりとマンガっぽい記号が多いのかなと思ったんですが……。

『君の名は。』のときも若干、そういう感じはあったんですけど、よりそっちを求められている感覚が、特にサブキャラクターに関してはありました。途中に出てくる神主のお爺ちゃんもそうですね。最初はわりとカクシャクとした感じだったんですけど、リテイクを重ねていく中で、どんどんマンガっぽくなっていって(笑)。コンテを読むと、耳が遠くて「ああん？」って聞き直す芝居があったりして、ああいう感じが欲しいのかな、とか。少ない出番でしっかり印象を残しておきたい登場人物は、見た目でインパクトをつけておきたいということかなと思うんですけど。

——『天気の子』では、キャラクターの着替えも多いですが、私服のアイデアも結構、出しているんでしょうか？

はい。シーンに合わせて、こちらからアイデアを出したりもするんですが、後で変わっているところも多いです。そういえば、夏美に関しては、やたらと「胸と脚を見せてほしい」みたいなオーダーが多かった気がします。私服のオーダーにしても「とりあえず胸と太もも」って指示があったりして……。ミニスカートを穿いて、胸の谷間をここまで強調しちゃって、大丈夫ですか、これ？ って(笑)。「どちらかに絞った方がいいんじゃないですか？」みたいなやり取りもありました。

圧倒されて、途中からまったく冷静に観ることができなくなって、終わったときには「すごくいいものを観たな」と思いました

——あはは（笑）。

作業的には、ちょうど『ダーリン・イン・ザ・フランキス』の放送直前くらいのタイミングだったんですけど、今回はデザイン作業のほかにも、週に一回くらいの割合でこちらのスタジオに来て、絵コンテの清書をやったりもしてました。

——そんなこともやってたんですか！

それは新海さんからのオーダーでもあったんですけど、ある意味、キャラクター表の代わりになるくらい、表情のバリエーションみたいなものがほしい、という話で。新海さんの方から「このあたりのカットを入れてもらえませんか」というオーダーが来て、それに応える、という。なので、全パートにわたって、満遍なく清書してますね。それこそ予告用のカットとかは、そのまま拡大すればレイアウトとして使えるくらいの精度で描きました。結構、がんばって描いたんですよ！ あと例えば、高井刑事が初めて出てくる場面だったり、ギャグシーンとかの崩し絵だったり。芝公園で、夏美が帆高に「今、胸見たでしょ？」と言うシーンも、最初は夏美の胸から始まって、PANする流れだったんですよ。でも、それだと思いっきり見ちゃってるじゃないですか（笑）。なので若干、カメラを引いて、顔も胸もどちらも見えるくらいの構図にした方がいいんじゃないか、と。そうすれば、夏美の「今、胸見たでしょ？」というセリフは、お客さんに直接、聞いている印象になる。そのうえで、あえて胸の谷間を強調した方がよくないですか？ みたいな。新海さんから絵コンテが上がってきたタイミングで、みんなで打ち合わせをする機会があったので、その場でそんな意見を出したりもしていました。

『君の名は。』よりもさらにステージが違う感覚があった

——なるほど。単にデザインを描き上げて終わり、ではなかった。改めて作品をご覧になって、いかがですか？

初めて通して観た日は、仕事の手が完全にストップしてしまいました。一番大きかったのは、やっぱり田村さんの仕事量ですね。1700カット以上をほぼひとりですべてチェック（作画監督）することって、なかなかできることじゃないんです。あとは、キャラクターをどこまでコントロールするのが正解なのか。これは毎回、どの作品でも考えることなんですけど、アニメ制作の中で一番、スケジュールを使うのはアニメーターなんですよ。その中で、自分のこだわりはどこまで許されるのか、ここから先はもう、わがままなんじゃないか、ってところですね。個人的に、重箱の隅をつつけば言いたいことは出てくるんですけど、でもお客さんから絵のことで何か言われるかといったら、たぶんそんなことはないだろうな、と。本当に個人的なことではあるんですけど、自分的に一番、ガツンときたのはそこでした。

——内容面ではいかがですか？

お話に関しては、脚本会議から参加しているので、これが面白いかどうかは、判断できなくなっているんですが（笑）、でも音楽の使い方であったり、絵のクオリティの保ち方、あとあまりいい言い方ではないですけど、観ている人が喜ぶ画づくりの部分。観てくれたお客さんが「すごい」と思う映像を作ることができる、その嗅覚とかバランス感覚は、『君の名は。』よりもさらにひとつ、ステージが違う感覚はありました。やっぱり観ていて、圧倒されたんですよ。あまり自分が関わっている作品でそういうふうになることってないんですけど、途中からまったく冷静に観ることができなくなって、終わったときには「すごくいいものを観たな」と。

——想像していた以上のものになった。

画作りについてはある程度、想像できていたんですけど、音に関してはやっぱり、想像以上でしたね。音楽そのものもよかったんですけど、使い方もすごくよくて。印象に残るべきシーンは、しっかり印象に残る。じつは最後のエピローグって、初期の脚本にはなかったんですよ。「世界は狂ったままでいいんだ」ってキャッチフレーズはあったんですけど、最初は、ちょっと乱暴なんじゃないかなと思っていて。インパクトはあるけど、なんの説得力もないんじゃないの？ と思っていたんですけど、でも陽菜が祈っている画に、パッと音楽が入ってきて、それで救われる。そういうふうに思えたんです。……なんだか、普通に感想を話しちゃいましたけど（笑）。

——では最後に、田中さんのキャリアの中で『天気の子』は、どういう位置づけの作品になりましたか？

今、ちょうど『空の青さを知る人よ』の作業をやっているんですけど、まさか自分の絵と対決することになるとは、と思っています（笑）。それこそ劇場によっては、『天気の子』の本編の前に『空の青さを知る人よ』の予告編がかかることがあるんですけど、そんな経験をする人はなかなかいないよな、って。今回、世の中に出る『天気の子』の絵って、SDキャラ以外、まったく自分は描いてないんです。そういう意味で『天気の子』は、しっかりと田村さんの絵になっている。そこがちゃんとあるのがよかったと思います。

TANAKA MASAYOSHI

たなか・まさよし：専門学校を卒業後、アートランドに所属し、初めてキャラクターデザインを担当した『家庭教師ヒットマンREBORN!』など、数多くの作品にアニメーターとして参加。その後、フリーとなり、長井龍雪監督・脚本家の岡田麿里とタッグを組んだ『とらドラ！』『あの日見た花の名前を僕達はまだ知らない。』が大きな反響を呼ぶ。キャラクターデザイン・作画監督を担当した、最近の主な作品に『ダーリン・イン・ザ・フランキス』『君の名は。』『心が叫びたがってるんだ。』など。現在は、2019年10月公開予定の劇場映画『空の青さを知る人よ』の作業の真っ最中。

田村篤

［作画監督］

新海誠監督『天気の子』で作画監督を務めた田村篤。スタジオジブリ出身で、『機動戦士ガンダム THE ORIGIN』シリーズも手がけた彼がいかにして『天気の子』と出会い、どのようにキャラクターたちを生み出していったのか。制作の裏側と、作品が完成した現在の心境を聞いた。

『君の名は。』との縁から『天気の子』の作画監督へ

――田村さんは、いつごろから『天気の子』に参加されたんですか？

2017年の秋ごろだったと思います。突然、プロデューサーの伊藤（絹恵）さんからお電話をいただきまして。もともと『君の名は。』のときにも原画で声を掛けていただいたんですが、そのときは別の作品に入っていたのでお断りしていたんです。そうしたらまた誘っていただけて。今回は、ちょうどやっていた作品が終わるタイミングだったので、「ぜひお願いします」と言って入らせてもらいました。

――それまで新海監督と面識は？

監督とはそれまでお会いしたことはなかったんですが、新海さんの作品には以前から参加してみたいと思っていまして。従来のアニメーションとは少し違う作り方をしているようだったので、絵描きとしてはそれを見てみたいというのがこちらの下心でした。

――最初にプロデューサーから電話がかかってきた時点から「作画監督で」という話だったんですか？

最初は「原画を描きませんか？」みたいな感じだったと思います。作画監督だったら「僕には重すぎます」と言って、まずお断りしてました（笑）。

――どういった経緯で作画監督を引き受けることになったんでしょう？

僕は原画をやるつもりでスタジオに入って。その時点で、キャラクターデザインの田中（将賀）さんが描かれたラフみたいなものがいくつかあったんです。そこから実際の作業が始まるまでに1か月ぐらいあったので、しばらく練習しようと思っていて。その時点で作画監督はまだ決まってなくて、「誰がやるんだろう？」と思っていました。（『君の名は。』の）安藤雅司さんはそのとき別作品をやられていたからできないのは知っていて、田中さんやそのお仲間だったり、安藤さんのお仲間とか、それぐらいのレベルの方がやられるんだろうなと思っていたら、ある日、プロデューサー陣に呼ばれまして「やりませんか？」と。

――〝後出し〟だったわけですね。

先方は「最初からそのつもりでした」とおっしゃっていましたが、僕からしたら後出しですよね（笑）。でも、もう逃げられない状態になっていたし、プロデューサーの方たちからしたらそういう計算だったのかもしれません。

――そこで腹をくくった？

年齢的にもそういう仕事もしたほうがいいだろうし、そもそもこの作品で作画監督をやらせてもらえるって、すごく光栄なことですから。自分でもチャレンジしてみたい思いが高まっていって、「やるだけやってみよう」という気持ちになっていきました。

――その段階で、手元には作品に関するどんな資料があったんですか？

企画書のようなものと、田中さんが描かれたラフと、絵コンテも最初のほうだけですがありました。それらを見て、「新海さんはこういう方向の作品も作られるんだ」という純粋な驚きもありましたし、最初から何の疑いもなく「これは面白い仕事だな」というワクワク感を持っていました。やっぱり一番惹かれたのは、天気を題材にするという着眼点。この時代のこの時期に天気をモチーフにするセンスは、さすが新海さんだなと思いました。

キャラクターの誕生と細部へのこだわり

――キャラクターを作り上げていく上で、田中さんとはどういった役割分担になっていたのでしょうか？

田中さんがクリーンアップまで描かれたのは、帆高、陽菜、須賀の3枚。田中さんご自身が「これをそのまま使うより、原画用のキャラクターは作画監督が起こすべきだ」とおっしゃって。「違う人間がやれば違うキャラクターになりますから」と。そう言ってくださったので、クリーンアップ用のキャラクターは僕が改めてすべて起こすことになりました。田中さんがデザインされていない脇のキャラクターについては、新海監督から「こういうキャラクターが欲しい」というオーダーがあって僕が作ったキャラクターもいます。新海さんは「今回の作品は脇のキャラクターも個性的にしたい」と強くおっしゃっていたので、「ここまでやっちゃっていいの!?」というぐらいのキャラクターもいたりして（笑）。そういうオーダーがあったとはいえ、こちらもちょっと面白がりながら描いていたところはありました。

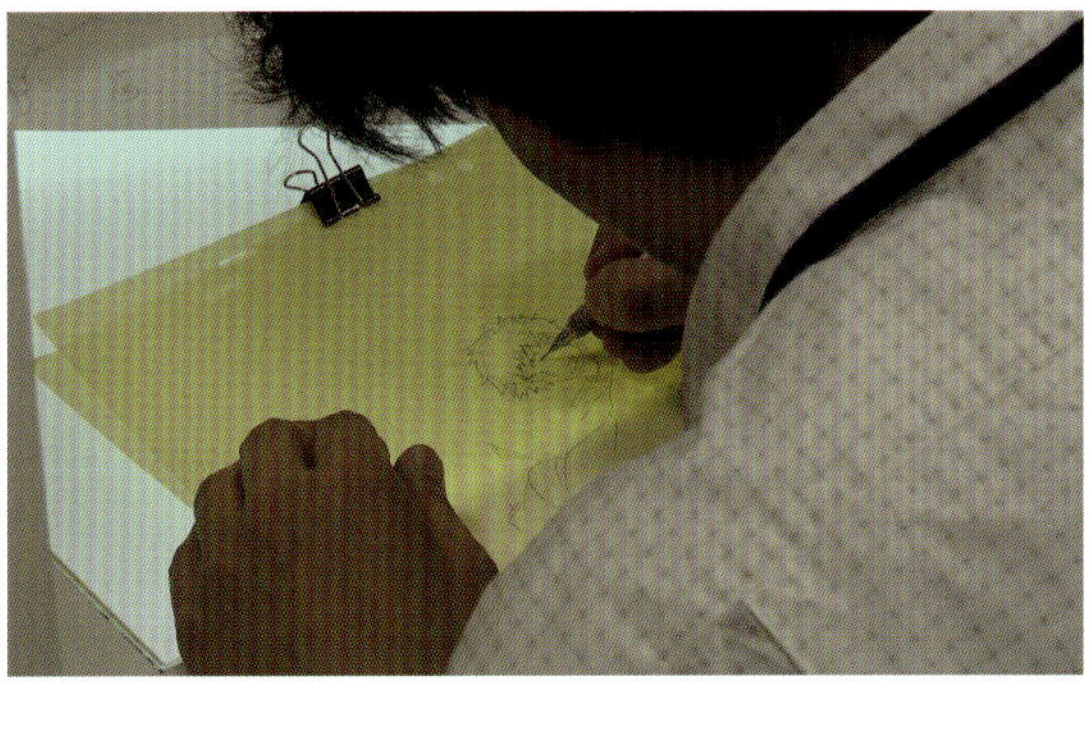

“上手い絵”よりも“いい絵”が好きなので、
新海さんの生き生きしているコンテの良さを残していこう
という気持ちで描いていたような気がします

——その中でも特にお気に入りのキャラクターはいますか？

〝中坊〟かな。男子中学生の2人組が出てくるシーンがあるんですが、あれは大好きなキャラクターです。最初、新海さんからのオーダーは「太ったアムロ・レイ」というもので（笑）。おそらく新海さんは、僕がガンダムを描いていたことがあるので気を遣って言ってくれたんだと思うんですけど。新海さんもガンダムは好きな作品らしいし、脇のキャラクターに関してはそういう遊びも入れつつ作りましょうという雰囲気はあったと思います。

——一緒に仕事をされて、新海監督の印象というのはいかがでしたか？

最初にお会いしたときは「ものすごく腰が低くて丁寧な方だな」という印象だったんですが、一緒に仕事をしてみると、丁寧は丁寧なんだけど絶対に折れることがないんですよね。すごく褒めてくれつつも、「それは使えません」とか「こういう理由で、もう一度お願いします」とちゃんと言える。それが言える方は強いなと思いました。

——それぞれのキャラクターについてお聞きしたいのですが。まずはヒロインの陽菜について、特に心を砕いたのはどんなところでしょうか？

やっぱり主人公のひとりなので、表情はとても大切だなと思っていました。また、新海さんのコンテに描かれている陽菜の表情がすごくいいんですよ。表情だけでなくポーズとかも勢いのようなものがあっていいなと思ったので、なるべくそれを拾おうと。参考程度ではなく、新海さんが出したいニュアンスをちゃんと出せるように、そこは意識してやっていました。新海さんのコンテって、シンプルに絵が生き生きしているんです。僕は個人的にそういう絵が好きで。〝上手い絵〟よりも〝いい絵〟が好きなので、「上手く描こう」とするのではなく、「このコンテの良さを残していこう」という気持ちで描いていたような気がします。

——表情の中でも特にこだわったところなどはあるのでしょうか？

特に陽菜は難しかったですね。神秘性もありながら、親しみやすくて可愛い、みたいな（笑）。帆高は、向こう見ずなガッツのある少年なんだけど抜けているところもあって、そういう気持ちの部分での不器用さみたいなものをどうやって出そうか、と。しかも映画の前半と後半でイメージが大きく変わっていくので、それをどう出すかとい

うのも悩みどころでした。

――微妙な表情で出すしかない？

帆高に関しては、後半のすごく真剣なところを生かすために、あえて前半はタレ目にしておきました。そこでフワッと頼りなさを見せておくことで、最後のカッコよさが際立ってくる。そういう計算をして描いていたところはありますね。最初は弱くて自信がない感じだけど、陽菜と出会ってからどんどん自分を出していくような、そういう感じに見えたらいいなと思っていました。

――陽菜に関しても、やはりポイントは目の描き方なんでしょうか？

陽菜は、どうやって可愛く見せるかがポイントでした。例えば、帆高と一緒に花火を見ているシーンは、あそこで帆高が自分の恋心に気づくようなところもあるので、とにかく可愛くしたいなと思っていて。でも、どうやったら可愛く見えるのかわからなくて、ひたすら「可愛くなれ！」と念じながら描いていました（笑）。

――陽菜は、映画の後半で帆高より年下であることがわかります。

監督からも、陽菜の年齢感については言われていました。「あまり幼く見えないように」とか「でも、あまり年上に見えないように」とか、すごく微妙なバランスがあって。帆高目線だとどう見えるか、客観的な目線だとどう見えるか――。一応、そういうことも考えながら描いたつもりです。

――ツインテールの髪型は、男子が見るとドキッとするものがあります。

最初、あの髪型は「どうなってるんだ？」と思って（笑）。どう描いたらいいのかわからなくて、相当悩みました。走ったときにどう揺れるのか、ずっと肩にのってていいのか……。あまりにわからないから、制作の女性スタッフに同じ髪型を再現してもらって観察したりして（笑）。今回、顔の横に飛び出ている毛を〝命毛〟ということも初めて知りました。最近はそういうふうにしている子が多いらしいんですけど、角度によっては目にかかっちゃうし、下を向くとずれてくるし、今回の陽菜の髪型は本当に難しかったです。

――キャラクターだけでなく、空や雨の描写も目を見張ります。

そうですね。もちろんVFXの分量も多いんですが、作画のところもあったりして、そういうところは原画の方がしっかり描いてくださっています。原画の松永（絵美）さんが描かれた、透明なビニール傘の下から見上げるカットがあって。雨粒がビニール傘の上をツツーッと滑るだけのカットなんですが、そこはすべて作画なんです。あれはすごいなと思いました。ほんの一瞬のカットですが、こういうのが作品を良くしてくれる。ぜひ皆さんに見てほしいシーンです。

作画監督を全うできたことが今後への糧になる

――実際に本作で作画監督をされて、今どんな感想をお持ちですか？

僕を使ってもらえてよかったなと思います。この作品に参加できたことは、これから先、大きな励みになると思うんです。今後どんな作品に携わっても、『天気の子』をやったんだから、これもできるはず」と自分に言える気がします。さらにいいものを目指す上で、シンプルに自信になるのかなと。

――『天気の子』は初号試写でご覧になったと思います。実際にご覧になって、率直にいかがでしたか。

やっぱり完成してよかったなというのが一番ですが、ちゃんと新海さんらしいフィルムになっているなと感じました。僕が最初に新海監督が作ったVコンテを見たときの印象のまま映画になっていて、初めに監督が作りたいと思ったものがそのまま作品になっているという意味でよかったな、と。作画以降の部署のお仕事も素晴らしいですし、天気という題材も見事に表現できていて、「これはぜひ劇場で観ていただきたい」と思える作品になっているんじゃないでしょうか。

――公開後、劇場で鑑賞された方の反応が楽しみです。

まずはシンプルに楽しんでもらいたいですね。ご覧になった方それぞれで受け取り方が違うと思うので、「物の見方や感じ方にはいろいろあるんだな」と思ってもらえたらうれしいし、それぞれで感想を語り合って楽しんでもらえたら、なおいいのかなと思います。

TAMURA ATSUSHI

たむら・あつし：スタジオジブリにて『もののけ姫』で動画、『千と千尋の神隠し』『コクリコ坂から』など数々の作品の原画を担当する。なかでも高畑勲監督『かぐや姫の物語』がターニングポイントになり、自身のキャラクターづくりに大きな影響を与えていると語る。そのほかの主な作品に、TVアニメ『スペースダンディ』、映画『ヱヴァンゲリヲン新劇場版:破』『メアリと魔女の花』『ドラえもん のび太の宝島』『ポノック短編劇場 ちいさな英雄－カニとタマゴと透明人間－「カニーニとカニーノ」』などで原画を、『機動戦士ガンダム THE ORIGIN VI 誕生 赤い彗星』などの作画監督を担当。

滝口比呂志

［美術監督］

観る人のことをこれまで以上に意識する。そういうきっかけになった作品だと思います

――滝口さんは『星を追う子ども』から、新海監督の作品に参加されています。今回は、どのタイミングで依頼を受けられたんでしょうか？

遡ると『君の名は。』のときに、東宝主催の大ヒット感謝パーティというのがあって、そこでプロデューサーの伊藤耕一郎さんに声をかけられたんです。『君の名は。』でもお話はいただいていたんですけど、タイミングがあわなくて美術設定を少しだけお手伝いするだけになってしまって。実際、完成した作品を拝見すると、やっぱり新海さんはすごいなと思わされましたし、僕でよければぜひ、と。そこからまた1年ほど経って、実際の作業がスタートしました。

――最初の印象はどうでしたか？

最初に見たのは、新海さんが書かれたプロットと企画書だったんですが、まず何よりも「面白そうだな」と思いました。「これは大変なことになりそうだな」と思い始めたのは、監督から上がってきたビデオコンテを見て、ですね（笑）。単純に、これまでの作品よりもシーン数が多いこともありますし、あとこれまで以上に立体的なカメラワークが多い。CGさんとも関係することですが、ちょっと大変だなと思いました。

――そこから、美術設定の作業が始まったわけですね。

そうですね。まずはラフな美術設定を作って、みなさんとディスカッションしながら方向性を決めて、ある程度、見えてきたタイミングで3Dのモデリング作業を行う、という流れです。

――3Dモデルも、滝口さんの方で作られているんですか？

はい。陽菜のアパートや須賀の事務所、廃ビル――それ以外の細かいところでもカット数が多かったり、カメラの切り返しが多い場所は、なるべく3Dで作っていますね。美術監督補佐の渡邉丞君にも手伝ってもらい可能な限り3Dモデルを作成しました。

――3Dレイアウトを多用するという方針は、最初から決まっていたんでしょうか？

そうですね。作業効率のこともありますし、あと新海さんはすごくカメラフレームにこだわるので、あらかじめ3Dモデルを作っておくと、あとで調整しやすいんです。実際にカットごとのレイアウトを作るときも、CGチームの竹内（良貴）君たちも入れて、みんなで話しながら画角を決めて。3Dレイアウトを使うパターンと、実際に撮ってきた写真をトリミングして、レイアウトとして使うパターン、あとはアニメーターさんが鉛筆でレイアウトを描くパターンの3つのパターンをケース・バイ・ケースで使い分けています。

――なるほど。少し話を戻したいんですが、美術設定を作る際、どこに気を遣ったんでしょうか？

今回の映画は、基本的に曇りのシーンが非常に多いので、絵的に楽しいところを作ろうとすると、どうしても室内のシーンに頼ることになる。もちろん、外でも楽しいシーンはあるんですけど、そういうところがありました。

――例えば、陽菜のアパートであったり須賀の事務所だったり、非常にディテールが描き込まれ、賑やかな作りになっていますね。

オブジェクトに関して言うと、そこで暮らしているキャラクターの生活習慣だったり、あるいは彼らの生い立ちを考えたうえで配置しています。それによって個性を出したり、普段よりも少し盛り気味のディティールを配置したりすることで、外のちょっと陰鬱な雰囲気とコントラストを出したい。そういう意味で、楽しい絵にする工夫を心がけていました。実際のシーンでは見えない部分であっても――例えば新海さんが突然、カメラをちょっとズラしたいといってもすぐに対応できるように、なるべく作り込んでいます。

――それにしても、室内のシーンの密度感はこれまで以上な印象です。

僕自身の持っている密度感というのもあるんですが、個々の背景スタッフのイメージがプラスされて、さらに大盛りになったところもありますね。じつは設定の段階で、あえて、化学変化を起こしやすいきっかけを仕掛けている部分がたくさんあって。言い換えると、僕が作ったベースに、スタッフの方たちのアドリブが加わって、この形になったというか。その結果、繰り返し観てくれた方も飽きない、そういう作りになったのかな、と思います。とはいえ、僕のねらい以上に、ディティールが盛られているところもあるんですが（笑）。

――一方、外のシーンでは普段の私たちがよく見ている、東京のいろんな場所が登場しますね。

そこは悩みどころでした。物語の展開や終着点、実際のロケーションを考えるとこれまでの綺麗で色彩豊かな印象だけでは作品にはまらないのかなと。

――ストーリーの内容からの逆算で、美術の方向性も変わってきた。

監督の意図も汲みながら作業を進めていく中で、最終的に若干、ダークトーン寄りの色遣いでまとめることになった、という感じですね。普段あまり取り上げられない場所が多かったのですが、それだけだと状況に寄り添えなかったり絵として引き込む力が足りないので、例えば現実の色彩から外した色をポイントで入れてあげるなどの工夫をしてまとめています。

――歌舞伎町の奥の方が出てくるあたりは、ちょっと『闇金ウシジマく

ん』を連想したりしました。

『ウシジマくん』『新宿スワン』を参考にしたところもあります(笑)。あと設定を作っていたときのことですけど、新海さんから「須賀の事務所の参考に」と『破門』というドラマシリーズを勧められたんです。須賀の事務所にバーカウンターがあるのは、『破門』からヒントを得ています。

——あと『天気の子』は劇中、ほとんどの場面で雨が降っているわけですが、雨のシーンを描くにあたって、美術背景で注意したことはあったのでしょうか?

『言の葉の庭』のときも「雨」が重要な要素で——当初は『言の葉の庭』をベースに、とも考えていたんです。でも同じ感覚でやるのは、僕の趣旨に反するというか、同じことは繰り返したくない(笑)。なので、過去を上回る表現を目指し「濡れている表現」をさらに踏み込んでやろうかな、と思っていました。

——「濡れている表現」ですか?

雨が降ると、路面だったり建物が濡れますよね。そうすると、晴れているときよりも——情報量が2倍とは言わないですけど、一気に増えますよね。降っている水滴は描けないですけど、水に反射する色であったり、窓ガラスの水滴みたいなところも丁寧に拾うことで、さらに豊かな雨の表情を出せるかな、と。そこは今回、かなり踏み込んでやったところで、新宿の路地裏のシーンに出てくる水たまりだったり、ガスメーターから滴り落ちる水滴だったり。あのあたりのシーンをやっていくうちに、だんだんとつかめてきた感じがあります。

——『言の葉の庭』との比較でいえば『言の葉』が緑のイメージが強かったのに対して、今回は全体に冷たい印象が強いですね。

雨に濡れると物の色が濃く見えるので、その辺もしっかり再現しています。あとはずっと雨が降っているので、グレーの印象が強い。ただ、その空間には空気が存在するのでシアン系の色を丁寧に拾っていこうと思ったんです。

——たしかにそうですね。

ほかにイメージ色で言えばメインとなる須賀の事務所と陽菜のアパートは、それぞれイメージカラーを作らせてもらっています。あの2つの場面はシーンも多いので、特徴的なイメージカラーを作ることで、作品としても地味にならず色彩豊かな印象になるかもしれないな、と。

——例えば、どういう違いでしょうか?

須賀の事務所はグリーンですね。緑色のもの自体は、それほどたくさん配置していないんですが、窓の外にある植物だったり、室内に置かれている観葉植物を強調して拾うことで、印象を操作しています。一方の陽菜のアパートは、太陽のイメージがあったのでオレンジというか、黄色のイメージですね。暖色系の色を多めに使うことで、印象の差を出していますね。

——そんな工夫があったんですね。

あと室内に置かれているオブジェクトに関しても、須賀の事務所は編集プロダクションなので、紙類が多い。それに対して、陽菜の家は壁の目隠しに布が貼られていたり、あとは窓にかかっているカーテンとか、全体に布のテクスチャーが多いんです。そうやって質感のコントラストを出す工夫もしています。

——『星を追う子ども』から一緒にお仕事をされてきて、新海監督の変化を感じるところはありますか?

確実に進化しているんですが、なんでしょう……。映像的な進化はもちろんのこと、印象としてはストーリーがすごくよく練られているような気がします。以前と比べると、ストーリーの奥の奥まで、よく考えられているし、観客が観たときにどんなふうに感じるのか。多角的にしっかりと練り込まれていると感じます。あとは、徹底的にエンターテインメントとして、楽しんでもらおうという姿勢ですね。どうすれば、みなさんに楽しんでもらえるのかを、考えつくしたうえで、映画を作っているんだなという印象があって。その姿勢につられて、作品がどんどん進化しているのかなと思います。

——なるほど。

僕自身もそういう新海さんの姿勢につられて、より深く考えるようになりましたね。若い時はやっぱり、一人称で考えてしまうところがあって、自分が持っているものを出したいし、みんなに見せつけたい。でもそれだけだと伝わり方は限定的になってしまうんです。先ほどもちらっとお話ししましたが、基本となるベースは僕の方でつくりますけど、そこにスタッフみんなのアイデアを盛り込んでもらう。そうすると、いろんな方に伝わりやすいものができるだろう、と。なので、僕の中では作り方、プロセスがこれまでとはかなり違っているんです。

——では最後に、滝口さんのキャリアの中で『天気の子』は、どういう位置づけの作品になりましたか?

観る人のことを、これまで以上に意識する。そういうきっかけになった作品だと思います。映像的にも、これまでにないことをやってはいるんですけど、それは僕からすると当たり前のことで。それよりも作るときのプロセスであったり、考え方の深さをさらに変えさせてくれた。そういう作品になりましたね。

TAKIGUCHI HIROSHI

たきぐち・ひろし：アニメーション背景会社を経て、現在フリー。映画『星を追う子ども』で新海作品に初参加。『君の名は。』にて美術設定協力、『言の葉の庭』『花とアリス殺人事件』などで美術監督を務める。

徳野悠我
［演出・イメージボード］

居村健治
［演出］

――新海監督作品に関わることになった経緯を教えてください。

徳野　コミックス・ウェーブ・フィルムのプロデューサーの伊藤絹恵さんに声をかけていただいたのがきっかけでした。2017年7月ごろから企画開発というか、プロットの打ち合わせなどに参加して。その中で、たとえば、雲に関する資料をまとめたり、イメージボード（右）を描いたり。僕の中のイメージを短いコンテに起こして、アイデアのひとつとして提案させていただいたりしました。

居村　僕はもともとスタジオジブリで制作をやっていたのですが、ジブリの制作チームが解散しまして。その後、富野由悠季監督の『ガンダムGのレコンギスタ』の現場に演出として加わっていたところに、新海さんの現場に入っていた元ジブリスタッフに声をかけていただきました。最初は制作が足りてないので、ということだったんですけど、演出もやっていると話が伝わったみたいで、じゃあ演出を、とシフトしていったんです。今回の現場に僕が加わったのは、18年2月ごろで、徳野くんがいろいろ整備してくれていたところへ、あとから追っかけていきました。

――今作の演出にどのように臨みましたか？

徳野　Vコンテで示されている新海さんのやりたいことをいかにお客さんに伝えるかということに集中しました。稿を重ねた脚本、絵コンテ、Vコンテと進む過程でどんどん面白さを増していったこの物語のエネルギーをいかに削がずに描くか。僕はアヴァンとAパート、陽菜が初めて帆高に晴れ女の力を見せるところまでの演出を担当しているのですが、こんなに面白い物語なのに導入部分で万が一お客さんの心をつかめなかったら自分の責任だぞ、という恐怖の中進めていきました。たとえば、嬉しい感情を表すシーンがあったとして、どう描いたらいいのかというのはVコンテを見ればそこに答えがある。でも、アニメーターの方々の感覚も千差万別なので、なるべく齟齬なく意図を伝えるためにどう補足すればいいかを考えていきました。伝えたいメッセージの中身は監督の領域なので、そのメッセージをよりわかりやすく伝える方法を探るのが自分の仕事だと思っています。

居村　僕はBパート以降を担当したのですが、もちろん基本的な指針は同じです。あとは映画ということで技術的に必要な手数がとても多いので、何をどの部署でやるのかという振り分けや、どういう処理をしたら目的の映像を実現できるのか、ということに頭を悩ませましたね。

――各キャラクターに対しては、どのような意識で演出されていきましたか？　新海さんは須賀をいかに描くかが難しかったとお話されていましたが。

居村　新海さんが試行錯誤されたのは脚本段階で、とくにクライマックス部分における須賀の役割に悩まれたと聞いています。ですので、それらが固まった上で演出する分には、須賀は一番自分に近い年齢ですし、芝居づけしやすい人物ではありました。逆に僕にとっては、陽菜が一番難しかったです。実は陽菜のことを掴めたのは声が入ってからで。それまでは状況に流される子なのか、強い意志のある子なのか、揺れてる気がして、どっちなんだろう？　と考えていたんですね。帆高と話しているときは、少しお姉さん風に振る舞いながらも普通の女の子なんですけど、彼女が一人で悩んでるとき、決断するときは、どっちに振ったらいいかわからなかった。それが森七菜さんの声が入った瞬間に、あ、こういう子だったんだって腑に落ちたんです。一人の人間として捉えられた。そこから、とてもやりやすくなりました。帆高も夏美さんも他のキャラクターはコンテ段階で掴みやすかったのですが、陽菜に関しては男には女の子のことはわからないな、と思い知らされながら向き合っていました。

徳野　僕はどのキャラもあまり迷った記憶がない……というのも、どうかと思うのですが（笑）、やはり答えはここにとVコンテ通りに進めていきました。新海さんもそれを求めていたというか、じゃなければVコンテの時点でご自身であんなに熱く演技しないと思うんです。今作におけるVコンというのは、それくらい確固たる軸でした。いや、そう感じるのは、もしかしたら僕がスポッティング（※）を担当していたせいもあるのかもしれませんが……。

居村　アフレコ現場でも、困った時には、ちょっとVコンを見てみようと繰り返し確認してましたよね。僕たちはここに向かうのだというゴールを、演者もスタッフも新海さん自身も再確認していった。

徳野　アフレコといえば、ちょっと印象的だったのは、新海さんが演技のオーダーをするときに、言語化し

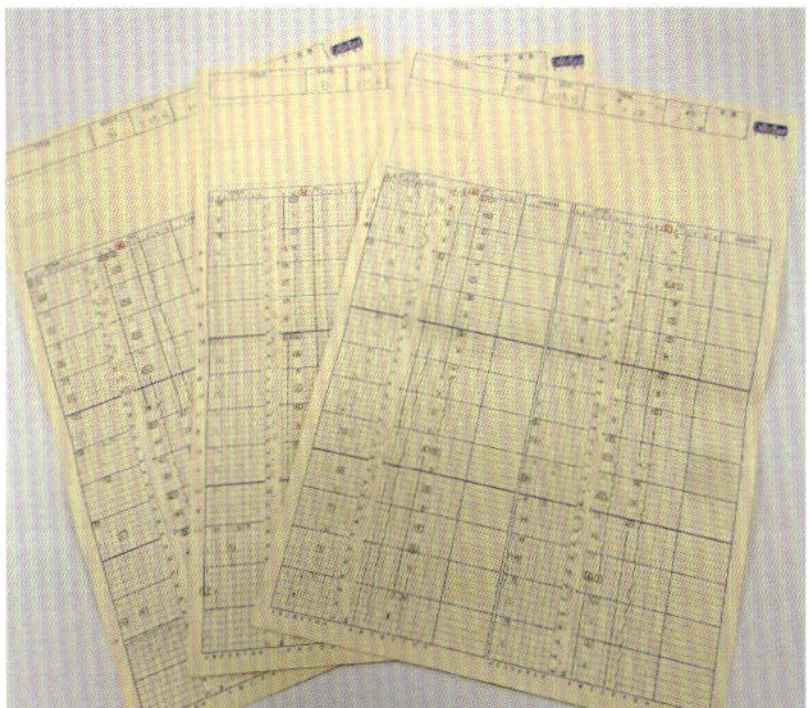

TOKUNO YUGA

とくの・ゆうが：東映アニメーション研究所、Production I.Gを経て現在フリー。主な作品に『ヱヴァンゲリヲン新劇場版:Q』『宇宙兄弟』『ジョバンニの島』『龍の歯医者』原画、『銀の匙 Silver Spoon』（第二期）、作画監督など。『天気の子』が初めての本格的な演出作品となる。

※スポッティング：Vコンテに沿って口パクのタイムシート（上）を作り、それをベースに作画、さらに本番のアフレコ音声をもとに撮影時に再調整（ないしは作画を修正）すること。

てないことがちらほらあったことです。こんなニュアンスでと実演するんだけど、このキャラは今こういう感情で、みたいな説明を言葉ではしてないことに気づいて。だから、もしかしたら人物の挙動に関しては、新海さんの中でもけっこう直感的にやってる部分もあるのかも、と思いました。新海さんはインタビューでもいろいろな言葉で話されるし、わかりやすくて面白くて、すごく理性的な方だと思うのですが、でも、核になる部分は、理屈ではなく感覚を優先してるのかも、と。だからこそ、Vコンで新海さんが吹き込まれている声色をよく聴くことが演出する上で大切なことになりました。

居村 現場でも徳野くんが「ここのセリフのあがり方だと、こういう演技になるはずだから、これは間違っている」みたいにチェックをしてる様が印象的でした。スパッといいきって、迷いがなくて。

徳野 自分がアニメーターだからわかる部分もあるかもしれないのですが、この芝居をするならこういう作画にしなきゃいけない、ならばここに原画が必要で……と工程が見えてくるので、このまま進めても求めているものにならないよ、という判断は迷わなかったです。

居村 僕は絵が描ける人間ではないので、そこに違いがありますね。どうしてもそこまでは細かく見られないので、スポッティングをベースにしつつ、シークエンスの流れを大きく捉えて調整を重ねました。ここは演技を足さなきゃ盛り上がりに欠けると思ったらオーダーするし、でも、そもそもその原画がないこともあるので、つなぎでどうにか印象をひっぱれないかと組み立てたり。膨らますことも抜くことも必要になっていきました。

——それぞれの担当パートで思い入れの深いシーンは？

徳野 アヴァンの空の上の様子でしょうか。雲の上の草や魚の感じとかコンテにないことをけっこうやったパートですが、それがうまくはまったんじゃないかと手応えを感じています。VFXの李さん、野平さん、中嶋さん、魚まわりの設定をあげられていて原画も描かれている伊藤秀次さんとか、ハイブリッドなコラボレーションがありまして。新海さんに対して「してやったり」という気持ちはあります。どうだ、みたいな(笑)。あとは、すごくがんばったのがAパート最後の晴れるところ。シンプルに見えるんですけど、陽菜が祈り、雲がぐるぐる回り、草も舞い上がっていく感じをどう表現するか、かなり複雑で。多岐にわたる要素がうまい具合に邪魔しあわず、独特な雰囲気を描けたのではないかと感じています。

居村 全体の話になりますが、シリアスとコメディなタッチの入り乱れ具合というか、『君の名は。』よりももっと雑多なアニメっぽい表現をあえて取り入れていったのが印象的でした。コンテ段階ではマンガ風な表現がもっとあって、たまに吹き出しや漫符が飛び出したりもしてたんですよね。レイアウトの段階でもギリギリまで入れて試していたのですが。最終的には「ガーン」みたいな表情とかは残っていますが、吹き出しを入れる表現はなくなっています。その抜き差しで、結果、とてもフラットで良い塩梅の演出になっていったんじゃないかと思います。

——銃を扱うシーンの演出はいかがでしたか？

徳野 発砲音に関して新海さんとかなり話しました。少年が追い詰められたリアリティ、どこかの世界で起こっているかもしれないリアリティにつながる音にするのか、もしくは、ドンッと重い感じの、アニメ的でセンセーショナルなものが良いのか。もちろん、音響監督の山田陽さんの意向もありますから、僕の思いは監督に伝えて託しまして、結果的に本編の音になっています。

居村 追い詰められて撃ったAパートに対して、Dパートの発砲は、彼の心の叫びそのものなんですよね。ほっといてくれよ、俺は陽菜のところに行きたいんだよ、という。その気持ちが銃にのって爆ぜるイメージでした。あの音が響くことによって須賀がハッとした表情をする。でも、帆高は1度目とは違って慌てた様子はなく、すっと手を落とす。その間合いを大切にしました。コンテ通りですけどね。音楽が流れてくるタイミングなど監督の中で明確なイメージがあったので、そのあたりは悩むことはなかったです。

——それぞれ今回一番の挑戦となったのは、どんなことでしょうか？

徳野 僕自身は本格的に演出を手がけたのが初めてだったので、まずその仕事をまっとうすることが第一でした。あとは、新海さんの技なり、考えなどをどこまで盗めるか、ですね。その理由は二つあって、一つは今制作でなるべく新海さんの手を煩わせずに進められるように。あとは、やっぱり今後の自分のためです。これは新海さんとも話したのですが、自分は新海さんのもとで力を蓄えてそれを還元していきたいと思って臨んでいるわけですが、でも、この先ずっと演出として参加し続けるかはわからないので……。ちゃんとした恩返しというのは、やっぱり新海さんにも対抗できるような作品を自分たちでやることだと思うので、そういう将来も見据えていきました。新海さんも飄々としていますが、案外仮想敵をつくって立ち向かうアグレッシブな表現者だと思うので、僕もある一点でも新海さんの煙たい存在にいつかなれたらなあ、と思います。それが挑戦ですね。

居村 難しいですねえ。さっき手数の話もしましたけど、今作は内容に対して、制作日数が極端に少なかったと思うんです。さらに、これはどの現場にもいえるのですが、各セクションの作業者が本当に足りない。そんな状況の中で、みんなで知恵を絞って一定の水準のものまでもっていくということが挑戦だったと思います。結果として達成できたと僕は思うんですけど、それは各セクションのみなさんが誇張ではなく、全身全霊をかけてくれたおかげなんです。誰一人やらされてやってるのではなく、まっすぐにフィルムに向かって力を結集できたというのが一番大きな糧だと思います。どんな作品でもみなさんそうだと思うんですけど、今回それが顕著だったと思います。

IMURA KENJI

いむら・けんじ：スタジオジブリを経て現在フリー。『もののけ姫』制作進行、『崖の上のポニョ』『借りぐらしのアリエッティ』監督助手、『ガンダム Gのレコンギスタ』『コードギアス 復活のルルーシュ』『ラブライブ！サンシャイン!!』(第二期)、演出など。新海作品には『君の名は。』から演出として参加。

津田涼介

［撮影監督］

新海監督が撮影されてきた
素晴らしい作品たちへの僕の挑戦でした

——新海監督の作品制作に関わることになった経緯を教えてください。

私自身はトロイカに所属しているのですが、もともと新海さんの映像づくりにとても興味がありまして。それで『君の名は。』の制作時に、撮影チーフをされていた福澤瞳さんにチームに入れていただいたのがはじまりでした。撮影を生業にしている人間がそんな風に思ってはいけないのかもしれないのですが、新海さんの現場でその表現や考え方を目の当たりにできるのだとしたら、得られるものが大きいのではないかと感じたんですよね。

——今回、撮影監督を担うことになったのは？

現場に加わったのは、２０１８年の６月ぐらいなのですが、その時点ではまだ撮影監督ということではなく、進めていく段階でプロデューサーからお話をいただいた感じでしたね。これまでの作品では撮影監督は新海さんご自身が担当されていることが多かったので、プレッシャーはありました。引き受けるにあたって新海さんに負けないように……というのも変ですけど、新海さんのやりたいこと、画づくりを代行できるようにと臨んでいきました。

——今作における撮影のテーマとなったのは？

なるべく「美術を動かす」ということと、やはり色ですね。撮影というのは、各セクションからあがった素材を合わせて、映像に落とし込むセクションなのですが、新海さんの作品は特に色彩の比重が高く、その工程もなかなか特殊です。通常はコンテ撮をあげるところから撮影の実作がはじまることが多いですが、新海さんの作品では新海さん自身によってVコンテがあげられています。レイアウト撮に関しても、すでに新海さんのほうでほとんど撮っている状態なので、原画で撮影する原撮（原画撮影）から始まりました。

——原撮というと、通常アフレコや音をつけるためのあたりとして使われるものですね。

はい。制作の過程で必要になる、いわゆる捨て素材だったりします。でも、この現場の場合、捨て素材ともいえず、新海さんが原画や流れをチェックするために使う映像としても重きを置かれていますし、カメラワークを詰めるための素材としても使用されました。それを経て、タイミング撮を行っていきます。今回の工程では、色彩設計の三木さんがほぼ全カットBGとセルを合わせてから色を作るといった特殊な工程を経ていて、素材が揃う状態を待って撮影をすると作画などにリテイクが出た場合、直す時間がなくなってしまうので、仮検査タイミング撮という、色のFIXしていない状態で仕上げ検査さんが検査した素材で撮影をして作画のリテイク出しに臨んでいました。その後、色がFIXになって仕上げ検査が済んだ素材で検査済タイミング撮を行っていきました。『君の名は。』のときには、タイミング撮を組んだ後に新海さんが１カット１カットに対して、このカットをどうしたいかという話をしていたのですが、今回はそれをやると終わりません、ということになり。なので、今作におけるタイミング撮は、新海さんに見せる前に撮影チーム内では本撮に等しい意識でつくりこんでいきました。基本的に僕らとしては、これを流しても大丈夫だろうというところまでクオリティを高めて、撮影側から新海さんへの提案という形でお見せして。何かあったものに関して、リテイクとして対応していく、という流れでした。

——大きなリテイクがはいったのは、どんなところですか？

色関係ですね。この部分をこの色味に調整しましょうというような話が多かったです。僕の経験上、撮影の段階で色を直接いじるということはほとんどなかったので、そのことに刺激も受けつつ。それから今回も編集は新海さんが担当しているので、編集に差し込んだ状態での繋ぎについてのリテイクも多少ありました。そのほか、どうしても気になるところは、編集している段階で新海さん自身がスクリーンショットを切り出して、その画像に対して例えばフレアを入れたり、手を加えて「こんな感じとかどうでしょう？」と持ってきてくれたり。それを見て、なるほどと調整していったシーンもありました。その工程に関しては、もしかしたら本当はもっと細かくやりたかったんじゃないかとも思うので、新海さんに本音のところを聞きたいなあと思ってます（笑）。

——色味が大事になってくると、助監督であり色彩設計でもある三木陽子さんとのやり取りも多くなっていたそうですね。

そうです、そうです。なので、監督チェックのときに三木さんにもいていただいて、細かなところは三木さんと相談しつつ。やはりこのスタジオは、新海さんは当然ですけど、三木さんの才能と技量で回っているところも大きいと思うので、今回三木さんが助監督として立たれたのも、すごくいい形になっているなと感じました。

——雨のシーンの表現で、撮影チームが目指したのは？

ライティングされた雨がつくりたいという話が新海さんからまずあって、基本的に透明感のある雨を目指していきました。思い入れがとくにあるのは、帆高が須賀の事務所に向かう途中の坂を描いたＡ１６１（左）のカットです。小雨の日ならではの曇っているけど明るい光の中で、キラキラしている雨を描きたいと思いました。また、背景を動かすという

部分で、水たまりに波紋を足したり、VFXで作成された雨跳ね素材を足したりもしています。
あとはアヴァンのフェリーに降りかかる豪雨のシーンとか。空間全体に雨が降ってるわけではなく、一部分だけが豪雨という状態だったりするので、それを表現するには……と考えていきました。土砂降りになかなか見えないんですよね。雨粒が多いと、どうしても透明感がなくなってしまうので。その辺の感覚をつかんでもらうのに、スタッフ間でたくさんやりとりしました。どのくらい引きで撮ったら雨の軌道が見えるかとか、質感だけじゃなく奥行きに対する意識も揃えて。上から下まで降ってるように見えちゃうと、スピード感がなくなっちゃったりもするんです。そういう感覚を揃えながら共有していくのが苦労したところですね。

――雨と合わせて夜のシーンも多いですが、ネオンの描写はいかがでしたか。

例えば、A098（上）の雑居ビルのカットは、旭プロダクションの寺本友紀さんによるものです。看板のライトがアスファルトに反射してザラついた感じを出してほしいというオーダーや画面外で車が通っていることを感じられるライトを入れたらどうだろう？　という声を受けとめてくださって、すごいカットになりました。一方、晴れのシーンは、ドラマの流れが切り替わるタイミングであることが多いので、音に合わせてどのように陽が射し込んでくるか、というところがポイントになっていきました。

――また、今作ではスナック菓子やカップ麺のパッケージなど、貼り込み処理されているカットも多いです。これも撮影チームのお仕事なのですよね。

そうですね。今作は貼り込み、本当に多かったです。商品などは2Dワークチームの方で作った、デザインされた平面の素材があって、それを作画へ貼り込んでいっています。たとえば、スナック菓子の袋はCLIP＋BISONの方々が貼ってくださったのですが、正直、これはさすがに難しいから作画にしなければならないかなと思っていたんですね。でも、上手く貼り込んでくださって、袋を開けるところなんか、どうやって貼ってるんだって感じですよね。貼り込みをすることによって、セルよりも情報量が上がる。それによって、フィルムに力強さを与えていけたら、という思いですね。警官の制服についている文字やマークなども作画に合わせて貼り込み素材を貼っていっています。

――映画が完成した際の感慨は、どのようなものでしたか？

撮影のスケジュールは、とてもタイトだったのですが、各社の撮影監督レベルの方々が集結してくださって、めちゃくちゃ助けていただいたんですね。旭プロダクションさん、マッドボックスさん、クラフタースタジオさん、アニメフイルムさん、A-1 Picturesさん、スタジオシャムロックさんなどなど、ほかの作品が終わってすぐに駆けつけてくださったりもして。フリーで入ってくれた方々も素晴らしい働きをしてくださって、本当にみなさんのおかげで完成できたという状況だったので、ホッとしたというのが正直な感慨でした。

――撮影監督として〝新海組〟に参加して、改めて感じたこととは？

新海さんの制作チームというのは、おなじみの方々もいるけれども、基本的には作品ごとに集まっては解散するので、作品を跨いでのチームとしてのケーススタディが途切れてしまうところもあるんじゃないかな、と思っていまして。どんなに開発しても次に引き継げないというのでは、もったいないし、今後も立ち上げの苦労が続いてしまうので、撮影監督として動くことになったときに、そこも何とかしたいという気持ちが実はありました。僕は違う会社の者ですし、次回作に関われるかどうかはまだわかりませんし。なので、今回は、撮影に入ってきたコミックス・ウェーブ・フィルムの社員のみなさんにひとつひとつ託していくような気持ちで、やっていきましたね。

――スタジオとしての構えも大きくなったコミックス・ウェーブ・フィルムさんの新たな出発点と見ても、『天気の子』は大きな作品となっていきそうですね。

そうなってくれたらいいなぁと思っています。別の会社から参加する人間からみても、すぐにコンセンサスがとれて作業にかかれる状態だったら、より表現に集中できるなあ、と思うので。

――津田さんの中で、今回一番の挑戦となったのは、どんなことでしょうか？

そうですね……。いってしまえば、新海さんへの挑戦ですね。これまで新海さんが撮影監督をされてきた素晴らしい作品たちへの挑戦というか。個人の作家性で突き進む画と、チームとして描き出す画とでは、そもそもの方向性が違ってくるよなあとは思いつつ、でも、それはお客さんには関係ないことですからね。ファンのみなさんがこれだと思うような研ぎ澄まされた画づくりを、みんなとの集団作業でいかにつくれるか。もちろん、それだけじゃなくて、自分たちでこれがいいんだと思ったものを織り込んで、いかにお客さんに認めてもらえるか。新海さんに認めてもらえるか。今回撮影監督を任せていただいたわけですが、ちゃんと新海さんの信頼を勝ちとれていたらいいなあ……と思います。僕がどうこうではなくて、ほかの人に任せるのも悪くない、と感じていただけていたら嬉しいですね。

TSUDA RYOSUKE

つだ・りょうすけ：(株)トロイカ所属。アニメ『アルドノア・ゼロ』『Re:CREATORS』などでビジュアルエフェクト、『櫻子 さんの足下には死体が埋まっている』『アイドリッシュセブン』で撮影監督を務める。

三木陽子

［助監督・色彩設計］

きみはきみの世界をつくっていいんだよ。って、背中を押してくれる物語だと感じました

――新海監督作品に関わることになった経緯を教えてください。

新海さんの初の長編作品『雲のむこう、約束の場所』から参加しています。そのときは撮影のセクションに入っていたのですが、アニメの作り方を何も知らないような状態で、新海さんから直接指示をいただきながら作品に携わらせていただきました。その後、『秒速5センチメートル』は参加できなかったのですが、『星を追う子ども』以降は毎回入らせていただいていて。『星を追う子ども』ではじめて色彩設計の補佐という関わり方をしました。それまでは新海さん自身が色彩設計を兼任されていたので、そのサポートというところから、ですね。

――新海監督作品と共に歩み、そして、今作では色彩設計に加えて助監督までを担うこととなりました。

今回の新海さんのスタンスが、大枠の方向性を示したあと、各セクションのみなさんに一旦任せて、ご自身は監督に徹するというものだったんです。なので、私としては、そんな監督の手足になる感覚でその間を埋められるように動こうと思いました。監督が思い描いているビジョンを具現化して、なるべくそのままの形でお伝えできるようにと意識していきました。制作の過程では監督と意見がぶつかることがあっても、より観客に伝わるんじゃないかと思える表現を提案しながら、監督がつくりたい映画をつくるために各セクションの方々と共に試行錯誤していきましたね。

――『天気の子』の物語に触れて、どんな感想を持ちましたか?

今回はコンセプトがまとまって脚本会議がはじまったあたりから現場に入ったので、物語が立ち上がっていく過程に立ち会えたのが、まず嬉しかったです。個人的には、メッセージの部分に今までで一番共感して。ぜひ、やりとげたいなあ、と思いました。ただ、天気を描くということで、大変なことになるぞ、という覚悟もしましたが（笑）。

――助監督としての三木さんの立ち回りは、どちらかというとデジタル表現の調整に重きを置かれていたとか。

演出さんが作画過程で具体的な指示をまとめていくのに対して、私の方で細かなデジタル表現の補足をしたり、そのためのデータづくりをしたりしていました。具体的なところでは、雲の上に生えている藻のような水草も、最初に伊藤秀次さんが出された案を基にラフボードを私とVFXチームの中嶋祐子さんとでつくりまして。それを基にモデリングしてもらった上で、どういう絵にしていくかというところをノレックのコンポジットをまとめてくれた李周美さんと詰めていきました。空の上はある種ファンタジーというか、誰も見たことのないものを描き出していく作業なので、そういう立ち上がりの部分から関われていけたのが、とても嬉しかったです。それから、東京の街の描写に関しても、事前にシミュレーションを重ねました。「Google Earth Studio」を使いながら、実際の原図に近いものを起こして、2D構成の場合のカメラの動きを考えたりしています。たとえば、花火のシークエンスで、六本木ヒルズをなめながら神宮外苑方面へカメラが回り込んでいくところも、どの位置にどの建物があって、カメラをこう走らせて、というのを構築していきました。これは『君の名は。』ではあまりやってこなかった作業なので、すごく新鮮でしたね。

――そのほか、立ち上げ当初の作業で印象に残っていることはありますか?

キャラクターデザインの田中将賀さんがあげられたデザイン画を基に、鼻の影をどう処理するかというのを揉んでいた時期がありまして。最初の案は、鼻の部分に斜線を描き込むというものだったのですが、色を塗ってみるとどうなるかというテストを進める中で、現在の影を薄めにいれる形に落ちつきました。脚本会議の段階で、すでにそういったことまで詰めていけていました。指輪のデザイン案も私が出しています。翼とか羽のようなイメージでというオーダーがまずあったので、それに合わせて何パターンかあげていきました。

――ちなみに、ロケーション選びはどのように進んだのでしょうか。

新宿界隈やお台場など都会の描写は新海さん自身の選定ですが、陽菜の住んでいる下町や物語後半の各舞台はいろいろロケハンしながら絞り込んでいきました。その際、一番気をつけたのは、地形です。この東京で海抜が高い地形を調査して配置していきました。

――色彩設計では、どんなところがポイントになりましたか?

課題は、なんといっても曇っているシーンが続くことでした。同じ雨を描くのでも『言の葉の庭』では環境光の反映を描くという取り組みをしていたのですが、今回は普通の塗り表現だったので、その中で、いかに華やかに描けるかを考えていきました。新海さんの作品の色彩設計というのは、シーンごとからさらに、カットごとに決めるくらいの感覚なので、もともとかなり物量があります。しかも、今作では天候に加えて時間帯も絡んでくるので、より繊細に構築する必要がありました。基本的には、まず美術監督の滝口比呂志さんと相談して。滝口さんがつくられた美術に合わせて、キャラクターの色を配置していきました。

――印象に残っているシーンは?

一番最初に色をつくったのが、ネットカフェの個室のシーンでした。なぜか特殊なところから入って。このあたりの色は序盤につくったシーン色になります。それから須賀の事務所の玄関前の色味もすごく新海さんらしいものになったと感じています。帆高がチャイムを鳴らそうとしているカットです。玄関の脇、画面の奥の方に緑があるんですけど、上がった美術を見てここの緑を意識した色づくりをしてほしいというオーダーがありました。なので、緑のみずみずしさを意識したものにしています。あと個人的には、帆高がはじめて陽菜の家にやってきたときの一連のシーンが好きです。この中に出てくる帆高のホッとした顔がすごくかわいくて。作画監督の田村（篤）さんがいい表情をつくってくださいました。原画を担当されているのが大橋実さんという元スタジオジブリで現在コミックス・ウェーブ・フィルムの社員の方なのですが、料理のシーンの描写がすごくて。よく研究されていて大変細かい！　自分の作業としては、雨の室内でもあたたかみを出せるようこだわりました。より美味しそうに、より楽しそうに見えるように設計しています。

——晴れのシーンは、どのようにつくられていきましたか？

メインキャラたちが一堂に会する公園のシーンは、すごく幸せな晴れにしようと決めていました。そこまでは彩度が低い画面の中でいかにみずみずしさを出すかということにチャレンジしてきていたところを、このシーンでは思いっきり幸せな光に振り切ろう、と。一方、その後、陽菜がいなくなってしまってから全開の晴れも訪れるのですが、これはもう絶望の晴れなんですよね。新海さんからもモノトーンくらいのイメージで、というオーダーがありました。

——真夏の光によるハイコントラストとハイライトが描かれ、焼きつくような印象ですね。

陽菜が目の前から消えてしまった帆高の絶望が表せたらな、と。ただ、その絶望から、陽菜を助けに行くんだと奮起するまで、少しずつ希望が感じられるようにも構築していて。警察署を飛び出してからはもうガラッとイメージを変えて、カラッとした夏のイメージにしています。

——夏美さんがポップで楽しく、かっこいいシーンでもありますね。

新海さんからは、もうちょっとモノトーンで、といわれたのですが、ここはお客さんの気持ちもぐっと高まっていくところだと思って、元気色が出るように意識していきました。

——先ほど、今作のメッセージに共感したというお話がありましたが、具体的にはどんな部分だったのでしょう。

とくに若い方に届いたらいいなと思ったところなのですが、今、目の前にある世界や社会というのは、自分たちがつくったわけでも望んだわけでもない世界なんですよね。だから、とても窮屈で、生きにくく感じるかもしれない。でも、先人たちが築き上げた世界なんて関係ないんだよ。きみはきみの世界をつくっていいんだよ。って、そうやって、背中を押してくれる物語だと感じました。最後の「大丈夫」という言葉がすごく心に響いたんですよね。

——助監督として〝新海組〟に参加して、あらためて感じたこととは？

私自身、もともとアニメーションを生業にすることを目指して勉強してきたわけではなく、別の業界からはいってきた者なので、常にまわりのみなさんから教えていただくことがいっぱいで。そこにコンプレックスもあったのですが、でも、そんな自分だからこそできる動き方はなんだろうとずっと模索してきました。なかなか自信が持てなかったのですが、そんな中で、前作『君の名は。』をつくり終えたとき、ああ、こういうやり方でもいいのかもしれないとやっと思えて。今回、助監督っていう役職をいただいて、その手ごたえを深めることができました。正解なんてないですし、毎回手探りですが、既存のシステムにとらわれずに挑んでいくことが大事なんだなあと改めて思っています。また、それを理解してくれる仲間との出会いも。他の現場の経験がほとんどないので比べることはできないのですが、新海さんの現場というのは、制作終盤の撮影段階での画作りの詰め方がいつもすごくて。撮影監督の津田さんの協力に助けられました。ずっと一緒にやってきている美術の渡邉丞さんとも「ライブ感だよね」ってよく話すのですが、最初からプランを決め込まずに、みんなで積み上げていく過程にすごく意味がある。だからこういう作品ができているんだよなっていう実感があります。最初から答えがある前提だと安心しちゃいますし。

——それ以上にならない感じ、というか。

そうなんです。最後の最後のギリギリまで粘って、もっと上へ上へと向かおうとするのが新海さんの作品のラストスパートです。これからも、そのライブ感の手助けをしていきたいとあらためて思いました。ただ、クリエイターのみなさんに余裕をもって表現して欲しいという気持ちもあるし、なかなか難しいところでもありますが。でも、新海さんの画づくりに触発されてそれぞれのセクションのみんなが最後まで尽力してくださいます。私自身、みなさんの力から元気や勇気をいただけて。みなさんから力をもらって走り切ることができました。

MIKI YOKO

みき・ようこ：コミックス・ウェーブ・フィルムの前身会社、コミックス・ウェーブを経て現在フリー。『雲のむこう、約束の場所』撮影補佐として新海作品初参加。『言の葉の庭』『クロスロード』にて色彩設計と撮影を、前作『君の名は。』で色彩設計として関わる。

伊藤秀次
［サカナ設定・原画］

李周美
［VFX］

――まずは、それぞれのお仕事について簡単に伺えますか？

伊藤　僕は、基本的に原画マンですね。帆高がキャッチに追いかけられるシーンや、中盤で中学生の2人組が空に大きな魚を目撃する場面、あとはラストの、帆高と陽菜が雲から落ちてくるあたりとか。若い人たちに手伝ってもらいながら、レイアウトからだと100カットほど、原画を担当しています。

李　私は『星を追う子ども』のときから撮影として参加しているんですが、今回の『天気の子』では、雨の素材を作るのが、重要な仕事のひとつでした。例えば、地面や建物に当たって跳ね返る雨粒ですね。パッと見は作画っぽく見えるんですが、カットによっては、パターン素材をあらかじめ作っておいて、撮影でコンポジット（合成）しています。

――VFXと撮影のハイブリッドな役割ですね。

李　あとは、陽菜のアパートの、窓にかかっているキラキラ光るサンキャッチャーを開発したりとか。基本的には、何でも屋なんです（笑）。

伊藤　でも李さんみたいな方がいらっしゃらないと、かなりの部分をこちら（作画）で描かなきゃいけなくなるんです。今回は、それこそ『言の葉の庭』からの蓄積もあって、かなりの部分を撮影にお任せすることができた。最初に見せていただいたのは、あそこですよね。アスファルトに雨が降り始めるカット。

李　パラパラッと、画面奥から雨が降ってくるところですね。あそこは、それぞれの雨の跳ね返りを十数パターン描いて、それをランダムに降らせるという処理をしています。

伊藤　それを見たときに「これはもう描かなくていいな」と（笑）。こういうところって、作画で描くには限界があるんです。どれくらい降らせるとちょうどいいか、みたいな配分にもセンスが必要なので。

李　ここは内容的にも大変なカットだったので、個人的にも思い入れが強いです。

伊藤　もちろん一部のカットは、アニメーターが雨を描いているんですが、とはいえ李さんたちに雨の描写をお願いできれば、アニメーターとしてはキャラクターに専念できる。そういう意味で、李さんたちの仕事はすごく重要だったんですよね。

李　いえいえ！　やっぱり作画ありきですから！

伊藤　ほかにもいくつか、「伊藤さんの方でチェックしてください」と言われたところもあって、例えば帆高が拳銃を構えているカットですね。ここはもともと僕の方で描こうと思っていたカットなんですが、銃口に当たって斜めに跳ね返る雨。これは3回言ってダメだったら、こっちで描こうと思っていたんです。でも李さんはすごく勘がいいので、3回目でバッチリ決めてくれる（笑）。

――あそこは作画じゃないんですね。

李　一応、デジタル作画と言うべきなんですけど、原画までの素材をムービーにしてそれをフォトショップに取り込んで上から描いています。自分としては、『言の葉の庭』と同じことをやっても面白味がないし、せっかくなのでゴージャスな画面にしたいという意識はありました。（動画の）枚数を増やしながら、一方でアニメらしさを残しつつ、どうすればキレイな画面になるだろう、と。

伊藤　そういう話もしましたね。必ずしも1コマ打ちにしなくてもいい。むしろ2コマにした方が、早いしキレ味もあるんじゃないか、と。

李　伊藤さんからそういうアドバイスをいただいて、実際にやってみると「これぞ正解！」という仕上がりになったんです。さすがだと思いました。

――作画と撮影が上手く連携を取ることで、『天気の子』の雨の描写ができているわけですね。おふたりは、陽菜が雲の上で出会うなど、劇中のあちこちに登場する「空の魚」も担当されているそうですが……。

伊藤　まだコンテが完成していない頃から会議に参加させてもらっていたんですが、あの「空の魚」に関しては、監督から「ちょっとイメージを出してほしい」と言われたんです。それでいろいろと絵を描いて。

――イメージボード的なものを描かれているわけですね。

伊藤　とはいえ、僕がひとりで考えたわけではなくて、もともと監督の中に、かなりしっかりしたイメージがあったんですよね。自然現象の一部にも見えるし、形としては水のようにも魚のようにも見える。そういうものが欲しい、という話で。じゃあ、設定を細かく詰めていくよりも、原画で描いてしまった方が早い。それでまず最初に、テスト原画を描いて、さらに撮影でどういう処理を入れると監督が抱いているイメージに近くなるのか。準備期間で、いろいろと試したんです。

李　そのときテスト用に作成したのが、アヴァン（※タイトルが出てくる前のパート）の、空に浮いている陽菜の周囲を「空の魚」が飛んでいるカットですね。伊藤さんに作画してもらった「魚」に、どういう処理を入れるといいか、フォトショップ上でイメージを固めています。

――線画を拝見すると、「魚」の輪郭にあたる一番外の線、あと真ん中にあるコアの部分とハイライト（※光っている箇所）は、線画で描かれているんですね。

伊藤　そうですね。

李　で、「魚」の内側にある虹色の光みたいなものは、撮影処理で入れているんです。フォトショップで作ったイメージを見本に、アフターエフェクト（※アニメの撮影などで使われる、映像制作ソフト）上で再現

ITO HIDETSUGU

いとう・ひでつぐ：原画マンとして数々の作品を手がける。主な作品に『ヱヴァンゲリヲン新劇場版:Q』（原画）、『文豪ストレイドッグス DEAD APPLE』（メインアニメーター）、『BORUTO -ボルト- NARUTO NEXT GENERATIONS』（アクション・エフェクト作画監督／作画監督）など。

できるように、ルックを開発しています。ヘンに処理を入れると、ベタッとした雰囲気になってしまうので、作画のフォルムに沿った処理になるように、開発したものになります。

——よく見ると、いくつものレイヤーが重なっているのがわかりますね。

伊藤 4層くらいあるのかな?

李 実際には、かなりの数のレイヤーが重なっていますね。最終的な画面に持っていくまでの間には、新海監督と何度もやり取りをしています。監督としては、あまりCGっぽくしたくないという話だったんですよ。決してリアルな感じではなくて、中の光とかもシンプルでいい、とか。あと「魚」の下にキャラクターがいる場合もあって、そういうときは単に、上に「魚」を乗せるだけではなくて、合成のモードをいじることで、立体的に見えるような処理をかけています。

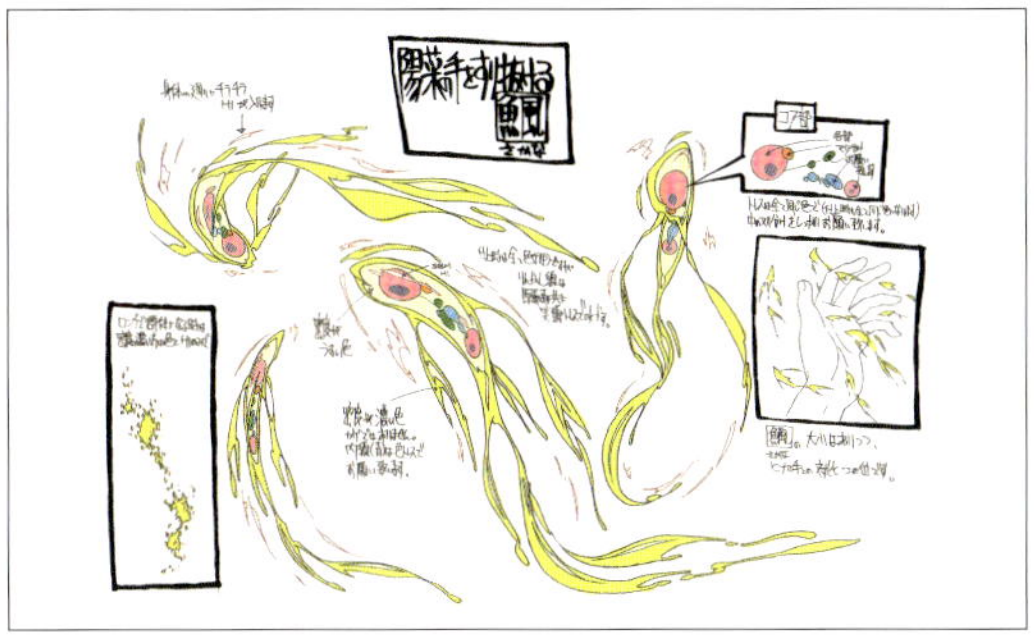

——歪んだガラスを通して、向こう側を見ているような感じですね。

李 そうですね。しかも、単純に歪ませるだけではなくて、色でそういうふうに見える表現にしたかったので、かなりたくさんのレイヤーを重ねています。あと立体感を出すために一番重要なのは、じつはハイライトの位置だったり、面積だったりするんです。苦労しただけのことはあって、我ながらいい感じになったんじゃないかなと思います(笑)。

伊藤 せっかく出てきても、動きが早いので、ちょっともったいなかったですよね。あと、こうやっていろいろ処理を入れてもらえることがわかったので、最終的には作画で描かなければいけない要素はかなり減らしました。この処理が入っていれば、十分に画面は持つな、と。

——なるほど。

伊藤 今回、こういう形で表現方法を決めてしまったので、じつは「空の魚」の最終的な設定って、作っていないんです。その結果、基本的には僕ともうひとり、廣田俊輔さんというアニメーターの方が「空の魚」が出てくるカットの原画を、すべて引き受けることになったんですよね。

——先ほど「空の魚」は自然現象のようにも見えるという話がありましたが、実際に作画するときに難しかったのは、どのあたりですか?

伊藤 あまりリアルな魚の動きを描いても仕方がないんですけど、その一方で魚っぽくも見えていてほしい。最終的には、魚っぽい動きに寄せる方向で描いていますが、飛んでいる中には、魚のようなそうじゃないような、微妙な形をしたものが混じっていたりします。

——ああ、なるほど。ぐにゃぐにゃと不定形のようなものが、空を飛んでいるわけですね。

伊藤 魚っぽく見えるけど、必ずしも魚ではない、という意図を込めたつもりなんですけど、ちょっと伝わりにくかったですね(笑)。ただ、モノとしての存在感は、李さんたちの方で担保してもらえるので、こちらは動きに集中できるかな、と。

李 あと、私と同じ、VFXのチームでCGアニメーションを担当されている中嶋祐子さんという方がいて、その方には、この設定をベースにCGをモデリングしてもらっています。パッと見て、CGと作画で差が出ないように、処理の仕方などを詰めていますね。

——CGで「空の魚」を描いているカットもあるんですね。

伊藤 後半、陽菜が雲の上にいる場面で、わーっと群棲している「空の魚」が出てくるんですが、あの群れはCGですよね。

李 手前の「空の魚」は作画なんですけど、奥の方を飛んでいるのはCGで。あそこは作画とCGのハイブリッドになったカットなので、すごく見ごたえがあると思います。

伊藤 僕が作画で大きな「魚」を描いて、それをガイドにCGで、小さい「魚」の群れをつけていただく、という形ですね。

李 作画は躍動感だったり、個性を出したりするのが得意で、一方のCGは大群を表現するのに向いている。両方のいいところを出せたんじゃないかな、と思いますね。

伊藤 時間がない中、中嶋さんにお願いできて、本当に助かりました。

——改めて、完成した作品をご覧になっていかがですか?

伊藤 僕は今回、初めて新海監督の作品に参加したんですけど、どういう形であっても、新海さんの映画になるんだな、って(笑)。映画のテンポだったり、音楽の使い方だったりも含めて、新海さんの力はすごいな、と。あとお話も『君の名は。』よりシンプルなので、わかりやすいのかな、と。周美さんはどうですか? これまでの作品にも参加しているから、もうちょっと違う感想があるのかなと思うんですけど。

李 私は、監督のビデオコンテを見た段階で「これは全力を注ぐしかない」と思ったんです。なので、終わってみて振り返ると「やってよかった、自分は間違ってなかったな」と(笑)。新海さんは、自分の映画を作るようになってもう20年くらいになりますけど、今でもこれだけキャッチーなものが作れる。それはすごいことだなと思います。

伊藤 10代の頃のドキドキとか、キラキラした感覚を、いまでも保ち続けているのはすごいですよね。

李 しかも勉強熱心だし。

伊藤 加えてマルチタスクで。パソコンの画面に同時に4つくらいウィンドウが開いてるんですよ。だから、ぼやっと「監督をやりたいな」と思ってる若い人には、新海さんが作業している姿を見てから考えてほしいと思っちゃいますね(笑)。

LEE JUMI

い・じゅみ:新海誠監督作品『星を追う子ども』に撮影チーフとして参加。『言の葉の庭』『クロスロード』『君の名は。』で撮影を、『詩季織々』で撮影監督を務める。『エヴァンゲリヲン 新劇場版:Q』で特技開発なども担当。

COLUMN
#5

畑中章宏

はたなか・あきひろ：民俗学者。民間伝承や民俗信仰から流行の最先端まで幅広い研究対象に取り組む。著書に『災害と妖怪』（亜紀書房）、『天災と日本人』（ちくま新書）、『21世紀の民俗学』（KADOKAWA）、『死者の民主主義』（トランスビュー）ほか多数。

［特別寄稿］

東京に奉納された「絵馬」

神々への信仰、日本の伝承という神話的・精神的な視点から、映画『天気の子』を紐解く──。

屋上の社には なにが祀られているのか？

作中に登場するビルの屋上の、朱い鳥居と石の祠しかない小さな社には、いったいどんな神様が祀られているのだろうか。

日本人にとって、農作物の生育に大きな影響をもつ天気の変化は、大きな関心事だった。また漁業をおこなう人々にとっても同様だった。しかし、日本神話のなかに、天気や気象を司る神の存在は明示されてはいない。では、天気や気象に対する祈願は、どのような神に向かってなされたのか。

日照りが続くと作物の実りが悪くなり、大雨や長雨は河川の氾濫を呼び起こす。そんな状態がいつまでも続くときに、人々は、「雨乞い」や「日乞い」をした。雨乞いは雨が降るのを祈ること、日乞いは雨が止み、空が晴れるのを祈ることで、「照り乞い」や「晴《はれ》乞い」、「雨止め」や「雨上げ」などともいった。こうした祈願の際に、人々は「水の神」にすがったのである。

こうした雨乞いや日乞いを祈願するときに、牛や馬が神に捧げられた。

民俗学者の柳田国男は、「牛馬の首を水の神に捧ぐる風は、雨乞の祈祷としては永く存したりき」とし、朝鮮扶余県の白馬江に「釣龍台」という大岩があり、唐の蘇定方が百済に攻め入ったとき、河を渡ろうとして風雨に遭い、「白馬」を餌として龍を一匹釣り上げたという。おそらくはこの龍が、水を司るものであったのだろう。そして、柳田は、「白き馬は神の最も好む物なりしこと、旧日本においても多くの例あり」といって、日本でも天気が変わることを祈るとき、馬が捧げられてきたことを指摘する。

『常陸国風土記』によると、崇神天皇の時代に、鹿嶋大明神に馬一頭を奉ったとあることから、古代には、「生馬」を献上する風習があったことがうかがわれる。また『続日本紀』（七九七年編纂）によると宝亀元年（七七〇）八月、日蝕のとき大中臣朝臣宿奈麻呂を伊勢神宮に遣わし、赤毛の馬二頭を奉納させたとある。赤毛の馬が神に捧げられたのは、赤色が火の色を想わせ、太陽の衰弱を回復させるため、類似の原理に基づく「模倣呪術」だったとみられる。

日本神話の水の神「オカミ」

日本神話の代表的な水の神は、「オカミ」と呼ばれる。

『古事記』では、伊邪那岐（イザナギ）神が火の神迦具土（カグツチ）の首を斬ったとき、剣の柄に集まった血が手の指の股から洩れ出て、「闇淤加美（クラオカミ）神」と「闇御津羽（クラミヅハ）神」の二神が生まれた。『日本書紀』によると、イザナギに斬られたカグツチは三つに分かれ、雷神と大山祇神と高龗（タカオカミ）になったとされる。「クラオカミ」の「クラ」は谷を、「オカミ」は龍神を意味し、「タカオカミ」は山上の龍神だとされている。

「高龗神」を祀る京都市左京区の「貴船神社」には、歴代の天皇が数百回にわたって、雨乞い、雨止めの祈願に生馬を捧げてきたという。

平安時代中期に編纂された『延喜式』の「神名帳」には「山城国愛宕郡 貴布禰神社」と記され、「祈雨八十五座」のひとつとされるなど、雨を司る神として信仰されてきた。全国に約四五十社ある貴船神社の総本社である。

社伝によると、神武天皇の母である玉依姫命が黄色い船に乗り、淀川・鴨川・貴船川を遡ってこの地に上陸し、水神を祀ったのが始まりだとされる。平安京に遷都した後は、御所の真北に位置し、鴨川の上流にあたることから、京の「水の神」として信仰されるようになった。

貴船神社では、高龗神は闇龗神と同じ神で、「降雨・止雨を司る龍神で、雲を呼び、雨を降らせ、陽を招き、降った雨を地中に蓄えさせて、それを少しずつ適量として湧き出させる働きを司る神」だとしている。

龍神である「オカミ」の神は、屋上の社の祭神の有力な候補なのではないか。

さまざまな「水の神」

日本列島では、このほかにもさまざまな「水の神」が、天気を左右する神として信仰され、降雨と止雨が祈られてきた。大和国の「丹生川上社」は『名神本紀』によると、「人声の聞こえない深山で我を祀れば、天下のために甘雨を降らし霖雨を止めよう」との神託により創祀されたという。

『続日本紀』によると、天平宝字七年（七六三）、「旱」の際、降雨を祈願するため、大和国の「丹生河上社」に黒馬を献上したと記している。また、宝亀六年（七七五）九月には、「霖」のとき、白馬を「丹生川上、畿内の群神」に奉らしめたとある。

降雨祈願の際には黒馬が、止雨の時には白馬（または青馬）が奉献された。これは馬を水神ないしはそれと密接な動物と見る観念に基づくもので、また馬の色は、雨雲は黒、晴天は白であるという観念に基づく模倣呪術であったろう。

丹生川上社の祭神は「罔象女（ミヅハノメ）神」とされている。

罔象女神は『日本書紀』の表記で、『古事記』は「弥都波能売神」、ほかに水波能売命、水波之女命、闇御津羽神、水速女命などの神名でも神社に祀られている。「ミヅハ」は「水走」の意味で、灌漑のための引き水、あるいは「水つ早」、水の出始めの意だともいわれる。中国の『淮南子』などでは龍や小児の姿をした「水の精」のことだとされる。

古代王権が成立した奈良盆地を取り囲むように、「水分（ミクマリ）神」を祀った四つの神社がある。「くまり」は「配り」を意味し、水の分配を司ることから、水源や水路の分水地などに祀られた。記紀には登場しないが、水神として信仰されてきた神に「セオリツヒメ（瀬織津比咩・瀬織津比売・瀬織津媛）」がいる。『延喜式』の「大祓詞」では、川の瀬が織りなすところに坐す女神とされ、祓神や水神、滝の神や河の神として、川や滝の近くなどに祀られる。

スサノオと「人身御供」

東京・新宿の西、JR中央線高円寺駅近くに鎮座する「高円寺氷川神社」の境内に、「気象神社」がある。

祭神の八意思兼（ヤゴコロオモイカネ）命は、天照（アマテラス）大御神が天の岩戸に隠れて世の中が暗闇になったとき、岩戸を開ける方法を考えて、世の中を救うことに成功した。また、「晴」「曇」「雨」「雪」「雷」「風」「霜」「霧」など、八つの気象現象を制御するといわれている。

昭和十九年（一九四四）四月、大日本帝国陸軍の陸軍気象部（杉並区馬橋地区）の構内に造営され、気象観測員が気象予報の的中を祈願したといわれる。戦後の神道指令で撤去されるはずだったが、先々代の宮司が払い下げを受け、高円寺氷川神社に遷座された。

高円寺氷川神社は、素戔嗚（スサノオ）尊を祭神とする。『古事記』によるとスサノオは、イザナギが黄泉の国から帰還して禊をした際、鼻をすすいだときに生まれたとされている。このとき左目から生まれたのがアマテラスで、右目から生まれたのが月読（ツクヨミ）であった。

父であるイザナギから「海」を治めるように命じられたが、イザナミのいる根の国に行きたいと断ったところ、イザナギの怒りを買い追放されてしまう。スサノオは根の国へ向かう前にアマテラスに別れを告げるため高天原に上るが、弟が攻めてきたと思ったアマテラスは、武装して待ち受けた。スサノオは疑いを晴らすため、誓約を行い、潔白を証明した。その後、スサノオは、高天原で乱暴狼藉を働き、アマテラスは恐れて天の岩屋に隠れてしまった。そのため、高天原から追放されてしまった。

出雲の国へ降り立ったスサノオは、この地を荒らしていた八岐大蛇（ヤマタノオロチ）を退治し、生贄にされそうになっていた櫛名田比売（クシナダヒメ）命を救った。スサノオはクシナダヒメを妻にめとり、出雲の「須賀」にたどり着いて、「われこの地に来て、わが御心すがすがし」と言い、そこに宮を作った。

アマテラスは太陽神であり、天空の神のシンボルだろう。しかし、その神格のなかに天気や気象を左右するという力は強調されていない。ヤマタノオロチは龍神の原型ともいえる蛇神であり、出雲平野を流れる大河の象徴でもあった。オロチを力で抑えたスサノオは、河川の氾濫を防ぎ、災厄を払う神として信仰されていった。スサノオが留まった地名である「須賀」という人物が、『天気の子』では重要な役割を担うのも興味深い。さらに、クシナダヒメはヤマタノオロチの狼藉を抑えるため生贄にされかけた少女だった。映画のエピローグのあとの世界では、神話のような「治水」は果たされるのだろうか。

「精霊馬」に託された思い

歴史上、気象の変化を願って奉納されたのは、黒馬や白馬だったが、『天気の子』でも、冒頭に二頭の馬が映し出される。故人の霊魂がこの世とあの世を行き来するための乗り物で、きゅうりやナスにおがらを刺して作った「精霊馬」である。廃ビルの屋上の祠に、なぜ精霊馬が飾られているのだろう。しかもこの野菜でできた馬は、映画のなかにもう一度登場する。母や妻、夫の死に対する供養と鎮魂の情が、『天気の子』の底には静かに流れているのである。

社寺に奉納される「絵馬」が、生馬献上の習俗に由来するという説がある。生きた馬の代わりに、土馬や木馬といった馬形を献上するようになり、それがさらに簡略化されて、板製の絵馬になったというのだ。

『天気の子』は、天気が狂ってしまった東京に捧げられた、精緻で鮮やかで、切実な「絵馬」なのではないかと、私は思うのである。

YAMAMOTO NIZO

やまもと・にぞう：1953年生まれ、長崎県五島市出身。TVアニメ『未来少年コナン』（1978）で初の美術監督を務める。以降、『じゃりン子チエ』『天空の城ラピュタ』『火垂るの墓』『もののけ姫』『時をかける少女』などの美術監督として数々の名作に携わる。画集などの著書多数。2018年には故郷の福江島に「山本二三美術館」がオープンした。現在も美術スタジオ絵映舎代表として活躍を続けながら、故郷を描くライフワークの作品群「五島百景」に挑戦中。独特の雲の描き方は「二三雲」と呼ばれている。

山本二三

［気象神社絵画・天井画］

これまで、スタジオジブリ作品をはじめとする多くの名作に携わってきた背景美術界のレジェンド・山本二三。果たして、新海誠監督作品初参加となる『天気の子』でどのような輝きを新海ワールドにもたらしたのか——。

日本画4点に惜しみなく注いだこれまでの経験と知見

——新海監督の作品に携わられるのは今回が初めてですが、最初はどのような形でオファーがきたんですか？

美術監督の滝口比呂志さんとは以前にご一緒したことがあったので、おそらく滝口さんのご紹介だと思うんですが、ある日、新海さんの事務所から連絡をいただきまして。去年の初めごろですかね。それでまず『君の名は。』を観たんです。そうしたら少年と少女の物語で、王道をいってるなと思いました。世界観が広くて、自然災害なども取り入れていて、考えさせられるし感動もできる。今回、ああいった都会の風景とか高層ビルを描くような依頼だったら断ろうと思っていたんです（笑）。僕は筆で描くし、年齢的にもなかなか難しい気がして。

——しかし、実際はそういった依頼ではなかった？

最初の打ち合わせのときに新海監督が僕の仕事場まで来てくれて、絵コンテとVコンテを見せてくれたんです。その場で一緒にコンテを見ながら、そこに出てくる日本画的なものを4点描くことになりました。ただ、レイアウトは美術監督か作画監督がやってくれるのかなと思っていたら、レイアウトからお願いしますということで。これは大変だなと思いつつも、A3サイズでレイアウトを描き始めていきました。そこからはずっと新海監督とのやりとりで、滝口さんには一度「体を壊さない程度にがんばってください」と激励の言葉を送ったぐらいです（笑）。

――それでは山本さんが手掛けられた4点について聞かせてください。

最初に取り掛かったのは、須賀と夏美が取材で訪れた気象神社にある天井画（右）でした。これまでも龍の絵はかなり描いているんですが、やっぱり龍は難しかったですね。新海さんもかなりこだわりがあったみたいですけど、僕も神秘的な龍を描きたいなと思って、平安時代に描かれた龍の図を取り入れたりしました。江戸時代の狩野派にも龍の絵はあるんですが、平安時代よりも顔が弱々しいんです。それと、これは偶然なんですが、別件の取材で岡山県総社市を訪れた際、井山宝福寺に行ったら白龍の天井画があって、とても味の良い経年劣化でした。「これはいい！」と写真を撮って新海監督にも送り、参考にしました。それは約250年前のもので、映画の中の天井画は800年前という設定。京都の相国寺にある蟠龍図という龍の絵が約410年前のものということで、そのへんも参考にしながら劣化具合を探っていきました。

――映画に出てくる天井画には、龍のほかにも生き物が描かれていますね。

龍とクジラは、最初の新海さんのコンテにもありました。でも、リアルなクジラではなくて、ちょっと古代魚のようなイメージに変えたり、リュウグウノツカイをモデルにした生物も加えました。この絵では周辺にある雲の形にも苦労しましたし、木目のテクスチャーも全部作ったので、それも大変でした。完成した映画では、ほとんど木目は見えなかったですけど（笑）。

――順番でいくと、次に描かれたのはどの絵になりますか？

次は巫女と龍の図（左上）ですかね。これは長谷川等伯が描いた善女龍王像という絵が元になっているんですが、やはり白龍で。監督からは「巫女の顔は市原悦子さんのイメージで」というオーダーがありました。市原さんが生前、『君の名は。』の舞台挨拶のときに「宇治平等院の天女になりたい」とお話しされたことがあったそうで、監督がその想いを酌んでそういうオーダーを出されたみたいです。僕も監督作で市原さんに声優をやっていただいたときにお会いしたことはあるんですけど、似顔絵を描くのとは違う難しさがあって……。そういうオーダーはたまにあるんですよ。『じゃりン子チエ』の映画をやったときに、映画『風と共に去りぬ』の看板の前をチエが歩いてくるシーンがあって。「映画そのままに描いてほしい」と言われたんですが、あまりリアルに描いてしまうと絵の感じが合わなくなるじゃないですか。苦労しながら描いていたら、ヴィヴィアン・リーが栗原小巻さんみたいになってしまったことがありました（笑）。

――今回の巫女の顔に関して、監督はどういう反応だったんですか？

「いいと思います」という感じだったので、ホッとした記憶があります。「もしもダメだったらデジタルで直してください」って言おうかと思ってたんですけど……。

――この絵で、ほかに苦労したのはどんなところでしょうか？

巫女の服がちょっと透けてる感じがあって難しかったのと、あとは龍の顔

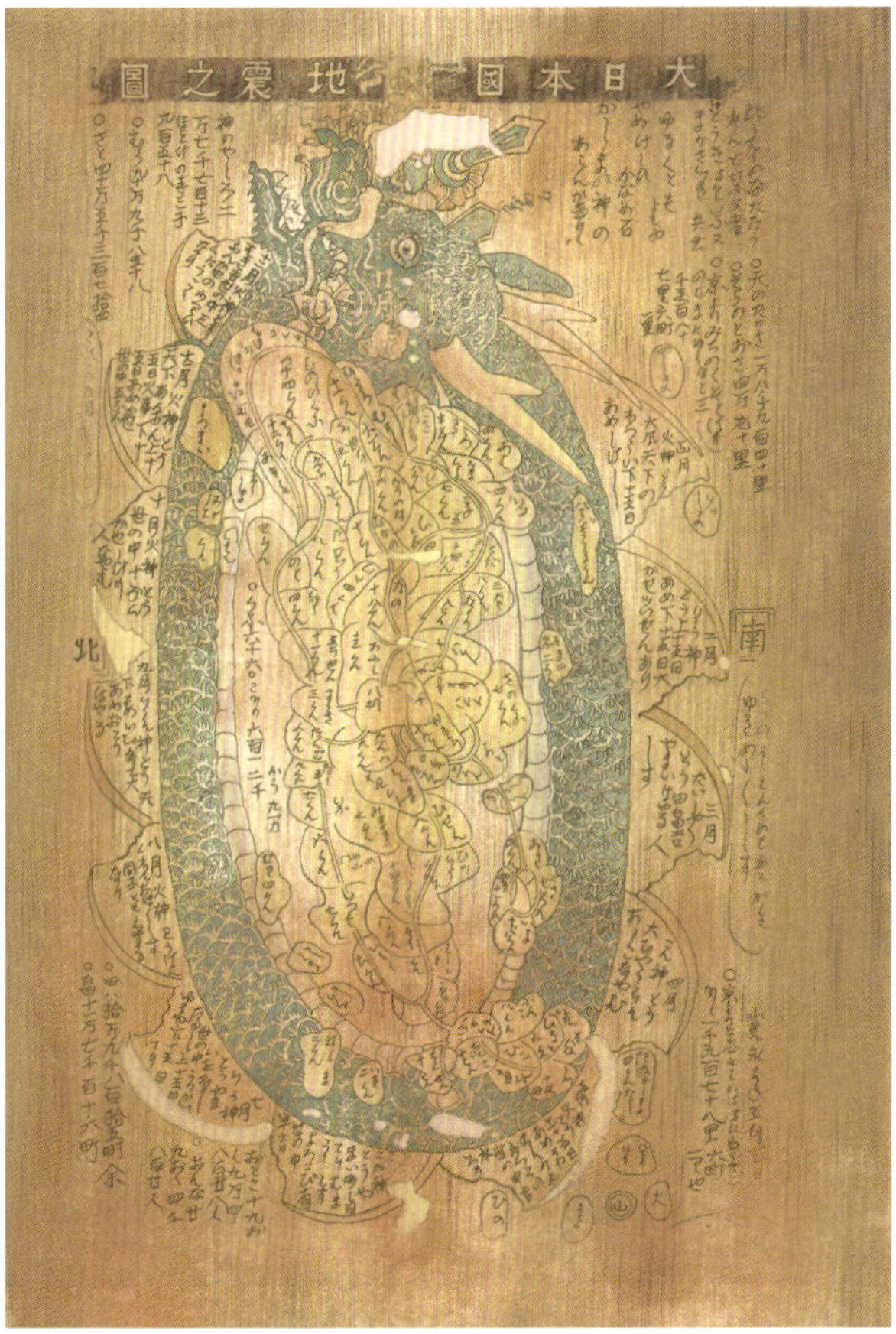

と龍のウロコ。龍の顔は、やはり等伯の原画のほうが目がやさしくていいですね。僕のは怖いし、まだまだだなと思います。ウロコにもいろいろな様式があって、きれいに並べて描いたり、ジグザグに描いたりしました。あと悩んだのは、空に浮かんでいる魚。最初はこんな透明な感じではなく、もっと大きなブリみたいな魚を描いてたんです。僕の出身地の長崎県の五島はブリがおいしくて有名なので（笑）。でも、それも最終的にいいバランスになったんじゃないかと思います。

龍や巫女と天変地異との関係に想いを馳せて

——3点目の絵はどれでしょうか？

次が、巫女とお坊さんたちの雨乞いの図（上）ですね。これも新海監督のコンテにあったもので、神泉苑の雨乞いの様子を描いた古い日本画が元になっています。かなり「引き」の構図なので、細かい部分を描くのが大変でした。監督からは「巫女さんの顔は陽菜のイメージで」と言われて、陽菜に寄せて描いたら「少し顔がアニメっぽいですね」ということで目を少し細くしました。参考にした日本画には巫女が描かれていないので、巫女の舞の動画や資料を見て衣装やポーズを考えていきました。元の絵でははっきりわからないところも多くて、そういうところも根詰めて日本画風に描き込みましたね。また、お坊さんたちの顔が難しくて……。人間をうしろから見た図って、肉付きが人それぞれなのですごく難しいんです。

僕も15歳で島を離れているので、帆高少年に親近感を持ち、最初のワンカットを観て「これはいい作品になるな」と思いました

――松の木も印象的ですね。

松の木は原画とは少し変えています。昔からよく描かれるモチーフではあるんですが、松の木も難しいんです。葉が点っぽい感じがしたので、少し固めて描いたりして。『火垂るの墓』をやったときに、二本松のシーンで高畑勲さんに「君の絵は松っぽくないね」と言われたことがあって(笑)。「これは熱い炎を浴びたので、縮れているんです!」と答えたんですけど、「ああ、なるほど」と。「ほかのイメージがいいなら、松の写真を持ってきてください!」と言いました。だから、あの作品は草木も少し黄色くなっていたりするんですよね。

――この松の絵は、幹も枝もとても躍動感があるような気がします。

幹に入っている割れ目も古い日本画の画集を参考にしました。あと、枝が朽ちて落ちたところが空洞になっていて。ああいう空洞には動物が棲み着いたりするので、神様が宿るという言い伝えがあるんです。いわゆる祠ですね。松は太い枝にも葉がついているし、描くのにすごく苦労しました。

――巫女さんの装束は、さっきの巫女さんと少し違いますね。

いろいろな本を見ると、やはり時代によって巫女の服装も違うんですよね。古い写真集などを見ると、黒田清輝の絵みたいですごく魅力的だったりするんです。あと、この絵の巫女が持っている鈴と頭につけた冠は、実は『君の名は。』で三葉が巫女になっているときのものを取り入れています。それに関しては新海さんにも特に説明はしなかったので、もしかしたら今でも知らないかもしれませんが(笑)。

――そして最後の1枚が、密度のある古地図(121ページ左下)です。

これは『龍の棲む日本』という本にも載っている大日本国地震之図という、17世紀に描かれた大昔の日本地図が元になっています。ぐるりと丸くなった龍が日本を取り巻いていて、その中にいろいろな土地の名前が書き込んであるんですが、その文字を読み解くのがとにかく大変でした。虫眼鏡で見てもなんと書いてあるのかわからないのが辛かった。ただ、丁寧に読んでいくと「つしま」とか「いき」とかあったりして、見つけたときはうれしかったですね。

――新海監督は、なぜこれを作中に登場させようと思ったんでしょうか?

やっぱり龍が出てくるからじゃないでしょうか。龍というのは水の神様なので、空気中の水蒸気とも関係している。空(くう)というのは四元素のひとつで、空(から)という意味ではなく、満ちるという意味で。空の中にはいろいろなものが満ちているからという説もあって、剣道では空の状態が一番強いと言う人もいたみたいですね。

――この原画の意味としては、龍が日本の天変地異を抑え込んでいるという説もあるみたいですね。

現代でもそうですが、世界的にいろいろな自然災害があって。大昔の日本では水の神である龍が守っているという考え方があったそうです。それと同時に人智を超えた力を畏れ敬っていたのだと思います。神様と天災に関する言い伝えはたくさんありますし。この絵では龍の頭部に剣が刺さっていて「かなめいし」と書かれているので、それが抜けたときにどうなるのかと考えると怖いですね。

――改めて、完成した映画を観たときの感想を聞かせてください。

僕も15歳で島を離れているので、まずは帆高少年に親近感を持ちました。そして、やっぱりアニメーションが持っている独特なリアリズムがありますよね。最初のワンカットを観て「これはいい作品になるな」と思いました。その後の帆高少年のさまざまな出会いも面白いし、会話もいいし、観ながらどんどん感情移入していって。都会の感じもよく表現できていますしね。細部にまでこだわって「すごい労力を使って描いているな」と思って、大変感動しました。

――やはり美術の部分には特に目がいってしまいますか?

滝口さんをはじめ、みんな本当にがんばったなと思います。僕もそうなんですが、なぜ40年以上もがんばってこられたかというと、時々自分でも心から納得できる映画が作れることがあるんです。映画館に行って、お客さんが泣いたり笑ったりして喜んでくれているのを見ると、それがこちらの喜びにもなる。これは滝口さんの代表作になるんじゃないかと思います。自分が美術監督をした作品だと謙虚な気持ちが強すぎて「観てください」とは言えませんが、今回僕は4枚しか手伝っていないので堂々と言えます(笑)。本当に、すべての面でパーフェクトな映画だと思っています。

愛にできることはまだあるかい

作詞／作曲　野田洋次郎

何も持たずに　生まれ堕ちた僕
永遠の隙間で　のたうち回ってる

諦めた者と　賢い者だけが
勝者の時代に　どこで息を吸う

支配者も神も　どこか他人顔
だけど本当は　分かっているはず

勇気や希望や　絆とかの魔法
使い道もなく　オトナは眼を背ける

それでもあの日の　君が今もまだ
僕の全正義の　ど真ん中にいる

世界が背中を　向けてもまだなお
立ち向かう君が　今もここにいる

愛にできることはまだあるかい
僕にできることはまだあるかい

君がくれた勇気だから　君のために使いたいんだ
君と分け合った愛だから　君とじゃなきゃ意味がないんだ

愛にできることはまだあるかい
僕にできることは　まだあるかい

運命《サダメ》とはつまり　サイコロの出た目？
はたまた神の　いつもの気まぐれ

選び選ばれた　脱げられぬ鎧
もしくは遥かな　揺らぐことない意志

果たさぬ願いと　叶わぬ再会と
ほどけぬ誤解と　降り積もる憎悪と

許し合う声と　握りしめ合う手を
この星は今日も　抱えて生きてる

愛にできることはまだあるかい？
僕にできることはまだあるかい

君がくれた勇気だから　君のために使いたいんだ
君と育てた愛だから　君とじゃなきゃ意味がないんだ

愛にできることはまだあるかい
僕にできることは　まだあるかい

何もない僕たちに　なぜ夢を見させたか
終わりある人生に　なぜ希望を持たせたか

なぜこの手をすり抜ける　ものばかり与えたか
それでもなおしがみつく　僕らは醜いかい
それとも、きれいかい

答えてよ

愛の歌も　歌われ尽くした　数多の映画で　語られ尽くした
そんな荒野に　生まれ落ちた僕、君　それでも

愛にできることはまだあるよ
僕にできることはまだあるよ

グランドエスケープ（Movie edit）feat. 三浦透子

作詞／作曲　野田洋次郎

空飛ぶ羽根と引き換えに　繋ぎ合う手を選んだ僕ら
それでも空に魅せられて　夢を重ねるのは罪か

夏は秋の背中を見て　その顔を思い浮かべる
憧れなのか、恋なのか　叶わぬと知っていながら

重力が眠りにつく　１０００年に一度の今日
太陽の死角に立ち　僕らこの星を出よう

彼が眼を覚ました時　連れ戻せない場所へ
「せーの」で大地を蹴って　ここではない星へ

行こう

もう少しで運命の向こう　もう少しで文明の向こう
もう少しで運命の向こう　もう少しで

夢に僕らで帆を張って　来るべき日のために夜を越え
いざ期待だけ満タンで　あとはどうにかなるさと　肩を組んだ

怖くないわけない　でも止まんない
ピンチの先回りしたって　僕らじゃしょうがない
僕らの恋が言う　声が言う

「行け」と言う

「天気の子」
（ユニバーサル ミュージック / EMI Records）

主題歌

「愛にできることはまだあるかい」
RADWIMPS
作詞・作曲：野田洋次郎

「グランドエスケープ (Movie edit) feat.三浦透子」
RADWIMPS
作詞・作曲：野田洋次郎

「風たちの声 (Movie edit)」
RADWIMPS
作詞・作曲：野田洋次郎

「祝祭 (Movie edit) feat.三浦透子」
RADWIMPS
作詞・作曲：野田洋次郎

「大丈夫 (Movie edit)」
RADWIMPS
作詞・作曲：野田洋次郎

劇中使用曲

「恋」
作詞・作曲：星野源
© 2016 by NICHION,INC. & AMUSE INC.
& Victor Music Arts,Inc.
& YUGENGAISHA OTONAKEIKAKU

「恋するフォーチュンクッキー」
作詞：秋元 康
作曲：伊藤心太郎
© 2013 by AKS Co.,Ltd.

「チャンチキおけさ」
三波春夫
作詞：門井八郎
作曲：長津義司
Licensed by テイチクエンタテインメント

「Berry Days」
Lantan
作詞：馬瀬みさき
作曲：馬瀬みさき・堀本陸

「スケーターズ・ワルツ」
作曲：エミール・ワルトトイフェル

「ノクターン 第2番 変ホ長調」
作曲：フレデリック・ショパン

「24の前奏曲 作品28 第15番 変ニ長調『雨だれ』」
作曲：フレデリック・ショパン

「エリーゼのために」
作曲：ルートヴィヒ・ヴァン・ベートーヴェン

音楽プロデューサー 成川 沙世子

音楽ミキサー 菅井 正剛
音楽ディレクター 山口 一樹
オーケストラ協力 徳澤 青弦
音楽エディター 金眞陽一郎
アーティストリレーションズ 倉野 光雄　田島 護　善木 大介
野田林太郎　守口 貴子　渡辺 雅敏
堀越 智惠　纐纈 容子　桂川 賢一
阿部さやか　佐藤 夕香　野上 操
音楽プロデューサー補 有馬 由衣
音楽協力 青木 悠　藤原 宏惠
エーチームアカデミー　DAM 第一興商

音響監督・整音 山田 陽

音響効果 森川 永子

台詞録音 鶴巻 慶典
録音助手 松下 春香

フォーリースタッフ 鋤柄 務　野口 透

効果スタッフ 石野 貴久　林 佑樹　佐藤 理緒
小林亜依里　田村くるみ

音響制作 サウンドチーム・ドンファン
有馬加奈子　中内 真子

俳優部キャスティング 田端 利江　山下 葉子
俳優部キャスティング協力 ドラゴンフライエンタテインメント

録音スタジオ studio Don Juan

東宝スタジオコーディネート 立川 千秋　早川 文人　西野尾貞明
スタジオエンジニア 佐野 優介
テクニカルサポート 越 真一郎

編集 新海 誠

デジタルラボ IMAGICA Lab.
オンライン編集 永芳 信裕　福田 恵悟
エンドロール 津田 輝王　関口 里織
カラーマネジメント 由良 俊樹　村田 慎也　髙橋 裕美
カラーグレーディング 関口 正人　藤井 裕貴
デジタルシネママスタリング 高塚 実穂
テクニカルコーディネーター 石田 記理
ラボコーディネーター 畑 和来
編集ラボマネージャー 小川 輝　鈴木 基子

制作プロデューサー 伊藤 絹恵

設定制作 都川 眞栄　藤川 祐子

制作進行 横井 舞　山田 将馬　井藤 百
髙橋 沙季　仲本 椋　神脇 結
池本 佑樹　知念 凛

制作事務 井上晋太郎　関 万里子　清家 希

スタジオマネージャー 酒井 雄一

システム管理 宮内 章臣　内山 拓哉　猿渡 洋平

気象監修 荒木健太郎

ロケハン協力 内田 宗治

制作協力

加納 新太　田尻 真輝　森口 博史　鍛持 耕平　関 真也　熊澤 啓介
ひらのりゅうじ　金 汶 表　中山 英樹　松本 拓己　植木 俊介　後村 健太
小沼 泰輔　小野瀬圭太　横尾 千智　横井亮太郎　窪寺 七海

TROYCA / CLIP+BISON,LLC / サンライズ / アンサー・スタジオ / 草薙

たくらんけ / アニメTOROTORO / MAA MOPICS / テレコム・アニメーションフィルム
D-COLORS / スタジオ・ロード / ラインファーム / A-1 Pictures / itoko production / クリーブ
Creative Freaks / スピード / マッドボックス / 旭プロダクション / グラフィニカ
クラフタースタジオ / サムライピクチャーズ / 絵映舎 / スタジオ コロリド / 絵梦 / ワクワーク

Production I.G / オープロダクション / STUDIO 4°C
studio CANDYBOX / ライデンフィルム東京第2スタジオ / タツノコプロ / P.A.WORKS / 作楽クリエイト
えかきや / マッドハウス / studioぴえろ / 和風アニメーション / チップチューン / スタジオカラー / スノーライトスタッフ
バイブリーアニメーションスタジオ / レヴォルト / ツインエンジン デジタル部 / STUDIO CL / セブンシーズ / ホワイトライン / reboot
エフエイアイ・インターナショナル / SAFE HOUSE T Studio / すたじおかぐら / ENGI / オレンジ・アニメーション / Dogwood LLC
MARU Animation / ハンジン / CJT / スタジオリングス / MSJ武蔵野制作所 / 日本アニメーション / ミゾ企画 / アルバクロウ
ムーンフラワー / ととにゃん / インスパイアード / アトリエローク07 / スタジオ・ルーファス / 青写真 / でほぎゃらりー / マカリア / オレンジ
ムクオスタジオ / NAM HAI ART / CG-Art / パンチ・エンターテインメント・ベトナム / セフォラ デザイン ハウス / STUDIO NOVA
スタジオ雲雀 / E-CHO / Mabus / クロ / CloverWorks / J.C.STAFF / ライトフット / MAPPA / オフィス フウ / T2studio / スタジオエル
スタジオ・タージ / サブリメイション / StealthWorks. Inc / キューテック / アニメフィルム / スタジオシャムロック / アスラフィルム / エディッツ
アンシブルタイトル / 小松通商 / exsa×Studio Tanta / ACファクトリー / ファンタジスタ / NIPPON ICHI SOFTWARE VIETNAM

東宝ミュージック / ちゅらサウンド / アバコスタジオ / アオイスタジオ
ナカザワ印刷 / シナリオプリント / 日本気象協会 / 朝日航洋

東宝スタジオ / 東宝スタジオサービス / 東宝ポストプロダクションセンター / 東京現像所

機材・ソフト協力

.Too / HARBOR / hp / ダイキン工業株式会社
Toon Boom / EIZO / wacom / Google Earth

特別協力

サントリー / Z会/栄光ゼミナール / ソフトバンク / ディップ / 日清食品 / ミサワホーム / ロッテ

協力

クラシル / JR東日本 東京支社 / 東海汽船 / 東京都交通局 / ユニクロ

ロケーション・プロダクト協力

クリプトン・フューチャー・メディア / 月刊ムー Gakken / 高円寺 氷川神社 / 誠文堂新光社
東映アニメーション / 東京スカイツリー / 東京タワー / 白水社 / ぴあ / 本田技研工業
日本マクドナルド / マンボー / MocA-Tokyo / YUNIKA VISION / Yahoo! JAPAN / 六本木ヒルズ

宣伝プロデューサー 豊澤 康弘　弭間 友子　秋山 智美

宣伝 下森 翠　飯島 清香　帯田 義伸　大竹 隆道
橋内 利沙　福地 雄士　山口 泰弘　篠原麻由子
合川 舞　岩田 誉生　松成 憲二　富田 玲実
西村 公佑　橋本 尚香　宮原 雅治

宣伝デザイン監修 落合 千春
中辻健太郎
ポスター背景協力 マテウシュ・ウルバノヴィチ
特典メイキング 松本 憲
村上 純子

オフィシャルライター 渡辺 水央
予告編ディレクター 依田 伸隆
予告編制作進行 岩﨑 友佳
グラフィックデザイン制作 BALCOLONY.
公式サイト制作 psi
特番制作 Listen

メイキングディレクター 有働由美子

書籍編集 関口 靖彦
出版・宣伝協力 吉良 浩一　今井 理紗　加藤 芳美　村元 可奈
長山 俊輔　遠藤 美希　中島 沙羅　谷口 水紀
コミカライズ 窪田 航（講談社「アフタヌーン」連載）

海外担当 竹田 晃洋　郷右近弘己　中川 映吏　有田 武将
中澤 貴昭　原口 絵美　何 夢 怡

商品化担当 田中 亮史

タイアップ担当 吉川 哲矢
タイアップCM制作 瀬波 里梨
タイアップCM制作協力 ENISHIYA　スタジオコロリド新井班　BAKKEN RECORD
タイアップ協力 増原 香絵

ライセンス契約担当 有馬 里実

スペシャルサンクス 三坂知絵子　新津 ちせ　木曽由香里　石井 朋彦
加藤 友宜　瓶子 修一　石塚 金吾　山本 鷹生
稲村 武志　井上 鋭　中村慎太郎　唐 云康
秋元 佑太　野原 剛大　神木 正士　山本百慧子
國枝 信吾　倉田 泰輔

プロデューサー 岡村和佳菜　伊藤 絹恵

アソシエイトプロデューサー 角南 一城

アシスタントプロデューサー 加瀬 未来　堀 雄太

「天気の子」製作委員会

共同製作 大田 圭二
井上伸一郎
弓矢 政法
善木 準二
渡辺 章仁

東宝 山内 章弘　上田 太地　臼井 央　大槻 厚史　大島 孝幸
堀田 秀彦　高橋亜希人　鎌田 周平　大浦 俊将　尾村 明洋
コミックス・ウェーブ・フィルム 小川 智弘　武田真理子　山本 歩
STORY 北林 理沙
KADOKAWA 堀内 大示　菊池 剛　工藤 大丈　千葉 淳　菊島 憲文
ジェイアール東日本企画 相原 勉　船越 拓　伊藤 渉太
voque ting 塚原 聡
ローソンエンタテインメント 盛谷 尚也　春田 英彦　広瀬 春奈　福田 真巳　鈴木みさき

制作プロデュース STORY inc.

制作 コミックス・ウェーブ・フィルム

監督 新海 誠

森嶋帆高 醍醐虎汰朗

天野陽菜 森七菜

須賀夏美 本田翼

天野凪 吉柳咲良

安井刑事 平泉成

高井刑事 梶裕貴

間宮夫人 島本須美

須賀萌花 香月萌衣

スカウトマン木村 木村良平

カナ 花澤香菜

アヤネ 佐倉綾音

佐々木巡査 市ノ瀬加那

占いおババ 野沢雅子

神主 柴田秀勝

藍川和伽 生田ひかる 井上愛海 内野明音
梅田修一朗 江越美紀 越後屋コースケ 大南悠
岡美里 金田愛 川東冬芽 観世智顕
菊池康弘 北原沙弥香 倉冨祐一郎 合田慎二郎
神山裕紀 小薬英斗 佐伯伊織 酒井有夏
坂本あすみ 佐々木祐介 新祐樹 鷲見昂大
関根有咲 関根すみれ 武田太一 髙橋伸也
田島章寛 田端佑佳奈 虎島貴明 中村源太
中務貴幸 新田大地 丹羽正人 根来彰子
長谷川暖 塙真奈美 坂泰斗 広瀬さや
深見航也 福原かつみ 前迫有里紗 松川裕輝
松原知也 南来華 武蔵真之介 本山かおり
吉川薫 吉田丈一郎 吉田優奈 ラヴェルヌ知輝
渡辺理沙

荒木健太郎 與猶茉穂 桑原彰 武田祐介

羽鳥慎一 ルナ 石橋武宜
岩本計介 川添佳穂 原直子

立花瀧 神木隆之介

宮水三葉 上白石萌音

勅使河原克彦 成田凌

名取早耶香 悠木碧

宮水四葉 谷花音

立花冨美 倍賞千恵子

須賀圭介 小栗旬

製作 市川南
川口典孝

企画・プロデュース 川村元気

エグゼクティブプロデューサー 古澤佳寛

原作・脚本・絵コンテ 新海誠

キャラクターデザイン 田中将賀
田村篤

音楽 RADWIMPS

作画監督 田村篤

作画監督補佐 大橋実

演出 徳野悠我
居村健治

助監督 三木陽子

原画 西村貴世 伊藤秀次 大橋実 土屋堅一 松井祐子
植野千世子 廣田俊輔 岩崎たいすけ 粟田務 松永絵美
髙木麻穂 桝田浩史 佐藤雅弘 小林直樹 水野良亮
岡本ルーク飛鳥 徳野悠我 辻繁人 君島繁 小野田和由
林佳枝 長原圭太 北山修一

田畑壽之 小澤早依子 竹内旭 横田匡史 武内宣之
林祐己 富岡隆司 金子秀一 満仲勧 石井百合子
矢口弘子 牧孝雄 柴田和子 甲斐田亮一 五月女義之
松井啓一郎 西田朋代 三木達也 岡辰也 大竹守
小野玲奈 松村祐香 岸野美智 安留博子 中西愛
山本早苗 加来由加里 千葉一希 櫻井哲也 平岡雅樹
菊池ともゑ 谷田部透湖 田中千恵 石川和正 山北貴大
朱暁玥 永野裕大 森公太

サカナ設定 伊藤秀次
銃設定 本間晃
衣装・小物設定 松井祐子 李周美

イメージボード 新海誠 徳野悠我

動画検査 手島晶子 玉腰悦子
中嶋智子 鈴木富美子

動画検査補佐 松田裕美

動画 真野鈴子 大村まゆみ 中込利恵 永木歩実 篠原天球馬
アニータキム 磯部その香 内海佳奈恵 鍵山莉奈 手島晶子
玉腰悦子 中嶋智子 鈴木富美子 松田裕美 椎名律子
土岐弥生 渡辺恵子 玉置雅代 長命幸佳 潮平美咲
松浦結 大谷久美子 黄順河 安美京 李映林
寺田久美子 伊藤かおり 江山梨恵 鈴木香理 黒田亜理沙
纐田美香子 中島瑛介 折原貴志 藤田ひかる 村松さつき
荒幡佳子 甲斐順子 手塚寛子 金原知美 富沢恵子
田中立子 谷平久美子 山浦由加里 小山正清 大谷茜
齋藤彩圭 渡辺妙子 矢地久子 清水理枝 増子裕美
岩堀起久 園田妃奈子 瀬尾健 藤原舞似子 松村佳子
山嵜爽太 宮元彩花 尾山景子 木下はる香 児玉いずみ
髙田小知代 山本みどり 川本由記子

劉慈英 韓松熙 徐允珠 金珉愛 金貞蘭
鄭玄貞 金貞順 孫善鶏 朴蘭姫 石浦麻美
田中陽子 齊藤理恵 原夏海 宮川かおり 玉腰桃子
井戸垣健 羽田智織 山口愛子 富田美穂子 中村忍
井上寛子 守本優子 小椋淳司 水口貴善 小谷瞳美
佐藤瑠美 内野瑞希 髙橋夢佳 山田咲 榎本七菜
横山麻華 奥坂英珠 小島知之 大嶋由葵 酒井優
佐藤諒美 佐藤千恵子 佐藤奈菜 竹村秀和 田仲基寛
平山紗也 海住悠香 野島瑠奈 三浦彩由 渡辺未來
髙橋愛里 小島健広 萩田小織 坂詰かよ 辻仁子
山本芽以 黄薇霓 八木原唯 五十嵐友美 王みつき
江部賢 中川敬太 小林晴恵 刀根川恵 金ナヌム
應谷瑞穂 中尾有里 福田大二 田中かおり 高橋克之
江上菜那子 山口なつみ 國分瑞生 小林七瀬 山本陽介
武田理加 佐々木里花 鎌田友理 三浦綾華 飯野めぐみ
鄭家裕 白數桃子 林佳枝 陈书婷 冯启星
徐玲 蒋桃园 司刚雨 王乐乐 袁丽芳
叶梦云 高娟熙 趙恵鎭 閔浩征 姜旻英
金惠恩 曹恩仙 高清淑

デジタル動画検査 田畑絵里子

デジタル動画検査補佐 松岡理恵子

デジタル動画 望月由香 田畑絵里子 松岡理恵子 井原亜紀穂 中和田優斗
松田侑子 漁野朱香 金志顯 金英学 金慧貞
金世元 趙允姫 李泫樞 禹福子 徐榮恩
蒋辰君 徐学文 曾雲妍 洪建蘇 叶鑫
盧靖 陳式武 蔡枝龐 隋鑫 王子健
周婷婷 邵超豪 覃国慶 陳小龍 李建文
陳小倩 陳佳傑 李煥兵 何豐躍 林盈秀
王子穎 王子豪 林志翔 李浩雋

水谷汐里 斎藤暖 松本さり ジュリアデルング 竹之内節子
松村舞子 寺田眞佐子 石橋愛海 大沼由希 車谷紗由美
黄捷 田巻智子 日野優希 横山優衣 伊藤麻耶
大塲伊万里 杜可筠 戸叶恵利 平澤晃兵 ゾンテン
山﨑理璃花 石井佑季 重田茜理 平田美子 京須佑樹
森田勝志 横山穂乃花 張シン 竹内あゆみ 中村紗良
謝佳哲 黒川飛鳥 佐藤里佳 松田耕平 斉藤愛美
宮坂諒太 加納駿 秦亮 孙文山 王清扬
勝美智子 嘉陽さやか 大貫誠 唐文英 郭红梅
三井名正成 松田勘汰 陳航 趙盼 鈴木香代子
平田真奈美 南陽音 宮嶋哲平 中山顕 浅沼薫
坂本洋 李洁 周江龙 程黑格 邊鎭先

美術監督 滝口比呂志

美術監督補佐 渡邊丞
室岡侑奈

美術設定 滝口比呂志 渡邊丞 瀧野薫

美術背景 友澤優帆 小原まりこ 室岡侑奈 王彦皓 桑原琴美
小林海聖 樋口万祐 島田美菜子 吉岡誠子 藤井王之王
廣澤晃 丹治匠 馬島亮子 瀧野薫 泉谷かおり
宇佐美レオナルド健 知本祐太 上田瑞香 中村瑛利子 中島健太
中島理 後藤俊彦 船隠雄貴 斉藤未来 秋竹千恵
本田敏恵 本田小百合 山田将之 渡邊丞

池田真依子 Nguyen Quoc 小倉一男 春日美波 金井眞悟
横山淳史 栗林大貴 田島裕 海野有希 大川千裕
平田浩章 伊藤政仁 小佐野詢 権瓶岳斗 中村広志
山本練正 上遠野祥子 丹羽一希 齋藤緋沙子 風戸亜希子
黒澤成江 林竜太 金廷連 岡田健 石田知佳
赤木寿子 仲村謙 貴志泰臣 金子雄司 皆谷透
高大浩 朝見知弥 門田政人 坂上裕文 後藤千尋
バイスター シンガ 渡辺久美子 岡山優美 加藤浩 増山修
木下晋輔 大久保錦一 福留嘉一 髙松洋平 中村聡子
石井弓 里見篤 合六弘 袈裟丸絵美 春野桜
鹿野良行 井上慎太郎 真喜屋実義 村田裕斗 中村沙和子
林鴻生 山子泰弘 村本奈津江 石田杏里 金森たみ子
松沢有紗 新田博史 宮本実生 宮本惟生 小田島平計
菅田峰晃 稲森惟

Thanh Nguyen Ngoc Sang Nguyen Quang Anh Nguyen Tram Attachai Boonsamai
Hoang Nguyen Ngoc Quan Pham Thinh Pham Huynh Nguyen Tan
Hoa Nguyen Thai Rungrat Khankaew Trang Phan Diem Trinh Pham Ngoc Tu
Xuan Le Ngoc Trung Nguyen Thanh Anh Nguyen Viet Hoa Nguyen Thi Thu
Phuoc Bui Minh Vy Truong Thi Tuong Vy Tran Hoang Bao Thanh Cuc
Thao Nguyen Hoang Long Minh Trieu Ngoc Xuan
Khac Trung Tra Giang Anh Thu Nhu Thao
Thi Nguyet Ngoc Tho Thu Yen Phu Nguyen
Phong Nguyen Bao Huong Quyen Duong Do Tue Tong Tat
Trang Vu Ha Ng Han Yau Ya Karl He Lim Chin Yang
Chew Song Kee Brendy Koh Hooi Tim Kang Seung Chan Yeo Byung Chul
Kim Min Hee Seo Hyo Joo Kim Kyung Su Kim Gyeong Sun

気象神社絵画・天井画 山本二三

色彩設計 三木陽子

色指定検査チーフ 吉田小百合

色指定検査 山本智子 原田裕作 忽那亜実

デジタルペイント 松本理紗 岸下真紀 吉田小百合 山本智子 原田裕作
忽那亜実 及川眞由美 橋本千春 鴨井さつき 山崎あかね
圓次美和 角下瑞絵 那須彩香 西田みのり 榊原彩
早川恵美 斉藤あや子 飯島理恵 紫牟田香織 山中真紀子
小島真喜子 曽根久美子 水野多恵子 横井未加 和田舞奈
永井舞 五十嵐遥 高木美幸 大塲昭子 倉田咲
近藤牧穂 山弥夕夏 永延春樹 田中英里那 伊藤里奈

安榮愛 文聖恵 崔秀庚 田殷珠 金銀姫
李研珠 韓明善 李京美 慎祥娟 王姫淑
崔誠淑 牟美眞 車銀珍 李賢貞 朴善慧
周林 徐高翔 雷吳傑 蔡佳浩 劉佳
橋本賢 堀川佳典 大野春恵 今野成美 田中花奈実
中村絢郁 油木安弥 髙木のどか 野上絵梨奈 秋田綾音
翁陽 森田都世 森脇弘史 木下美佳 橋本侑香里
大西幸恵 沼田千晶 藤原由璃奈 村瀬瞳美 千葉涼香
中野夏帆 佐々木桃乃 古滝龍馬 湯尾あゆみ 藤澤亮子
渡辺悠佳 西本雅章 杉田紋伽 手塚美寿々 小西流星
佐伯桃果 増田寛太郎 須藤萌 佐藤未来 岡田惠沙
谷本悠香 生島千織 伊藤由紀子 市原彩香 安藤智美
石川恭介 大西慈 徳田智瑛子 田辺香奈 末永絢子
小島和之 杉山智恵 矢ケ部諭 鳥越美来 渡部夏美
佐藤芹香 平山理子 岡田礼 鷲見淳兵 宮川晴奈
渡辺桂子 松浦友紀 佐藤博美 井浦祥子 牛山裕美
福田友理恵 安藤佳奈恵 利根川友紀 村本織子 佐藤恭子
野口幸恵 宮原奈緒子 小柳寿志 南龍介 畑中章行
南城久美 清水亜紀子 川又史恵 柴田好美 飯塚唯奈
池田真希 前島渚 権五淑 金姫廷 昔瑛淑
姜南伊 姜喜慶 李裕瓊 吳眞喜

特殊効果 入佐芽詠美

2Dワークスデザイン 市川愛理 松屋明子 池田亮

デザイン・イラスト協力 野網雄太 前田秀彦 與猶茉穂

タイトル・エンドクレジットモーション 阿部伸吾

CGチーフ 竹内良貴

CG 植田祐 桑田尚幸 山下芳紀理 武田たけ子 岩木勇一郎
森田淳也 加藤真治 粟津順 高木洋平 高杉有紗
河村宥輝 河合完治 宮原眞 春日井裕門 桑村将舟
渡辺一基 鈴木裕也 上野英樹 上地正祐

川崎司 石川大輔 宮澤卓 山根慶大 沢村武馬
岡亮佑 廣兼正彦 谷口顕也 佐藤七海 野中志帆
藤原将也 波多野樹朗 小林大起 橋本卓也 草間博之
三好紀彦 小島伸一 小宮彬広 石田周平 四本大介
竹内脩弥 弓場翔太 関戸雄太 佐々木達朗 熊谷奈々子
河野純一 イグナシオ ムリョルビック 柴山絵美 森口博史 瀧澤大祐
三田寛久 佐藤滉太 阿部由美子 三田邦彦 江頭和道
山田隼平 金苗貴宏 杉慶子 北島雅代 単捷
塚本倫基 木村太一

モーションキャプチャ 齋藤文仁 大貫直人 佐藤純恵 新家勇太 星野哲也
新井伸弥 齋藤一大 市村慶子 新上博巳 木原真一
直井よしたか 鰺坂万智子 増田三恵子

VFX 李周美 野平幸寿 中嶋祐子

米岡馨 河野真也 落合祐毅
宮下知己 中郵晃良

撮影監督 津田涼介

撮影 八木晶彦 寺本友紀 井関大智 川下裕樹 山下宏海
階戸絵里 上遠野学 柳澤宏明 野村達哉 春日健一
中村聡子 手川太輔 岡﨑正春 千葉洋之 岩井和也
李周美 三木陽子 山条裕香 馬場恵 小松学
大石智一 布山実紀 津田涼介

EDITORIAL STAFF

BOOK DESIGNER
加藤寛之

PHOTOGRAPHER
萩庭桂太（P51-54, 90, 95）
コミックス・ウェーブ・フィルム（P89, 91, 104, 105, 107）

WRITER
ワダヒトミ（P2-47, 60-61, 110-115）
宮 昌太朗（P62-88, 90-95, 102-104, 108-109, 116-117）
渡辺水央（P55-56, 97-99）
倉田モトキ（P51-54, 57, 100-101）
水上じろう（P105-107, 120-123）

EDITOR
加藤芳美
渡部恭子
平野智子

EDITORIAL COOPERATION
李 炯周
角田玲奈
上野磨位
渡邉悟朗

コミックス・ウェーブ・フィルム
仲本 椋
中辻健太郎
市川愛理
松屋明子
堀 雄太

SUPERVISOR
東宝
弭間友子
下森 翠

コミックス・ウェーブ・フィルム
落合千春

SPECIAL THANKS
日本気象協会
産業技術総合研究所　地質調査総合センター
畑中章宏

新海 誠

新《しん》海《かい》誠《まこと》監《かん》督《とく》作《さく》品《ひん》 天《てん》気《き》の子《こ》 公《こう》式《しき》ビジュアルガイド

2019年 8 月 30 日 初版発行
2019年10月 5 日 3 版発行

発行者／郡司 聡

発行／株式会社KADOKAWA
〒102-8177　東京都千代田区富士見2-13-3
電話 0570-002-301（ナビダイヤル）

監督／新海 誠

監修／東宝、コミックス・ウェーブ・フィルム

編集／角川書店

印刷・製本／図書印刷株式会社

●お問い合わせ
https://www.kadokawa.co.jp/（「お問い合わせ」へお進みください）
※内容によっては、お答えできない場合があります。
※サポートは日本国内のみとさせていただきます。
※Japanese text only

定価はカバーに表示してあります。

ISBN 978-4-04-108431-1 C0076
NexTone　PB44061号